JN414623

인터넷을 넘어선 사회학

박창호

서문

사회학자들이 무언가를 써야 할 때 과학적 접근에 대한 고민을 하게 된다. 자신의 글이 얼마나 객관적일 수 있는가? 과학적 설명이 되지 않으면 자칫 픽션이 되어 설명력을 잃어버릴 수 있다. 우리는 삶을 살아가면서 머리 속에 고정된 선입견을 통해 현상을 바라보게 된다. 그 선입견이 과학이라는 이름으로 대립하게 될 때 좀처럼 개인의 입장에서 그 선입견을 버리기가 쉽지 않다. 어떻게든 자신의 생각에 대한 합리적 근거를 찾으려고 하는 것이 인간이다. 그래서 과학, 픽션, 선입견은 연결될 수밖에 없다. 인터넷에서 일어나는 수많은 현상은 나에게 일어난 경험을 중심으로 펼쳐진다. 정확히 경험이라기보다 체험이라고 하는 것이 옳은 표현이다. 경험은 사건을 객관화할 수 있는 측면이 있지만 체험은 주관적 영역으로 정서적인 측면을 담고 있다. 인터넷에서는 체험으로 경험하고, 그 경험들이 쌓여 일반화되면서 이론화로 만들어진다. 인터넷에서 일어난 그들의 사건도 나의 관점이란 창에서 들여다보고, 정작 나와 맞지 않으면 그냥 인터넷 창을 닫아버리면 그만이라는 생각을 갖는다. 체험은 정서적인 부분이 강하여 감정에 휘둘린다.

사회학은 현실학문이다. 인터넷에서 일상을 살아가는 오늘날 우리는 스마트폰을 떠나 살수 없는 현실 속에 놓여있다. 미국의 조사기관인 〈퓨리서치센타〉에서 2019년 월드와이드웹www 탄생 25주년을 맞아 인터넷 선호도를 조사하였다. 응답자의 90%가 "인터넷은 좋은 것"이라고 생각하고 있었으며, 46%는 인터넷이 없이는 살수 없다는 결과를 보였다. 한국의 경우 〈2018년 인터넷이용실태조사〉에서 만 3세 이상 인구의 91.5%가 인터넷을 이용하고 있는 것으로 나타났다. 주 평균 이용시간도 16시간 30분하루 평균 2시간 21분이나 되었다. 더구나 인터넷 이용의 주된 장소로 99.9%가 이동 중에 사용하는 것으로 드러났다. 언제 어디서나 인터넷을 사용하는 일상이 되었다. 5G 기술로 정보나 자료를 손쉽게 실시간 전송받는 스마트폰은 인터넷을 더 가까이 하게 만든다. 이제 인터넷이란 늘 함께 하는 우리 삶의 일부분이다. 인터넷으로 의사소통을 하고, 자료와 정보를 얻고, 여가를 즐기고, 쇼핑을 하는 것이 다반사이다. 사회학도 인터넷을 생각하지 않는 사회학은 불가능하게 되었다.

사회학은 일상생활 세계에서 일어나는 사람들의 행위를 연구하는 것이다. 인터넷은 우리의 일상생활이다. 인터넷에서 일어나는 수많은 현상이야 말로 당연히 사회학의 연구대상이며 사회학의 주제이다. 여기에는 당연한 것으로 받아들여지는 일상생활의 비과학적 상상과 체험들을 포함하고 있다. 인터넷에서는 주관적 의도가 드러나는 의식의 반영이 하나의 현상으로 일어나는 일은 허다하며 이러한 현상이 매우 개인적이어서 사회학에서 연구주제로 할 수 있을지 망설이게 된다. 사회학은 사람들의 상호 의사소통적 관계 속에 일어나는 문제에 초점을 둔다. 따라서 단순한 개인의 꿈, 취향, 기호, 의식과 같은 것들은 사회학에서 배제되었다. 그러나 사회 구성원들의 주관적 의미가 담긴 행위 속에서 우리가 사회학으로 생각하게 되는 부분들이 생겨나기 시작했다. 사람들이 갖는 개인적인 사고와 행동을 들여다봄으로써 그 속에서 현실적으로 유지되는 세계의 원리에 대한 지식의 근거를 밝힐 수 있다고 보기 때문이다.

인터넷은 여러 방법을 동원하여 사람들의 꿈, 취향, 기호, 의식들을 드러내고, 그러한 것들이 서로간의 공동체나 연대로 발전하면서 사회의 모습과 형태를 만든다. 때로는 가상적인 관계들이 현실적인 관계의 실질적인 부분을 능가한다. 사람들은 넘쳐나는 가상적인 관계에 매달리면서 상호 모순되는 의견과 제안들 사이에서 필요한 것들을 찾아 나선다. 인터넷 속에는 많은 사회현상이 있고 그 속에 우리가 찾아야할 사회원리가 있다. 인터넷의 사회학은 사회현실의 일상 사회학을 인터넷에서도 같은 원리로 찾아보고자 했다. 사회학은 수많은 주제를 다룬다. 사회학 총서나 개론서를 보면 이를 하위분야의 작은 소제목으로 눈에 익게 한다. 사회학방법론, 사회학이론, 문화, 종교, 공동체, 조직, 가족, 불평등, 젠더, 일탈 등 여러 영역을 주제에 따라 사회학적 관점으로 펼쳐 보인다. 현실 공간에서의 사회학이 이렇다면 인터넷에서도 이같은 현상이 공히 일어나게 되고, 그 형태와 구조 그리고 변동을 함께 살펴보아야 한다. 이 책은 인터넷이라는 기술이 사이버공간이라는 새로운 사회영역을 제공함으로써 그 속에서 펼쳐지는 사회의 다양한 현상을 분야별로 접근하고 그 변화를 사회학적으로 보려고 하였다.

이 책의 제목인 '인터넷을 넘어선 사회학'은 영국 사회학자 존 어리의 '사회를 넘어선 사회학'Sociology beyond Society을 인터넷으로 바꾸어 새로운 사회학을 선언하고 싶었다. 사람과 사물이 사회적 경계를 넘어선 시대, 사회학은 어디로 가야 하는가? 어리는 개별 사회가 지니는 일반적 속성에 대한 기존의 연구를 넘어서서 사람, 사물, 이미지, 정보, 폐기물 등의 다양한 이동과 복잡한 상호작용과 그 결과라는 특별한 주제를 대상으로 하는 사회학을 만들고자 했다. 사회성을 이동성으로 보고 경계 속에 머물러 있는 것이 아닌 경계를 이리저리 넘나드는 사회라는 의미에서 사회를 넘어선 사회학을 주창했다. 경계를 넘나드는 이동성이 사회성이라면 오히려 현실세계와 가상세계를 넘나드는 오늘날의 이동성을 생각할 때 인터넷을 넘어선 사회학이야 말로 우리가 목도하는 바로 현재의 사회학이다. 21세기 이동성에 관한 연구를 주창한 '사회를 넘어선 사회학'은 더 확실하게 인터넷이라는 가상공간으로 넘나드는 오늘날 사회를 실질적으로 밝힘으로서 21세기 사회학은 인터넷과 현실의 경계를 넘나드는 사회학이 되어야 함을 제시한다.

사회학의 각 분야들은 인터넷이 관여함으로써 새롭게 부과되는 영역과 달라지는 주제들이 있다. 이를 어떻게 접근하고 이론화할지 고민하면서 이 책은 총 13개의 주제로 나누어 접근한다. 1장에서는 인터넷을 통한 사회학적 상상력으로 과학화에 대해 고민하면서 사회학을 어떻게 하면 좋을까 하는 문제의식으로 접근코자 했다. 2장은 근대사회학에 대한 반성과 함께 이를 풀 수 있는 방법으로 정보를 통한 사회의 이해로 해결점을 찾고자 했다. 3장은 이 책의 메커니즘이 되는 인터넷의 등장을 미디어의 관점에서 우선 살펴보고 미디어로서의 인터넷이 인간의 모습을 어떻게 바꾸는지 조망했다. 4장은 인터넷의 공동체적 성격, 즉 인터넷이 사회성을 가진 하나의 사회관계의 장이 될 수밖에 없음을 보여주려고 하였다. 5

장은 자아와 사회화에 주목한 장으로 사회화의 결과인 자아가 인터넷으로 바뀌어 질 수 있다는 사실과 함께 잠재된 인간의 모습이 인터넷으로 어떻게 드러나고 있음을 살펴보았다.

각 주제에 따라 6장은 인터넷으로 달라지는 사이버문화, 7장은 숙의민주주의로 되면서 오히려 탈정치화 현상, 8장은 불평등과 함께 새로운 권력의 등장, 9장은 단독 가구의 증가로 가족구성원이 없는 가족의 출현, 10장은 종교가 인터넷으로 사사화로 변하는 것, 11장은 프라이버시가 어떻게 진행되는가, 12장은 인터넷소비, 13장은 사이버 속의 일탈에 대해 살펴보았다. 각 부분들이 인터넷이라는 가상공간의 출현으로 어떻게 달라지는가를 본 것이다. 에필로그 부분은 사회가 변화하면서 나타날 새로운 사회학의 방향을 일부 정리하여 제시하였다. 미래사회의 방향은 인간+기술이라는 복합계로 더 다양해질 가능성이 있으면서 동시에 사라지는 것들이 있음에 주목하였다. 소멸의 시대에 사회학적 의미의 사라짐이 어떤 채움으로 대신하면서 어떤 모습의 사회가 등장하는지 살펴보았다. 몇 가지 현상으로 전체를 대신하지 못하지만 미래사회의 단편을 그리려고 하였다.

원래 이 책은 오래 전에 쓴 '사이버공간의 사회학'이란 책을 다시 고쳐 쓸 모양으로 시작한 것이지만, 막상 시작하고 보니 많은 기술적 변화와 함께 사회적 상황이 바뀌어 근본 생각할 부분이 많아지면서 다시 쓰는 형국이 되었다. 소비부문은 필자의 다른 논문을 이용하여 다시 편집한 것도 있다. '컴퓨터와 사회', '인터넷과 사회', '인터넷과 사이버사회' 등 20년간 대학에서 이러 저러한 제목의 강의 내용을 참고한 것이지만 넣고 빼고 하는 과정이 번거로워 일부 내용이 고쳐지지 않고 그대로 둔 부분도 있다. 너무나 뻔한 말과 내용이 혹여 들어가 있나 다시 읽어보면서 흠칫 놀라 발견하였지만 고쳐 쓰기엔 귀차니즘과 게으름이 작용하여 흘러간 부분이 있음을 인정하지 않을 수 없음을 실토한다. 그러나 어찌 보면 기본적인 내용의 출발이라는 점에서 완전히 새로운 부분만 들여다보기 보다는 인터넷이 시작된 이후 지나온 일부의 여정을 함께 보면서 오늘날의 모습을 본다고 생각하면 그리 빠뜨릴 부분도 아니라는 위안을 삼아본다.

이 책은 현실을 진단하는 유용한 학문적 학술서를 기대하고 쓴 것은 아니다. 현실세계와 동떨어진 이론이 별 가치가 없다는 것을 전제로 차라리 변화하는 사회의 다양한 모습 속에서 미래사회의 관심을 사회학적 관점에서 풀어가고자 했다. 사회학은 과학을 앞세운 보수적 학문이라고 생각을 해온 탓에 인터넷에서 일어난 사회현상을 사회학으로 어떻게 편입해서 들여다볼까 하는 것이 늘 숙제였다. 꿈, 취향, 기호, 의식 등이 뒤섞여 있는 인터넷을 과학, 픽션, 선입견이라는 도구로 함께 버무려 사회학의 영역으로 끌어다 쓴 글이기에 주제별 팜플렛일 수도 있는 그런 글이다. 그래서 심도 있는 무언가를 파헤치진 못하지만 사회학적 상상력은 끄집어낼 수 있는 의도를 담고 있다. 이러한 의도를 잘 간파한 독자라면 감사할 따름이다.

끝으로 이 책의 출간을 위해 애쓴 분들에 대한 감사를 글로 남긴다. 어려운 여건 속에서도 출판에 기꺼이 나서준 김은중 대표님에게 감사를 표한다. 독자의 눈으로 원고를 꼼꼼히 읽어준 대학원생 장하영에게도 고마움을 전한다. 분명 이 책이 나오면 기뻐했을 두 해전 하늘나라에 가신 아버지는 이 책의 출간에 힘이 되었음을 밝힌다. 고향에서 하루도 거르지 않고 기도로 아들을 챙기시는 어머니와 통신장교로 복무중인 아들 진욱은 나의 든든한 후원자이기에 고마움을 표하지 않을 수 없다. 글이 생각에 가로막혀 멈춰지면 언제 마무리할까 함께 고민하고 성원해준 분들이 있음을 밝히며 그 분들에 대한 감사를 빠뜨릴 수 없다.

2019년 7월

저자 박창호

차례

제1장

인터넷과 사회학적 상상력

인터넷이 만든 사회

인터넷이 새로운 사회를 만들었다. 사이버공간이다. 사이버공간에는 인간들의 상호작용이 활발하게 전개되고 서로의 관심을 주고받는 상징적 집합장소로 가상공동체가 등장한다. 여기에 생동감 있는 실재감을 가능하게 하는 가상현실이 펼쳐진다. 컴퓨터라는 하드웨어를 통해 인터넷에 접속하던 시대를 지나 이제는 스마트폰으로 손쉽게 인터넷에 접속하면서 인터넷은 언제나 우리의 일상 주변에 자리하고 있다. 인터넷은 우리사회에 많은 사람들을 움직여 모이게 하는 사회성을 드러내기도 하고, 그 사회성 속에서 강제적 힘을 보여주기도 한다. 사회성과 도덕성을 동시에 묻게 되는 것이 인터넷이다.

인터넷을 통해 인간사회의 많은 사건들은 들추어지기도 하고 확산되기도 한다. 인터넷의 사회성과 도덕성을 동시에 생각하게 만드는 두 사건을 주목하게 된다. 하나는 광화문거리와 서울시청 앞 광장에서의 촛불시위이다. 광우병 파동으로 인한 인터넷 괴담이 사실 여부를 떠나 쟁점으로 부각되어서 이를 둘러싼 인터넷 카페나 동호회의 회원들이 사회운동에 적극 참여하면서 촛불시위가 일어났다. 인터넷에서 활동하는 회원들이 사회의 주요 쟁점을 중심으로 현실공간인 거리 시위에 동참하게 되면서 인터넷의 사회공동체가 어떻게 현실 공동체에까지 연결되어 사회성을 발휘하는가 하는 것이다.

또 다른 하나는 인터넷에서의 마녀사냥과 그 반응에 관한 것이다. 쟁점이 되는 게시글이나 댓글이 사회문제로 부각되면 사건소재가 극적으로 만들어지고 누리꾼들의 반응이 뜨겁게 달아올라 특정인이 한 순간 몹쓸 인간으로 둔갑하는 경우이다. 사건의 실체가 확인되고 일방적인 주장에 휘둘린 사실이 드러나 사건이 반전될 경우, 자성의 목소리가 높아지면서 다시 목격자나 제보자에게 비난의 화살을 돌리게 된다. 2017년 9월에 일어난 '서울 240번 버스기사 사건'의 경우 운

전기사가 어린아이만 하차하고 엄마의 하차 요구를 무시했다는 내용으로 버스기사가 직업을 잃을 처지에 놓이면서 잘못 전달된 인터넷 퍼나르기 글이 나중에 반전을 거듭하면서 결국 집단 극화로 비화되기도 했다. 인터넷 마녀사냥은 도덕적인 힘을 순간적으로 발휘하게 되는 사회의 구속력이다. 물론 정확한 팩트가 아닌 인터넷 게시글로 인해 마녀사냥의 희생자를 만드는 것이 인터넷의 문제로 떠오르긴 하지만, 많은 사람들이 집합흥분의 형태로 몰입되는 것은 도덕성을 바탕으로 하기 때문이다.

뒤르켐은 사회성과 도덕성은 별개의 문제가 아니라고 했다. 뒤르켐은 사회적인 것을 도덕적인 것으로 생각하고 있으며, 도덕성을 사회적 사실로 인식했다. 뒤르켐은 "도덕성은 행동의 비개인적인 지향을 의미하고 자기 이익에 의해 지배되는 행위는 도덕적이 아니다"라고 했다.[1] 도덕적으로 행동하는 것은 집합적 이익에 따라 행동하는 것이다. 개인의 이익에 따른 행위가 도덕적 행위가 되려면 타인에 대한 행위도 자신의 이익을 위한 행위와 같아야 한다. 뒤르켐은 자신만을 지향하는 행위는 도덕적 속성을 가질 수 없다고 보았고, 논리적으로 자기 이익과 도덕적 행위는 성질이 다르다고 주장한다.[2] 자기 자신을 향하는 이기적인 행위는 비도덕적이며 개인을 초월하는 행위만이 도덕적이기 때문에 도덕적 행위는 집단이나 사회에서 나오는 것일 수밖에 없다. 따라서 도덕적

으로 행동한다는 것은 집합적 이익에 기반해서 하는 행동이다.[3]

사회학에서 도덕적 힘은 집합적 경향에 근거를 두고 있으며, 이것은 개인을 압도할 뿐만 아니라, 개인에게 강제력을 행사한다. 인터넷에서 많은 가상공동체의 활동도 집합적 경향에 근거하는 것이며 그 목적은 집합적 이익을 위한 것이다. 인터넷 테크놀로지의 발전은 새로운 공동체의 구축을 가능하게 했고 사이버공간이라는 새로운 공동체에 참여하는 이유는 집합적 이익의 실현 때문이다. 가상공동체에 참여하는 사람들이 물리적인 접촉이 이루어지지 않음에도 불구하고 참여하게 되는 것은 집합적 이익collective goods이 가능하기 때문이라는 것이다.[4] 인터넷에서 만들어진 공동체를 통해 사람들은 훨씬 폭넓은 사회 네트워크를 갖게 되면서 사회네트워크 자본을 이용하게 되고, 자신과 유사한 관심을 가진 사람들이나 집단을 손쉽게 빠르게 찾아 접근할 수 있게 해준다. 뿐만 아니라 정보의 홍수 속에서 유용하고 적합한 정보를 찾아내는 일에 인터넷의 공동체들은 개인의 관심과 과제에 맞는 정보를 걸러서 적절하게 제공해주는 집합적 지능으로 집합이익을 실현해준다. 그 과정에서 사회성과 도덕성이 드러난다.

인터넷 환경의 집단적 흥분으로 만들어진 도덕적 힘은 개인을 통제하는 것이며 동시에 사회성을 지닌다. 뒤르켐은 "사회는 사회의 구성부분인 개인과도 다르며 사회가 파생하는 하나의 집합체와도 질적으로 구분되는 하나의 도덕적 존재"라고 했다.[5] 개인들의 집합에 기초한 그 자체의 인터넷 가상공동체는 집합적 공동체로 그 존재가 개인에게서 나왔지만, 개인과는 다른 것이다. 인터넷이 만들어준 새로운 사회인 가상공동체를 진정한 사회학의 대상으로 볼 수 있는가 하는 것이 문제이다. 일상생활 가운데 새로이 나타났다 사라지는 모든 현상을 사회학의 대상으로 간주한다면 사회학은 사실 고유한 대상을 획득할 수 없다고 뒤르켐은 보았다. 그래서 사회학은 생물학이나 심리학과 혼돈하지 않고 고유한 영역을 가지기 위해 일정한 현상군을 찾아야 한다. 그 현상의 속성을 나타내는 것이 뒤르켐은 사회적 사실이었으며, 사회학은 사회적 사실을 연구대상으로 해야 한다는 것이다.

사회적 사실은 "고정되었든 그렇지 않든 개인에게 외부적인 구속을 행사할 수 있는 모든 행위양식"이다.[6] 사회적 사실은 스스로 자신의 동질성을 가지면서 자연에 나타나는 사실과 구분되는 뚜렷한 특성을 보이는데, 사회적 사실이 자연적 사실과 구분되는 것은 집합적 표상으로 형성되기 때문이다. 집합적 표상으로 형성되면서 외부적 구속을 행사할 수 있는 모든 행위양식을 사회적 사실로 본다면 사이버공간의 행위양식들은 사회적 사실인 것이다. 뒤르켐은 행위양식뿐만 아니라 사고양식, 감정양식도 사회학의 적절한 영역이라고 했다.[7] 사이버공간에서의 감정적 전이와 사고들의 개인적 현시

顯示는 사회적 사실로서 사회학의 연구영역이 충분히 되는 것이다.

사이버공간은 인터넷이 만들어낸 인간 활용영역의 가상적 사회로서 깁슨은 '공감각적 환상'consensual hallucination이라고 정의했다.[8] 공감각적 환상이라는 것은 개별적인 환상과 달리, 환상을 공유하는 사회적 의미를 내포하는 것이다. 사이버공간은 정형화된 틀을 가지고 있지 않지만 인간다운 감정을 실행하여 개인적 관계망을 만드는 사회적 집합체를 이룬다. 따라서 사이버공간은 존재하지 않지만 존재하는 그런 곳이다nowhere-somewhere. 스텐저는 '사이버공간은 오즈와 같다'고 했다.[9] 그것은 존재하지만 그리고 우리가 그곳에 가지만 어떤 장소도 가는 것이 아닌 것이다. 인터넷이 만든 새로운 사회는 물리적인 장소로 보여지진 않지만 개인에게 외재하는 강제하는 힘을 가진 곳으로 사회적 사실로서 볼 때 사회학의 연구대상인 사회인 것이다.

사이버사회학의 방법론

인간이 사회현상에 직면하게 될 때, 사회현상은 이미 우리에게 보이는 지각preception과 개념conception에 의해 마음에 나타난다. 이러한 것은 분명히 과학에 앞서는 것이다. 인간은 자신의 행위를 규제하는 환경에 대해 자신의 생각으로 형성된 틀을 가지고 자신의 관념idea을 만들어 그 관념이 자신의 행위를 지배하게 된다. 이러한 관념이 실재reality인 것처럼 대체하는 경우가 있다. 인터넷은 생각이 실재로 구현되는 곳이다. 주관주의적 개인주의에 바탕 한 인터넷의 활동들이 상대적으로 오프라인에서와 달리 사회구조를 벗고 자유롭게 행위할 수 있다는 사실은 구조보다는 행위에 더 초점을 두는 방법론적 설명을 쉽게 받아들일 수 있는 근거가 된다. 지각과 개념이 앞서는 인터넷의 활동을 '사회적'으로 보기 힘들 수 있는 이유는 인터넷에서 구조나 사회에 집중하기보다 개인의 각자 활동에 더 초점을 두게 되기 때문이다. 개인에 맞춰진 인터넷에서의 인간 모습은 인간의 문제를 근본적으로 다시 생각하게 만드는 이유이기도 하다. 인터넷사회 속에서 다양한 모습의 인간을 상상하게 될 때, 사이버사회의 방법론은 인간을 어떻게 생각하는가에서 출발한다.

사유하는 주체로서 인간을 본 데카르트의 명제 Cogito ergo sum, '나는 생각한다. 고로 나는 존재한다'를 사회학에서 생각한다면 인간을 그저 단순히 생각하는 존재로 봐서는 곤란하다. 인간을 행위의 주체자로서 생각하는 철학적 존재로서만 의미를 가지기에는 한계가 있다. 이성적 주체로서의 인간의 탄생을 통해 근대 문명의 발전을 가져온 명제를 의식의 깨우침이란 측면에서 볼 때 사회학의 태동과 맞물려 의미는 있지만, 인간을 어떤 대상으로 바라보느냐 하는 측면에서는 생각하는 존재만으로는 사회학이란 학문의 성립을 어렵게 만든다. 사회학은 적어도 사회를 대상으로 하는 학문이고, 사회는 인간들의 활동과 사회관계를 통해 형성된다. 사회학에서의 인간은 그저 생각하고 존재하는 것만이 아니라, 그것과 더불어 의식에 맞추어진 행동이 일어나야 하고 그 행동도 사회적 관계 속에서 발생하는 모습이어야 한다.

인간이란 생각하는 존재이긴 하지만 동시에 행동하는 대상으로 인간을 바라볼 때 비로소 사회학이 된다. 동일한 대상을 어떻게 보느냐에 따라 학문은 다양하게 뻗어 나간다. 인간을 인체의 구조와 기능을 탐구하는 생리학적 대상으로 볼 때는 생리학이나 의학이 되는 것이며, 이성과 존재, 가치와 정신이라는 사유의 존재로 볼 때는 철학이 된다. 같은 대상을 어떻게 보느냐에 따라 학문의 영역은 다양하게 만들어진다. 사회학은 인간을 행동하는 존재로 보면서 그 행동의 연결들이 사회관계를 이루는 사회로 만들어질 때 가능하다. '나는 행동한다. 고로 나는 존재한다'는 명제가 사회학에 걸맞는 것으로 이해되지만, 단순히 대상으로서 행동하는 인간이 아니라 가치를 통한 행위주체자로서의 인간으로 동시에 이해되어야 한다. 인간이라고 해서 인간행동의 외면에 대한 관찰에만 국한시키게 되면 행태주의에 빠지는 심리학이 되어버리기 때문이다.

가치를 통한 행위주체자란 곧 자유의지를 가지고 선택을 할 기회를 갖는 인간을 의미한다. 사회학은 그래서 특정 가치를 통해 현실의 다양한 현상을 정돈할 필요를 갖게 된다. 그렇지 않고 현실을 무전제로 인식하게 될 때 아무리 진지하게 시도하여도 수많은 개별적 인식에 관한 존재판단의 혼돈에

도달할 뿐이다. 따라서 무수히 다양한 현상을 보이는 현실 속에서 특정한 가치로 무장한 관심을 가질 때 사회학이 가능해진다. 다시 말하면 사회학은 우리들의 가치질서에 따라 결정될 수 있는 요소를 선택하여 그 요소에 초점을 두어 지식을 정비하는 것이다. 사회학은 우리를 둘러싸고 있는 현실과학이다. 우리는 그 속에 놓여져 있는 삶의 실재를 그 특성에 맞춰 이해하게 되는 습성을 갖는다.

사회를 보는 수많은 관찰에서 일상적인 의식을 통해 세운 법칙에 따르다보면 우리는 일시적인 욕구와 어쩔 수 없는 기분에 따라 방향을 세우고 목적에 적합한 관점에 따라 관찰을 지속한다. 현실에서 일어나는 다양한 상호 연결을 일상적인 의식에서 나오는 이른 바, 관찰을 세밀히 또는 독립적 현상으로 즐기는 것이 아니라, 현실에 맞게 그 특성에 따라 파악하게 되는 것이다. 사회현상을 매순간 일어나는 다양한 현실에 대해 마주하는 인간의 인식으로는 일일이 정확하게 규명할 수 없는 노릇이다. 따라서 베버는 그 특성에 맞게 현실을 파악하게 되면 역사학이 되어버린다고 했다.

사회학이나 역사학이나 어떻게 보면 유한한 인간 정신이 무한한 현실을 사유하여 인식하려는 시도에 놓여 있는 암묵적 전제에 서 있는 것이 사실이다. 무한한 현실 중 유한한 부분만이 과학적으로 파악되어야 할 대상을 구성하며 그것이 알 가치가 있다고 판단될 때 의미가 있는 것이다. 적어도 역사학과 사회학이 구분되는 것은 사회학이 더 자신에게 관심 있는 부분들을 얻기 위해 노력한다는 점이다. 현실에 있어서 관심 있는 부분을 획득하는 것은 선택이다. 그러한 관점의 관심을 베버는 가치value라 했다.[10] 가치에 따라 선택하는 것이 사회학이며, 적어도 현실의 특성에 맞추어 어쩔 수 없는 기분에 따라 방향을 세우고 목적에 적합한 관점에 따라 관찰을 지속하는 역사학과는 구분되어야 한다.

가치에 따른 관점의 선택은 경험적 연구대상의 선택과 형성을 지배하는 특수한 관심으로 이해해야 한다. 구체적인 현실의 특성 부분을 따로 떼어내는 것은 모든 현실학문 연구의 시작이다. 가치 있는 관점을 선택한다는 것은 지극히 주관적인 경험일 수 있다. 사회학의 근대적 모습은 특정한 규율을 통해 방법론이라는 이름으로 법칙정립화해서 규준을 만들고 그 틀에 맞지 않는 것을 주변화 하고 배제하는 오류를 범하였다. 마치 역사학에서 특정 사실을 특성에 맞추어 이해하려 했던 것과 같은 모습이었다. 주변화 된 많은 현상이 그래서 사회학의 주제로 담아내지 못한 과오가 지난 산업사회에서는 있었다. 컴퓨터가 등장하고, 인터넷이 발명되고, 다시 스마트폰이 컴퓨터와 인터넷을 대신하면서 온갖 정보를 주고받고 사회관계를 새롭게 형성하게 되면서 이전에 주변화 되고 배제되었던 것들이 중심무대는 아닌 듯 하지만 사회에 역동적 모티브로 움직여 가는 것을 볼 때 사회학의 관심도 이제 크게 달라져야 한다고 본다.

컴퓨터에서 또는 스마트폰에서 일어나는 현실의 관심을 일정한 근거에 관계시켜 여러 가능성에서 연구대상으로 한정하여 접근하는 것이 정보사회에서는 필요하다. 인터넷을 통해 일어나는 사회현상은 직접적으로 주어진 것으로 구체적이다. 사회학적으로 설명되어야 할 의미 있는 것을 그때그때 현실의 일부분에 한정해서 개성적인 소재를 찾아내는 것이야 말로 사이버사회의 사회학이 지향해야 할 방향이다.

과학의 잣대로 인터넷 들여다보기

원래 과학은 진리를 추구하는 원리에서 시작된 것으로 이성적인 생각을 견지하는 데서 출발한다. 그러나 근대에 들어 과학은 이성보다는 감각적인 경험을 강조하는 실증적인 모습으로 출현하게 되어 계량적이고 통계적 방법을 동원하는 일이 잦아졌다. 논리에 따른 이성적이든, 감각에 따른 경험적이든 과학은 동시에 확실한 지식을 얻는 일이다. 확실한 지식을 얻기 위한 노력은 이성을 중시하는 쪽과 감각을 중시하는 쪽인 양편의 모습으로 17세기, 18세기 영국과 유럽대륙에 있었던 합리주의와 경험주의 논쟁에서 뚜렷해진다.

데카르트를 중심으로 한 합리주의는 확실한 지식이란 것은 그것을 만들어내는 정신작용에서 가능한 것으로 보고 직관intuition과 연역deduction을 강조했다. 직관은 의심의 여지가 없는 진리의 직접적인, 즉 감각을 거치지 않는 인지를 말하는 것이고, 연역은 직관을 통해 개념들을 논리적으로 끌어내는 작업이다. 그러나 베이컨이나 로크, 흄을 중심으로 한 경험주의는 경험과 관찰을 통해 진리를 발견하는 귀납법을 제시하였다. 사람의 감각을 통한 경험을 바탕으로 하는 앎, 즉 관찰과 실험을 통해서만 객관적인 지식이 된다고 보았다.

합리주의나 경험주의 모두 참된 지식의 중요성을 인정한다. 다만 차이가 있다면 문제를 해결하는 전략에서 다르게 접근한다. 합리주의는 경험과 사유의 통합을 이론적 원리에 의해 달성하려고 한 반면, 경험론은 경험적인 사실에서 출발하여 이를 사유와 합쳐 보려는 시도를 보였다. 이러한 양분된 진리에 대한 인식과 접근을 통합하려는 시도가 있었지만, 의식이 사물의 인식을 주도하고 있고, 개념형성에 있어서 인식론적 우위에 있다고 보았기에 합리주의로 기우는 경향이 있었다는 것은 사실이다.

즉 인간의 인식활동은 완성된 대상물로서의 사실들에서 출발하는 것이 아니라, 다양한 감각적 지각이라는 뜻의 의식된 사실들facts of consciousness에서 시작한다. 과학적 대상이 되려면 의식에 의해 구성된 사실이 되어야 한다는 의미이다. 이렇게 본다면 실재 또는 현실reality은 관념idea의 본질 속에 있다. 우리가 감각으로 경험하는 사물들은 가변적인 것이지만, 관념은 불변적인 것이다. 실재란 다양하지만 그 많은 실재 가운데 관념이야 말로 가장 중요한 본질이다. 그러나 사회학의 태동이 된 실증주의를 주장한 꽁트는 과학으로서의 사회물리학을 주장하면서 사회에 접근하는 과학적 방법론은 관찰에 의해 이루어져야 한다고 했다.

꽁트는 과학적 방법이라는 통일된 방법이야 말로 가장 믿을 수 있는 지식으로 보았다. 과학적 지식의 정확성은 법칙을 유도해 낼 수 있는 이론의 구성으로 보장된다. 또한 이러한 과학적 인식은 자연이든 사회이든 여러 과정의 기술적 통제를 가능하게 한다. 이러한 실증주의는 과학적 경험주의로 이어져서 19세기 말 20세기 초에 자연과학과 문화과학이란 이름으로 과학의 방법론적 차이를 다르게 보려는 시도로 이어졌다. 자연과학은 사실, 설명, 실험으로 진리에 다다른다고 했으며, 문화과학은 의미, 이해, 해석으로 진리에 접근한다고 보았다.

과학은 문화과학이든 자연과학이든 현상들 사이의 인과적 법칙들을 정립한다는 것에는 차이가 없다. 다만 구분한다면 과학과 역사학의 구분이 있을 수 있다. 과학은 인과적 법칙들에 의해 자연뿐만 아니라 사회현상까지 포함해서 이를 분석하는 작업이지만, 역사는 특유한 사건들의 유형으로서 일어난 일들을 가치의 특유한 배열에 따라 형상화하는 것이다. 과학은 법칙을 정립하는데 주안점을 둔다면, 역사학은 가치의 특유한 배열에 주안점을 둔 것으로 볼 수 있다. 물론 과학이 완벽한 설명력을 성취하려면 가치로부터 자유로워야 한다고 베버는 주장했다. 사회현상은 한 번밖에 일어나지 않는 특유한 사상事象들이 많이 있다. 이를 이해하기 위해서는 가치와의 유관적합성value-relevance이 근본적으로 필요할 수밖에 없다. 그래서 갖게 되는 위험을 베버는 지적하고 이를 극복하기 위한 가치자유를 외쳤던 것이다.

문화과학사회과학이든 자연과학이든 근본 인과적 설명을 추구하는 것이어야 한다. 그러나 사이버사회에서 일어나는 많은 현상을 과학적으로 설명하는데 한계가 있다. 법칙정립적 해석으로 사이버공간의 현상을 들여다본다면 개인적 미디어로 출발한 인터넷은 개인주의의 근간에 비추어봤을 때 워낙 다양해서 과학적 규칙을 통한 인과적 설명이 어렵게 된다. 만약에 그렇게 강제한다면 수많은 다양한 현상을 주변화하고 배제화해서 오히려 과학이란 이름이 참된 진리를 가리게 되는 비합리적 결과를 초래하게 된다. 사이버공간에서는 얼마나 많은 현상이 반복되어 일어나는가를 보는 것이 아니라, 얼마나 다양한 현상을 알고 있느냐가 중요하다. 인터넷에서 일어나는 여러 현상들은 단순한 나열이나 유사한 연속일 수 있어서 법칙을 세우는데 어려움이 있을 수 있다.

인터넷에서의 다양한 현상을 법칙 세우기라는 과학적 방법으로 접근하는데 어려움이 있다고 해서 인터넷 들여다보기를 게을리 한다면 그 이면에 숨어있는 심오한 사회변화의 비밀을 간과하게 되어 사회변동을 대비하지 못하게 된다. 과학을 어떻게 봐야 할 것인가? 이전에 지나치게 통계적인 양화에 의존했던 과학을 사이버사회에서 그대로 적용하면 근본적 분석에 놓치는 부분이 생길 수 있다. 과학을 법칙정립에 의존하는 개념에서 달라져야 한다는 과학적 정당성에 다시 주목하게 된다. 사회과학의 과학적 타당성에 대한 논쟁을 사이버공간의 등장으로 새롭게 살펴보아야 한다. 인간은 본능에 따라 행동하지 않고 그래야 할 이유가 있을 때 행동한다. 인터넷에서의 많은 행동들도 그 이유를 찾아보게 되면 마치 비합리적 결과를 낳는 합리적 행동의 사례로 이해될 수 있다. 결과적으로 합리적이지 못한 과정들에 대한 연구가 사회학의 장기라고 말하는 콜린스의 주장처럼[11] 인터넷도 그러한 생각으로 들여다봐야 한다.

인터넷 속의 사회학적 상상력

스마트폰을 항상 손에 쥐고 살고 있는 요즘 시대 우리 삶을 인터넷과 분리한 채 들여다볼 순 없다. 인터넷시대의 사회학이란 무엇인가? 인터넷시대에 사회학은 어떻게 발전할 것이며 사회학자들은 어떻게 이를 해석하고 설명해야 할 것인가. 인터넷과 연결된 많은 행위들은 사회적 행위로 이어지고 이를 연구대상으로 삼아야 하는 것은 당연하다. 베버는 "사회학은 사회적 행위에 대한 해석적 이해를 통해 그 과정과 결과에 대한 인과적 설명에 도달하는 과학"이라고 했다.[12] 인터넷은 많은 개별적 행위가 일어나고 주관주의적 개인주의가 팽배한 은유적 장소이다. 행위하는 개인이 주관적 의미를 부여했을 때 그리고 그렇게 하는 한에 있어서의 모든 행동은 사회적 행위이다. 주관적 의미를 부여한다는 것은 타인의 반응을 고려하고 그 과정에 지향된 행위를 한다는 뜻이다. 의미를 갖고 있다 하더라도 타인에게 영향을 주고받지 않는 개인적 행동은 사회적 행위가 될 수 없다. 예를 들어, 혼자 기도하는 것은 의미 있는 행동이면서도 사회적이지 않은 좋은 예이다.

인터넷에는 수많은 의미 있는 인간들의 상호작용이 펼쳐지고 있다. 사회학자 밀스의 사회학적 상상력[13]을 인터넷에서도 발휘해 본다면 인터넷 속의 인간 활동에서 찾을 수 있는 사회학적 관점은 다양하게 전개될 것이다. 우리는 인터넷에 게시글과 댓글을 올려 동참하기도 하고 동시에 그런 글에 영향을 받기도 한다. 인터넷은 우리가 마주하게 되는 사회적 맥락의 또 다른 연장선이 되고 있으며 그 맥락을 스스로 인터넷 카페나 블로그를 통해 자신만의 개성을 소유하면서 창조해낸다. 친근하게 다가오는 기술의 변화가 단순히 삶의 질을 개선하는 기술발전으로만 생각되어선 사회학적 관점을 열어 펼칠 수 없다. 최근 보여준 스마트폰의 5G는 무선 인터넷의 속도와 관련한 기술로 4G보다 20배나 빠른 인터넷 네트워킹의 발전을 가져다준다. 4차 산업혁명의 중심 기술로서 우리가 경험하는 모든 통신 전자 분야의 기술에 새로운 기준을 제시한다.

일상의 스마트폰 속도의 변화이지만, 사회 여러 분야에 변화를 이끌게 된다. 웨어러블 장비를 통해 실시간 자료를 전송받고, 이동한 거리, 장소, 시간, 몸 상태 등이 기록되고, 데이터로 저장되어 클라우드로 연결된다. 자료들은 축적되어 인공지능화되고 이를 근거로 사물인터넷이 손쉬워지며, 로봇이 등장하면서 인간의 기계화로 이어지고, 포스트휴먼 시대로 진입하게 된다. 도시는 스마트시티로 탈바꿈하고, 직업세계도 변화가 일어나 특정 직업은 사라지게 되고 새로운 직업이 등장하고, 여가형태와 취미생활이 달라진다. 고도의 증강현실 기술로 더 실재감 있는 현실을 만들어낸다. 속도의 변화가 사회의 여러 모습을 바꾸는 것이다. 기술의 발전에 따라 인간의 삶이 기술에 매몰되어 인간의 사고와 행동양식이 기술에 이끌리다 보면 상상력과 공감 능력, 사회적 통찰력을 잃고 사회변화를 그저 첨단과학의 변화에 따른 당연한 변화 그 이상도 아니게 여기게 되는 수가 있다. 인터넷 기술의 변화에도 사회학적 상상력이 필요하다. 기술변화에 따른 사회의 다양한 모습에 사회학적 상상력을 가지고 들여다보면 인터넷 사회학을 발견할 수 있다.

사회학적 상상력은 사람들의 지성적 소양을 계발하여 자신들에게 닥친 일, 자신의 감정과 열망, 그리고 자신의 경험을 이해하도록 돕는다. 만약 그렇지 않으면 사회학적 상상력을 상실한 사회학이 되며 그러한 사회학은 고작 정보만을 제공할 뿐이다. 어느 사회학자의 글처럼 정보만 제공하는 사회학은 쓸모없는 사회학이다.[14] 경험과 삶의 이야기로 자신의 삶과 시대를 연결하고 그 영향을 평가하는 상상력을 가져야 한다. 따라서 일상의 익숙한 타성을 벗고, 모든 것을 새롭게 바라보도록 요구하는 사회학적 상상력은 다음의 문제의식에서 시작하고 있다.

- 사람들이 하는 것에 대한 관심
- 일상적인 눈으로 보는 자세
- 신비와 편견에 대한 도전
- 열정의 수반

'사람들이 하는 것에 대한 관심'을 가져야 한다는 것은 인간세계에 대한 관심을 가져야 한다는 말이다. 사회학을 상대적으로 자율적인 인간과학의 분야로 정의하는 것은 우리가 무엇을 하든 타인과 의존하게 되어 있다는 의미이며, 곧 인간세계와 연결된 것이라면 사회학적 논의가 되어야 한다는 것이다. 그리고 '일상적인 눈으로 보는 자세'는 고상한 것이든, 저속한 것이든 한쪽에 치우치지 않고 동일한 관점에서 같은 무게로 바라봐야 한다는 것이다. 이는 나 중심, 우리 중심에서 보는 것이 아니다. '신비와 편견에 대한 도전'도 사회학에 필요하다. 당연시 여기는 것을 새롭게 바라보려면 한쪽에 치우쳐진 관점에서 벗어나야한다. 그러기 위해서는 익숙한 것에 도전하는 '열정의 수반'이 있어야 한다.

어쩌면 사회학은 당연시 여기는 것을 새롭게 들여다보는 자세에서 시작한다. 그래서 사회학은 '상식'이라고 부르는 것과 관련이 있을 수 있다. 우리 모두는 다른 사람과 더불어 살아가면서 끊임없이 상호작용하고 있다. 그 과정에서 일상적 삶을 지속하게 하는 암묵적 지식이 엄청나게 많이 연관되어 있음을 바우만은 지적했다.[15] 그 지식은 상식적 지식이며 이러한 것이 사회학과 특별한 관계가 있다. 물리과학과 생물과학은 예를 들어 상식과 연관해서 설명하지 않는다. 이들 학문은 세련되지 못하고 거창하지 않은 지식과는 경계를 두려고 노력하면서 그 학문 규정에 만족해한다. 그러나 사회학은 다르다. 인터넷에서 일어나는 많은 현상들 가운데 지극히 당연하고 상식적이지만 주목받지 못한 것이 있다면 사회학적 상상력을 동원해서 펼쳐야 한다. 즉 기술의 변화와 발전으로 여러 현상들이 일어나는 것을 보면서도 의미를 가지지 않았던 그런 사회학적 대상이 충분히 있다는 것이다. 속도의 경쟁으로 멀리 있지만 더 이상 멀리 떨어져 있음을 느끼지 못하는 원격현전은 상호작용의 질을 다르게 한다. 인터넷시대의 사회학은 그래서 더 풍부하게 된다. 사회학적 생각을 하게 만드는 재료들이 나오는 영역의 크기로 볼 때 인터넷만큼 큰 것은 없다. 인터넷 너머에는 사회학적으로 생각할 수 있는 것들이 많이 있다.

읽고 생각하기 1

인터넷은 '사회적'이다

사회적 사실을 연구하기 위한 적당한 방법을 탐구하기 전에, 어떤 사실이 공통적으로, '사회적'이라고 불리는지 알아보는 것은 매우 중요하다. '사회적'이라는 명칭이 엄밀성을 가지지 않고 사용되기 때문에 이러한 정보는 무엇보다 필요하다. 비록 사회적 관심은 별로 없으면서도, 최근에는 사회에 전반적으로 모든 현상에 사회적이라는 명칭을 사용하고 있다. 이러한 토대 위에서는 언제나 그렇듯이, 사회적이라고 부를 수 없는 인간의 일이란 없다. 개인 각자가 마시고 잠자며 먹고 생각한다. 이러한 기능들이 질서정연한 방식으로 행해지는 것이 사회의 관심이다. 만일 이러한 모든 사실이 '사회적' 사실로 간주 된다면 사회학은 전적으로 자신의 연구대상을 가지지 못할 것이며, 또 그 영역이 심리학과 생물학의 영역과 겹칠 것이다.

그러나 다른 자연과학에서 연구되는 현상과 구별될 수 있는 일단의 집합적인 현상이 사회 내에 실제로 존재한다. 내가 형제로서, 남편으로서 또는 시민으로서 의무를 행할 때 내가 계약을 이행할 때나 자신과 나의 행위 밖의 법률과 관습에 규정된 의무를 행하는 것이다. 그러한 법률과 관습이 나의 정서에 맞고 그것을 주관적으로 느낀다고 하더라도, 그와 같은 현실은 내가 만든 것이 아니고 단지 교육을 통해 이어받은 것이기 때문에 여전히 객관적이다. …… 그러므로 여기에 개인의식의 외부에 존재하는 뚜렷한 특성을 보여주는 행위양식, 사고양식, 그리고 감정양식이 있다.

이러한 행위의 양식이나 사고의 양식은 개인의 외부에 있을 뿐만 아니라, 더욱이 강제력을 가지며, 그러한 강제력을 통해 개인의 의지와는 독립적으로 개인에게 그러한 양식을 부과한다. …… 그러므로 그것은 새로운 종류의 현상을 만들어내며, 또 그것에 대해서는 반드시 '사회적'이라는 말이 적용되어야 한다.

(에밀 뒤르켐, 『사회학적 방법의 규칙들』, 윤병철·박창호 옮김, 새물결, 2019: 59-62)

사회학은 상식인가?

사회학과 상식은 보다 특별한 관계가 있다. 천문학의 대상들은 이름 붙여지고, 정돈된 전체 질서에 자리를 잡고, 다른 유사한 현상과 비교하기 위해 대기하고 있다. 사회학자들이 설문지를 노트북에 기록하거나 관련 자료를 조사하기 이전에, 명확하고 새로운 현상이지만 의미를 갖지 않았던 그런 사회학적 대상들이 있다. 사회학자들이 연구하는 인간행위와 상호작용은 행위자 자신들이 이름을 붙이고 관심을 보여왔던 것이며, 그러한 것들이 상식적인 지식의 대상이 된다. 일상적인 상호작용에 의해 결합된 가족, 조직, 친족구조, 이웃, 도시와 마을, 국가와 교회 그리고 다른 여러 집단들은 이미 행위자들에 의해 의미와 중요성이 부여되어 왔다. 각각의 사회학적 용어는 이미 상식적인 지식에 의해 의미를 담고 있다. …… 사회적 지식에 대해 사회학임을 주장하는 것은 논쟁이 될 것 같다. …… 상식과 달리 사회학은 그 자체를 엄격하게 책임 있는 언어규칙에 종속시키려고 노력하고 있다. …… 사회학자들이 추구하는 광범위한 관점은 양적인 면뿐만 아니라 지식의 질적인 면이나 지식의 이용에 있어서 커다란 차이를 보인다. 사회학적 지식은 상식이 갖는 풍부한 지식에도 불구하고 상식 그 자체가 제공하지 못하는 것을 주고 있다. …… 사회학은 일상적인 상태라는 이름으로 문제없는 것처럼 말하는 세계관과 다른 입장에 있다. …… 사회학적으로 생각하기는 인간 상호작용성의 여러 그물망의 분석을 통해 인간조건을 이해하는 것이다. 그것은 우리가 우리의 동기와 동기촉진의 결과를 설명하기 위해 주장하는 현실의 가장 힘든 부분이다.

(바우만, 지그문트·메이, 팀, 『사회학적으로 생각하기』, 박창호 옮김, 서울경제경영, 2011: 11-15)

1. 인터넷의 집합적 활동은 '사회적'인가?
2. 사회학이 상식과 다른 점이 있다면 어떤 것인가?

제2장

근대의 불안, 정보로 풀기

패러다임의 전환

자본투자, 노동생산성, 계급의식과 투쟁은 산업사회의 마르크스적 시각에서 본 생산양식과 관련해 익숙한 내용들이다. 정보가 사회의 모든 면을 지배하고 정보의 속도가 경쟁이 된 지금 사회는 산업사회의 논리로 보기엔 한계가 있다. 오늘날의 사회는 정보혁명, 컴퓨터혁명, 또는 커뮤니케이션 혁명에 따른 정보사회라고 불린다. 정보사회는 컴퓨터기술의 급속한 발달로 정보의 흐름과 양식이 크게 변하면서 정치, 경제, 사회, 문화 등 사회구조 전반에 걸쳐 새로운 현상이 나타나는 모습을 말한다. 정보사회에 가장 결정적인 기술적 토양은 컴퓨터기술의 발전이다.

컴퓨터는 우리 생활 속에 중요한 위치에 있다. 단순히 사무자동화, 공장자동화, 판매자동화 혹은 가정자동화란 말로 자동화물결에 컴퓨터를 이용하던 차원은 이미 넘었다. 부가가치통신망VAN: Value Added Network의 보편화로 정부부처나 산업현장에서 질적인 변화를 가져왔고, 근거리통신망LAN: Local Area Network이 실현됨으로써 공간적으로 떨어진 현장들에서 서로 정보를 공유하고 통합적인 처리가 가능해졌으며, 전자자료교환시스템EDI: Electronic Data Interchange의 개발로 서류결재나 문서교환도 컴퓨터를 통해 이루어진다.

컴퓨터는 네트워크화로 인해 근본적으로 사회를 변화시켜 놓고 있다. 인터넷이라는 새로운 기술을 동원한 통신망은 가상공동체를 만들어 우리에게 새로운 경험을 가져다준다. 컴퓨터의 네트워크인 인터넷이 일상생활에서 중요하게 자리잡음으로써 인류문명은 새로운 패러다임으로 접근해야하며 그 이전과 다른 단계로 진입하게 되었다. 컴퓨터의 출현은 토마스 쿤의 표현대로 새로운 패러다임의 전환에 직면하게 했다. 이러한 사회변동은 총체적 사회변동이라기보다 국지적 이론으로 정교화 할 수 있는 변동으로 하나의 혁명이다. 쿤은 어떤 패러다임에서 다음 패러다임으로 넘어가는 것은 '사실의 누적'이 아니라 '위기감'에서 발생하는 혁명에서 나온다고 했다.[1] 컴퓨터의 출현은 쿤의 표현대로 '패러다임의 전환'을 맞게 하는 중요한 기술적 진보의 축이 된다. 다시 말해 컴퓨터로 인한 사회변화가 총체적인 틀을 단번에 대체한 변혁을 가져왔다고 단언할 수는 없지만 우리사회의 여러 모습을 변화시켰다는 점에서 국지적 이론으로 정교화시킬 수 있는 변동인 것은 틀림없다.

패러다임의 전환

토마스 쿤에 따르면 '규칙', '패러다임', '정상과학' 중에서 패러다임이 가장 우선한다. 특정 시대의 전문분야를 관찰할 때, 공유된 패러다임을 찾는 것은 쉬우나, 공유된 규칙을 찾는 것은 어렵다. 과학자들은 완벽한 해석 또는 합리화에 동의하지 않은 채, 패러다임의 확인에 의해 의견의 일치를 볼 수 있기 때문이다. 패러다임에 대한 신뢰는 해결할 수 없는 이론적 문제나 실험상의 예외로 말미암아 서서히 무너질 수 있고, 그런 난점이 발견되면 결국 위기가 발생한다. 이러한 위기는 새로운 패러다임이 형성되어 낡은 패러다임을 대체하는 혁명이 일어나야만 해결될 수 있다. 코페르니쿠스의 지동설이 프톨레마이오스의 천동설을 뒤집었고, 양자물리학과 일반상대성이론이 뉴튼 역학을 뒤엎은 것은 패러다임의 근본적 변화를 보여주는 좋은 예이다.

그렇다면 컴퓨터가 인간생활에 가져온 변동에 비추어 컴퓨터 이전의 세계와 이후의 세계로 나눌 수 있지만, 수년간의 사회질서의 변화를 인류의 문명사에서 크게 세 부분으로 구분했던 것은 사실이다. 첫째는 농경사회이다. 인류문명의 출발로 수렵시대를 벗어나 목축과 농업이 본격적으로 시작된 시기에서부터 18세기 중엽 산업혁명이 인류의 모습을 바꾸어놓기 전까지 가장 오랜 기간이었다. 둘째는 산업사회이다. 제임스 와트James Watt의 증기기관의 발명으로 촉발된 산업혁명이 기반이 된 사회로 수공업에서 제조업으로 일자리의 형태와 내용이 바뀌었고 새로운 기계기술과 공장체제가 등장하였다. 셋째는 정보사회이다. 컴퓨터의 등장과 함께 네트워크망이 형성되면서 지식을 기반으로 한 정보의 새로운 흐름 속에 나타난 사회이다. 우리가 이제 본격 논의해야 할 사회인 것이다.

사회학에서 우리가 정보사회라는 것에 관심을 기울이게 한 학자는 다니엘 벨D. Bell이었다. 사실 제 3의 물결, 탈산업사회, 정보사회, 원자시대 등 여러 대안적 항목들이 있었으나 새로운 이론을 모색하는 지적 작업은 대체로 기각되었다. 마르크스의 선진자본주의 개념이나 베버의 근대화 개념이 워낙 지배적이어서 다른 이론이 들어서기에는 역부족이었다. 그나마 벨의 70년대 저서 〈탈산업사회의 도래〉1974는 미국과 일부 유럽 국가들이 지식과 새로운 지식생산에 관심을 두는 정보사회의 모습을 하고 있다고 기술하면서 주목을 받았다.[2] 탈산업사회에서는 지식이 사회를 움직이는 중요한 원동력이며 사회조직의 토대라고 했다. 벨은 단지 근대사회의 변화를 달리 보려고 시도한 것이었으며 근대사회가 전통적인 산업사회의 모습에서 벗어난 것을 어떠한 형태로든 설명하려고 시도하는 과정에서 정보나 지식의 중요성을 놓치지 않고 본 것이다.

정보나 지식의 중요성은 네트와 비트의 흐름을 매개하는 컴퓨터를 중심으로 나온 것이고, 여기서 나타난 변화는 빠른 속도로 우리의 사회모습에 영향을 미치면서 정보사회가 등장한다. 이러한 변화에 대해 지금까지 사회학자를 비롯한 관련학자들은 컴퓨터라는 기술적 발전에 대한 언급을 이론적으로 다루기보다는 오히려 '근대성이니 탈근대성이니' 하는 개념작업이나 탈산업사회 혹은 포스트모더니즘 등으로 사회모습을 규정하는 개념 제시에 머물러 있었다. 우리가 흔히 말하는 정보사회는 컴퓨터를 매개로 하지 않고서는 생각할 수 없다. 지금 진행되고 있는 사회변동, 즉 컴퓨터 혁명은 단순히 기술적인 발전을 의미하는 것이 아니라 기술발전에 따른 사회의 변화를 말하는 것이다.

정보사회에 대해서 사회학적으로 벨이 관심을 두었지만, 오늘날 컴퓨터라는 미디어를 통한 정보사회라는 것은 2차 세계대전 이후 미국의 수학자 노버트 위너Nobert Wiener의 사이버네틱스이론을 배경으로 하고 있다.[3] 사이버네틱스는 '배의 키를 잡는 사람'을 의미하는 희랍어였으나 이를 1948년 위너가 그의 책 제목으로 사용하였다.[4] 위너의 사이버네틱스는 '동물과 기계에 대한 통제와 커뮤니케이션의 문제를 다루는 학문'을 뜻하는 의미로 당시에는 너무나 애매해서 다들 이해하지 못하였다. 사이버네틱스는 통제와 커뮤니케이션의 동시적 과정으로 메시지의 교환을 뜻하는 용어로 사용되었지만, 위너의 목적은 통제와 커뮤니케이션을 통해 정보를 많이 확보함으로써 인간이 가지는 불확실성과 우연성에 대비하는 것이었다. 이것은 샤논Clause Shannon의 정보이론과 같다고 할 수 있다.

샤논은 브리태니커백과사전Encyclopedia Britannica에 기고한 논문에서 정보이론은 여러 정보원에 대한 확률적 과정으로 하나의 선택과정이라고 지적하고 있다. 이는 '스무고개'처럼 "예", "아니오"로 대답하는 일련의 과정을 통해 가능성의 범위를 좁혀 가는 것과 같은 것이다. 결국 정보는 어떤 메시지의 경로결정에서 대체 가능성의 순서를 정하는데 도움을 주는 것이다. 즉 인간의 변화무쌍한 환경에서 발생한 불확실성을 줄여주는데 중요한 도움을 준다. 정보나 지식은 오늘날 사회에서 중요하다. 그러나 이런 것들은 컴퓨터라는 새로운 미디어의 출현으로 더욱 부각되고 있으며, 그런 지식과 정보에 대한 인간의 반응이 현실공간에서 뿐만 아니라 컴퓨터의 사이버공간에서도 역동적으로 나타나기 때문에 우리는 그러한 반응들을 조심스럽게 인식하고자 한다. 물론 컴퓨터가 가지는 함축적인 의미와 사이버사회의 환경들도 가능한 놓쳐서는 안 될 것이다. 컴퓨터가 전체 사회를 한 순간 획기적인 변동으로 이끈 것은 아니지만, 변동을 이끈 주요한 기술적 장치로서 보여지는 것은 사실이며, 기존의 산업사회의 논리로 연장해서 설명되지 않는 경우가 있기에 패러다임의 전환이 라는 쿤의 시각에서 이해가 필요하다.

정보의 힘

근대사회에서 견지한 '질서'와 '규칙'은 계몽의 이름 아래 과학을 신봉하는 많은 지식인들이 추구해 온 절대 절명의 과제였다. 그러나 근대의 질서와 규칙은 모든 사회현상을 통제하거나 조정할 수 있는 능력을 보여주지 못함으로써 그 이면에는 혼란과 무질서가 자행되고 있었다. 일부 사회에서 통제와 조정의 힘을 보여준다 하더라도 완전할 순 없었다. 근대성에서 절대 절명의 과제였던 질서와 규칙이 오히려 이율배반적인 혼란을 동반하고 있다는 사실은 곧 근대성의 한계이다.

바우만 같은 학자는 인종학살인 홀로코스트를 대표적인 근대성의 혼란으로 보았다.[5] 질서와 규칙이 모든 문제를 해결해 줄 것으로 생각했던 근대의 오만함은 인류의 참혹한 역사를 경험하게 했다. 그 결과 새로운 질서의 기대는 당연한 것이었다. 탈근대성을 주장하는 이유였다.

탈근대성은 근대성이 추구한 강제적인 규칙과 계몽의 과제를 해체하는 것이 궁극적인 목적이었다. 근대성에는 우발적으로 일어날 수 있는 사건들을 질서란 이름으로 모두 배척해 버리는 오만함이 있었다. 이러한 근대성의 오만함을 되돌려 주려고 하는 것이 비로 탈근대성이다.[6] 인간의 생활은 늘 우발성이 지배하는 세계이다. 근대사회는 우발성을 배척했지만, 그에 비해 탈근대의 사회는 우발성을 인정하면서도 이를 대비하는 사회이다. 우발성과 그에 대한 대비를 예리하게 지적한 사람은 반세기 전의 노버트 위너였다. 그는 우발성에 대비하기 위해 필요한 것이 정보라고 주장한다. "정보라는 것은 우리가 외계에 적응하고 또 우리가 적응한 것을 외계로 하여금 감지하게 할 때 외계와 교환되는 내용에 붙인 이름이다. 정보를 받고 또 사용하는 과정은 외부환경의 우발성에 대비해서 우리가 적응하고 또 그 환경 속에서 효과적으로 우리의 생을 영위하는 과정이다."[7] 따라서 근대의 우발성을 줄이는 정보는 탈근대성 사회의 근간이 되고 있다.

근대의 세계에서 일어나는 모든 확정적인 사건이 확률적

으로 발생한다는 것은 결정론적 인과율에 따르지 않는다는 것을 의미한다. 다시 말해 항상 우발성이 따른다는 것이다. 물론 인과법칙이 작용한다는 점에서 결정론을 어느 정도 인정할 수는 있지만 구체적인 상호작용에서는 언제나 우발성이 작용한다. 근대사회에서 설령 우발성을 줄인다 하더라도 완벽하지 못하다. 그러면 이러한 우발성의 궁극적인 결과는 무엇인가. 우발성의 세계는 모든 것을 붕괴시키고 분해하는 우주적인 경향인 엔트로피이다. 즉 이러한 우발성이 종국에 가서 맺는 결론은 모든 것이 쇠망한다는 엔트로피라는 것이다.[8] 모든 것은 언젠가는 사라진다는 유시유종有始有終의 법칙은 우발성에서 시작하는 것이다. 우발성은 인간이 알지 못하는 위험을 줄 수 있다. 우발성에 대비하는 것, 즉 인간이 알지 못하는 위험을 줄이는 것은 정보를 미리 알고 이용함으로써 가능하다. 그래서 정보는 중요한 것이다. '탈근대사회 = 우발성 대비 = 위험에 대처 = 정보의 중요성'은 다 같은 맥락에서 이해할 수 있다.

우리가 살아가는 세계는 우발성과 엔트로피가 지배하는 세계이다. 이를 막기 위한 최선은 정보와 지식이다. 외부환경의 우발성을 통제하고 체계의 유지, 존속을 위해 항상성을 추구하는 학문을 만들기 위해 노력한 결실이 사이버네틱스였다.[9] 우리가 사이버스페이스나 사이버라는 접두어를 붙여 사용하는 오늘날의 유행어들도 위너의 사이버네틱스에서 시작되었다고 볼 수 있다. 세상은 불확정적이며 사건의 발생은 확률적이라는 것 그리고 이 확률의 척도인 엔트로피는 증가한다는 것이다.

그러나 위너의 사이버네틱스는 광범위한 분야를 포괄하는 메시지이론을 정립하기 위한 것으로 통제와 커뮤니케이션을 동시적 과정에 놓음으로써 메시지의 교환을 뜻하기 위해 사용한 용어이다.[10] 여기서 메시지는 정보이다. 따라서 정보를 통해 우발성에 맞서고 모든 것을 분해하는 우주적 경향인 엔트로피에 맞선다. 정보는 우발성과 엔트로피를 저지할 수 있어야 한다. 근대성이 가진 우발성과 엔트로피의 한계를 정보로 극복하고자 하는 것이 탈근대의 사회이다. 따라서 정보화 사회는 탈근대의 사회이다.

정보의 가치가 왜 탈근대의 사회에서 중요한가. 근대사회에서 정보를 담는 매체는 활자 발명에 힘입어 등장한 책이었다. 책의 가치는 종이에 적힌 정보에 있는 것이지 종이라는 물질 그 자체에 있는 것은 아니다. 정보가 책이라는 물질적인 상품으로 유통되는 것은 손으로 직접 그 정보내용을 옮겨 적는 비용이 너무 비싸서 책을 구매하는 편이 낫기 때문이다. 따라서 책을 구매하는 것은 정보를 구매하는 것이다. 정보를 담는 매체는 기술혁명을 통해 유형화된다. 다니엘 벨은 탈산업사회에서 기술혁명의 유형적인 것이란 바로 컴퓨터라고 하였다.[11] 벨은 산업사회에서는 인간간의 사회적 결합이나 상호작용의 범위가 확대되어 대중사회가 출현했고, 이러한 대중사회를 탈산업사회에서는 컴퓨터가 관리한다고 함으로써 컴퓨터를 '대중사회를 관리하는 도구'라고 했다.

그러나 컴퓨터는 도구적 차원을 넘어 모든 정보의 중추적인 기술이며, 이러한 기술이 가지는 의미는 단순히 책을 사고파는 정도를 넘고 있다. 컴퓨터는 정보를 복제하는 비용이 거의 제로에 가깝기 때문에 책이라는 매체를 사고파는 근대의 모습과 근본적으로 다르다. 나아가 컴퓨터는 인간을 정보의 주체이면서 객체로 취급하여, 때로는 컴퓨터 사용 과정에서 인간존재 자체를 동요시키기도 한다. 즉 컴퓨터는 도구적 차원과 다르다는 것이다. 근대의 책이 지닌 정보의 의미와 탈근대의 컴퓨터가 지닌 정보의 의미는 차이날 수밖에 없다. 대상으로서의 정보와 주체로서의 정보라는 이중적인 의미를 컴퓨터는 담고 있다. 이는 컴퓨터가 만들어내는 정보가 하나의 사회구조를 만들어내면서 동시에 그 정보를 이용하는 인간행위에 주목하게 만든다.

노동과 자본에서 지식과 정보로

20세기 후반 사회질서를 이해하는데 있어서 근본적으로 기존의 관점으로 설명되지 않는 일들이 새롭게 일어나고 있었다. 그럼에도 불구하고 새로운 이론을 모색하는 지적 작업에 대한 저항은 여전하였다. 그 작업에 걸림돌은 근대사회를 설명하는 맑스주의 이론이나 베버 근대화론이 차지한 영향력 때문이기도 했다. 사회질서의 변화에 따른 새로운 이론의 대안들을 더 이상 외면할 수 없는 상황에 직면하면서 탈산업사회라는 이름이 등장한 것이다. 물론 근대성이나 탈근대성 혹은 포스트모더니티 등은 더 나중의 일이다. 여기서 탈산업사회라는 용어는 산업사회의 분석에 기반한 입장들이 더 이상 타당성을 갖지 못한다는 내용의 담론효과를 발생시켰다. 말하자면 탈산업적이라는 용어를 상정하게 되면서 사회이론가들은 더 이상 산업시대에 속하는 사회적 특성을 중요한 분석의 대상으로 삼을 수 없게 된 것이다.

이러한 관점에서 높이 평가될 사람이 바로 다니엘 벨이다. 그의 탈산업사회의 개념은 나름대로 설득력 있게 다가와 우리에게 탈산업사회 개념을 친숙하게 만들어 주었다. 그 전에 프랑스 사회학자 알랭 투렌이 탈산업사회란 책을 먼저 소개했지만, 투렌은 계급에 천착한 탈산업사회를 설명하여 마르크스의 그늘에서 벗어나지 못한 한계를 지닌다. 투렌은 탈산업사회에서 지식인 계급의 역할이 점차 약화된다고 보았고, 대중이 갖는 '동원'의 힘에 주목하였다. 즉, 탈산업사회에서는 적합한 정보와 통신의 급속한 발전으로 계급의 중재적 역할이 약화된다고 보았다. 따라서 탈산업사회에서도 갈등이 보편화된다는 것이 그의 주장이다.[12] 그러나 벨은 탈산업사회를 과학과 기술의 관계, 기술적인 의사결정 과정과 공공정책간의 관계가 새로워졌음 밝히기 위한 것이라고 말한다. 그는 탈산업사회는 노동가치설이 아닌 지식가치설이 사회성격의 중심이 되고 있다고 보았다.

> 사회학적으로 볼 때 이 새로운 단계의 특성은 사회혁신의 원천으로서 이론적 지식이 중심을 차지하게 된다는 점, 사회의 기초 자원으로서 (대학이나 아카데미, 사회의 각 연구부분에서) 이론적 지식이 집적된다는 점, 그리고 사회의 경제적, 기술적 변화의 변혁매체로서 새로운 "지적 테크놀로지"가 기계적 테크놀로지보다 중요해진다는 점을 들 수 있다. 요약하면 탈산업사회적 질서란 무엇보다 지식, 정보사회를 이끄는 말이다.[13]

토플러 역시 과학기술혁명이 이끄는 정보시대 또는 전자화시대에 대한 벨의 생각에 동의하고 있지만, 그는 초산업사회super-industrial society란 표현을 사용한다. 그러나 이런 표현으로 변화하는 사회를 충분하고도 적절하게 설명할 수 없다고 보았다. 이런 표현이 사회변화의 여러 모습을 보지 못하고 몇 가지 요소에만 우리의 시야를 국한시켜 사회에 대한 이해를 좁혀버린 것이다.[14] 탈산업사회이든 초산업사회이든 사회변혁의 전모를 자세히 보여주진 못하지만, 투렌, 벨, 그리고 토플러와 같은 학자들은 지식과 정보의 중요성을 인식하고 있으며 이로 인한 사회의 변화가 산업사회의 논리에서 이해할 수 없는 부분이 있다는 것에 동의하고 있다는 것은 분명하다. 그 변화하는 사회구조의 원리를 이해하기 쉽게 벨이 보는 사회단계, 즉 전산업단계, 산업단계, 탈산업단계를 특징에 따라 살펴보면 다음과 같다.[15]

□ 전산업사회- 자연과의 관계 속에서 전개

① 자연과의 경쟁 - 사람들의 발상은 자연과의 게임이다.

② 역사의 현실은 자연을 의미한다.

③ 시와 상상력의 세계에서 사람은 자연세계와 관련시킨다.

④ 문화도 자연세계와 연관된다.

□ 산업사회- 인공물과의 관계 속에서 전개

① 제조물(products)과의 경쟁이다.

② 인간은 Homo faber(물건을 만드는 인간)로 묘사된다.

③ 자연을 변화시키는 꿈을 가진다

- 산업혁명은 자연질서를 변화시킨 인간 꿈의 실현이다.

④ 문화는 기술에 의해 바뀐 가공된 문화가 출현한다.

□ 탈산업사회- 인간들 사이의 관계 속에서 전개

① 인간들 사이의 경쟁

- 유토피아는 궁극적으로 인간들 사이의 안정된 관계, 즉 조화의 세계이다.

② 참가, 상호교류, 이동, 계획화, 규제로 특징짓는 사회이다.

③ 기술과 지식이 병행 발전한다.

④ 새로운 지적 문화가 대두하여 지식사회가 출현한다.

각 나라나 단위별 사회가 탈산업사회라고 규정할 수 있는 기준은 무엇인가? 고도의 기술과 과학에 기반을 둔 산업의 전환으로 탈산업사회에 도달한다고 주장하지만, 구체적인 경계치는 없다. 벨의 경우 탈산업사회는 GNP의 50퍼센트 이상이 그리고 근로자 임금의 50퍼센트 이상이 정보에 의한 재화 및 서비스의 생산, 가공, 배분과정을 통해 나온다면 탈산업사회라고 했다. 즉, 소득의 대부분이 물질적 추출이나 제조에서 나오는 것이 아니라 정보종사자로부터 나오는 사회가 된다면 탈산업사회이다. 토플러는 한 사회의 교통통신의 발달과 도서출판의 양으로 초산업사회에 진입을 가늠한다고 했다. 오늘날 네트워크와 콘텐츠로 이해할 수 있을 듯하다. 당시로서는 산업사회 이후의 사회를 컴퓨터가 매개가 되어 발전할 것으로 보지 못했으며 인터넷기술은 상상도 하지 못한 상황있다.

컴퓨터나 인터넷이 오늘날처럼 사회에 중대한 영향을 미치는 핵심적 기술이 될 것이라고 전망하고 나온 개념은 아니지만, 분명한 것은 탈산업사회의 중추원리가 노동과 자본에서 지식과 정보로 바뀐다는 사실이다. 이러한 사회에서는 지식과 정보가 사회의 주요한 함수가 되며, 이러한 함수가 자본이나 노동과 같은 다른 변수들을 결정한다는 것이다. 여기서 벨은 자신의 진술에 엄밀하고 과학적인 느낌을 주기 위해 '변수'라는 용어를 사용함으로써 자신의 명제가 갖는 모호성을 은폐한 듯 보이기도 한다. 그렇다면 탈산업사회라고 하기보다 차라리 왜 정보사회나 지식사회라고 하지 못했을까? 벨은 산업사회의 변화된 모습을 그리기 위해 탈이란 접두어로 다음 사회의 모습을 그렸지만, 이것 역시 마르크스의 생산양식에 근거한 사회분석의 틀인 산업사회의 연장선에서 보고 있는 것이다. 이에 사회의 발전을 생산양식의 기본 축에서 벗어내고자 한 사람이 마크 포스터였다. 그는 사회의 발전을 생산이 아닌 정보의 틀에서 완전히 새롭게 시대구분을 하면서 접근하고 있다.

정보양식론

정보양식론은 마르크스의 생산양식론을 패러디한 것이다. 역사적 범주로서의 생산양식의 개념은 생산수단과 생산관계의 상이한 결합에 따라 시대를 구분하였다. 마르크스는 〈독일이데올로기〉에서 역사를 기술하는데 필수적인 전제가 '생산'이라고 주장하고 있다.

인간이란 '역사를 만들 수' 있기 위해서는 어떤 생존의 장(position to live) 속에 들어 있어야 한다는 전제를 기술함으로써 시작해야 한다. 그러나 삶이란 무엇보다도 먼저 먹을 것과 마실 것, 살 터, 옷과 그 외 이와 같은 모든 것을 필요로 한다. 그래서 첫 번째의 역사적 행위는 이러한 필요를 만족시켜 줄 수 있는 필요한 수단들의 생산, 즉 물질적 삶 자체의 생산이었다.[16]

인간은 생존하기 위해 노동을 하게 되면서 노동에서 벗어날 수 없는 주체이고, 또한 노동을 통한 생산은 마르크스의 역사기술의 기본적 전제이다. 그러나 포스터는 인류의 역사를 상징의 소통구조에 따라 각각 구분하고, 개인의 주체도 각 시대의 미디어에 얽매인다고 주장한다. 다시 말해, 개인이 사회와 관계를 맺는 것은 미디어를 통해 이루어지는 것이고, 사회의 분석도 미디어로부터 이루어져야 한다고 주장한다. 미디어는 선험적 질서이며 사회를 구조화하는 역할을 한다고 보았다. 이전의 말과 글에서는 몰랐으나, 새로운 전자 커뮤니케이션으로 인해 질적으로 다른 새로운 언어를 경험하게 되면서 인간 주체에 대한 생각 뿐 아니라 인간 상호간의 사회관계에도 근본적인 변화가 일어난다는 것을 알게 되었다는 것이다. 이는 정보양식이 이전의 사회와 다른 새로운 사회를 구분짓는 기준이 된다는 점을 강조한다.

포스터의 정보양식론은 본인 스스로도 밝히고 있듯이 마르크스의 '생산양식론'을 흉내낸 것이다. 생산양식론과 마찬가지로 정보양식론은 두 가지의 분석적 범주를 가지고 있다.

하나는 역사적 시대구분 방식이고 다른 하나는 각 시대와 맺는 주체의 사회결정성이다. 포스터는 역사적 시대구분을 마르크스와 달리 진화와 발전이란 관점에서 접근하지 않는다. 마르크스는 이전 생산양식의 시기보다 발전된 시기로 역사가 전개된다고 본 반면, 포스터는 진화론을 거부하고 상징의 소통형태를 매개로 각각의 역사적 단계를 구분한다.

포스터는 정보양식에 따른 시대의 구분을 구어 단계oral stage, 인쇄 단계print stage, 전자 단계electronic stage로 나눈다. 각 시대에 대응하는 상징, 수단, 그리고 주체의 형태는 다르게 나타난다. 각 시대의 의사소통 상징으로는 구어단계에서는 대면적 구어말, 인쇄단계에서는 인쇄된 글문자, 전자단계에서는 전자적 언어전자언어이다, 의사소통의 수단인 기호의 역할에 있어서 구어 단계는 상징적 유사물로서 기호가 고정된 생활방식에 상응하는 것만을 나타내며, 인쇄 단계에서는 기호의 재현으로 실체에 대한 객관적 진리를 드러내 준다는 확실한 믿음을 강조하며, 전자 단계는 기호의 역할이 불안정한 시뮬레이션으로서 기표의 흐름에 불과하다고 보았다. 또한 각 시대의 의사소통의 주체는 그 형태가 다르게 나타나는데 구어 단계에서는 대면적 관계에 둘러싸인 발화의 소재지가 주체이지만 집단과 공동체에 종속되어 몰주체적 성격을 보이고, 인쇄 단계에서는 합리적 자율성을 가진 주체로 시공간적으로 고정된 모습을 보이며, 전자 단계에서는 끊임없는 불안

정 속에 탈중심화되고 분산된 탈주체의 다중화된 자아의 모습을 보인다.[17]

〈표 2-1〉 정보양식론에 의한 시대구분

특징 \ 시대	구어단계	인쇄단계	전자단계
의사소통 상징	말 대면적이고 구어적으로 매개된 의사소통	문자 인쇄를 매개로 글로 씌어진 의사소통	전자언어 전자적으로 매개된 의사소통
의사소통 수단	상징적 유사물 고정된 생활방식에 상응하는 것만 표시	기호의 재현 객관적인 진리를 보여주는 확실성	정보적 시뮬레이션 불안정한 기표의 흐름
의사소통 주체	몰주체 대면적 관계에 둘러싸인 발화소재지	합리적 주체 합리적 자율성은 가지나 주어진 기능만 담당하는 수행자(집단과 공동체에 종속)	탈주체 끊임없는 불안정 속에 탈중심화, 분산화되면서 여럿으로 불어난 자아

포스터의 정보양식론은 의사소통의 구조적 형태가 주체를 결정하고 있다. 정보양식이 문제삼는 것은 주체의 문제이다. 주체는 누구인가? 주체를 알기 위해서는 주체의 형태, 주체가 객관세계와 맺는 관계, 객관세계에 대한 주체의 관점에 관심을 가져야 할 것이다. 주체는 의사소통의 행위와 구조 속에서 구성된다. 의사소통의 변동은 주체의 변동을 포함한다. 이 말은 곧, 개인은 미디어를 통해 사회와 관계를 맺는다는 것이다. 사회는 경제생산양식에 의해 결정되는 것이 아니라마르크스와 달리, 미디어에 의해 결정된다. 미디어는 선험적인 질서로서 인간을

사회구조의 질서에 편입시키는 주체화의 장치이며, 사회를 구조화시키는 역할을 한다. 여기서 미디어는 언어이다.

따라서 그는 '언어의 감옥'에 인간을 가두어 버리는 한계를 갖는다. 정보가 갖는 사회결정성은 주체인 개인이 미디어가 정해놓은 질서에 따라 배치되고 역할을 부여받는다는 의미이다. 그러나 포스터의 의도는 오늘날 전자적 미디어 시대에 언어의 기반이 붕괴되고 있음을 역으로 증명하여 언어에 갇힌 주체를 언어의 '밖으로' 탈출시키려고 하는 것일 수도 있다.[18] 전자미디어시대는 언어의 재현이 일관성이 없어, 주체도 시공간의 한 지점에 머무르지 않는다. 나는 어디에 있으며 누구인가? 주체는 다중화되고, 분산되고, 탈맥락화되고, 해체되면서 새로운 형태를 띠게 된다.

포스터의 장점은 시대구분을 정보시대에 맞게 재구성하고 있을 뿐 아니라, 근대적 주체의 종말을 주장하고 탈근대적 주체를 분석하고자 하는 것 같다. 탈근대적 주체는 새로운 형태의 사회관계 망 속에서 새로운 경험세계를 창조하는 주체이다. 포스터는 언어에 갇힌 주체를 언어 밖으로 탈출시켜 보다 자유롭게 만들어 주고 있다. 그렇다면 인간이 정보화시대엔 선험적인 질서에 매이지 않고 정말 자유롭게 될까? 근대가 가졌던 질서와 규율의 맹신에서 초래한 오만함이 인간들에게 불안과 혼란을 안겨주었고, 주체의 문제를 통해 역사를 다르게 보면서 이를 해결하는 것이 정보양식론이다. 정보양식론은 인간의 자유를 상징과 수단을 통해 주체적으로 실천할 수 있는 정도를 시대에 따라 구분한 것이다. 인간은 불안정하긴 하지만 보다 자유의 폭이 확대된 주체의 모습으로 진전하고 있다.

읽고 생각하기 2

정보양식론 이해

전자통신을 적절히 설명하기 위해서는 새로운 형태를 취하는 사회적 상호작용의 언어적 차원을 독해 할 수 있는 이론이 필요하다. 이를 위한 하나의 디딤돌로서 나는 정보양식론을 흉내낸 것이다. 마르크스는 〈독일 이데올로기〉를 비롯한 몇몇 곳에서 생산양식 개념을 두 가지 방식으로 논의한 바 있다. 첫째는 역사적 범주로서의 생산양식 개념이다. 이것은 생산양식의 변형생산수단과 생산관계의 상이한 결합방식에 준거해 전체 과거를 시대구분한다. 둘째는 경제활동을 알튀세르의 표현대로 최종단계의 결정이라는 입장에서 특권화하는 자본주의 시대에 대한 메타포로서의 생산양식 개념이다. 이와 비슷하게 나의 정보양식 개념은 다음을 제시한다. 역사는 상징적 소통구조의 변형방식에 따라 시대구분이 가능하며, 게다가 현재의 문화에서 〈정보〉는 마치 숭배나 헌신의 대상이 될 정도로 그 비중이 커지고 있다는 점이다.

모든 시대는 상징적 소통의 형태를 취하는데, 이러한 형태는 그 내적, 외적 구조와 의미작용signification의 수단 및 관계를 내포한다.

(마크 포스터, 『뉴미디어의 철학』, 김성기 옮김, 민음사, 1994: 21-22)

'정상' 과학을 정상적이라고 주장할 때, 저지를 수 있는 과오는 무엇인가?

새로운 이론들의 출현은 대체로 전문 분야의 불안정함이 현저해지는 선행 시기를 거치게 된다. 누구나 예측할 수 있듯이, 그런 불안정함은 정상과학의 수수께끼들이 좀처럼 제대로 풀리지 않는다는 데에서 발생한다. 기존 규칙의 실패는 새로운 규칙의 탐사를 향하는 전조가 된다.

우선 패러다임 변화에서 특히 유명한 사례인 코페르니쿠스 천문학의 탄생을 살펴보자. 이전 체계인 프톨레마이오스의 지구중심 체계가 기원전 2세기부터 기원후 2세기까지에 걸쳐 처음 발견했을 때, 그것은 항성과 행성의 변화하는 위치를 예측하는 데에 신통하리만큼 성공적이었다. 고대의 체계 중에서 그렇게 잘 들어맞는 다른 이론은 없었다. 항성에 대해서는 프톨레마이오스 천문학이 오늘날까지도 계산을 위한 근사법으로 널리 쓰이고 있으며, 행성에 대한 프톨레마이오스 체계의 이론은 코페르니쿠스의 것만큼 잘 맞았다. 그러나 하나의 과학 이론으로서, 놀랄 만큼 잘 맞는다는 것이 완벽하게 성공적이라는 뜻은 아니다.

(토마스 S 쿤, 『과학혁명의 구조』, 김명자·홍성욱 옮김, 까치, 2013: 150-151)

1. 마크 포스터가 말한 정보양식론에서 각 시대별 '주체'는 어떻게 달라지는가?
2. 토마스 쿤이 말하는 패러다임의 전환은 무엇인가?

제3장

미디어 테크놀로지, 인간능력의 확장

사회변화의 첨병, 미디어 테크놀로지

베이컨은 신의 은총으로부터 타락한 인간을 구원하는 수단은 과학과 기술이라고 했다. 유토피아에 관한 그의 저서 〈뉴아틀랜티스〉New Atlantis, 1672에서 인간의 발전은 자연을 과학과 기술을 통해 개발함으로써 보장된다고 보았다. 베이컨은 사회변화를 가져온 지배적인 힘을 과학과 기술로 보고 이에 대해 긍정적 시각을 가진 인물이다. 오늘날 사회변화의 핵심에는 기술이 자리하고 있다. 기술로부터 모든 변화는 시작되고 있다. 그러기에 우리는 기술로부터 사회 결과를 설명할 필요가 있다. 그러나 이러한 방법은 항상 기술주의라는 비판을 받는다. 모든 사회의 변화를 기술을 통해 설명하다보면 기술의 사회적 채택과정과 활용에서 나타난 기술 외적인 측면을 무시하는 결과를 초래할 수 있다. 하지만 기술주의에 대한 비판에서 벗어날 필요가 있다. 그 이유는 기술이 낳는 사회적 결과를 무시한다는데 기술주의의 함정이 있는 것이지, 기술을 분석하는 그 자체를 기술주의라고 폄하해서는 안 되기 때문이다.

기술이 낳은 사회적 결과를 보면 오늘날의 기술은 과거의 기술과 크게 다른 부분이 있다. 대부분 미디어 기술이다. 즉, 미디어 테크놀로지로 인간 능력을 확장시키는 기술이 대부분이다. 〈와이어드〉Wired 매거진의 편집자 크리스토퍼 널 Christopher Null이 오늘날 인간의 삶을 바꾼 상품 10가지를 꼽은 것을 보면 텔레비전, 전화기, 카메라, 비디오, 컴퓨터, 휴대폰 등 미디어 기술과 연관된 상품들이었다. 이들 상품은 문명을 이끄는 주도적 기술에서 나온 것으로 널은 새로운 창세기라고 불러도 좋은 제품이라고 주장했다. 과거의 기술은 인간의 외적 능력인 자연에 가하는 힘을 확장시켰던 기계중심의 기술이었지만, 오늘날 기술의 핵심은 미디어 기술로서 인간의 내적 능력을 확장시켜 또 다른 사회변화를 야기하고 있다. 그래서 기술은 이제 외적인 현상이 아닌 인간의 삶을 바꾸는 내적인 동력이 되고 있다.[1]

□ **세상을 바꾼 상품들, 톱 10**[2]

1. RCA의 630TS 모델 TV
   (RCA Model 630TS TV, 1946)
2. 웨스턴 일렉트릭의 전화기
   (Western Electric 500 Desk Telephone, 1949)
3. 코닥의 브라우니 127 카메라
   (Kodak Brownie 127 camera, 1953)
4. 벨앤하웰의 8미리 무비 카메라
   (Bell & Howell Director Series model 414 Zoomnatic 8-mm Movie Camera, 1962)
5. 애머나의 전자레인지
   (Amana Radarange microwave, 1967)
6. JVC의 HR-3300 비디오 레코더
   (JVC HR 3300 videocassette recorder, 1976)
7. 아타리의 2600 비디오 컴퓨터 시스템
   (Atari 2600 video computer system, 1977)
8. 소니의 워크맨 카세트 플레이어
   (Sony Walkman TPS-12 potable cassette player, 1979)
9. IBM의 5150 퍼스널 컴퓨터
   (IBM 5150 personal computer, 1981)
10. 모토로라의 스타택 휴대폰
    (Motorola Star Tac cell phone, 1996)

지리적으로 생활범위가 확대되면서 사람들의 공간적 거리는 멀어지게 되었고 이러한 거리를 극복하기 위한 미디어 기술은 당연히 발전될 수밖에 없었다. 캐나다의 경제사학자이면서 마샬 맥루한M. McLuhan의 스승인 해럴드 A. 이니스Harold A. Innis는 사회발전의 각 단계에서 다음 단계로의 이행에 중요한 관건은 생산이나 소유관계의 변화라기보다 오히려 의사소통 양식의 변화라고 주장했다. 그는 도구기술이 인간의 육체적 능력을 확장하는 것이었다면, 인지 및 지식의 확장으로서의 미디어 기술은 의사소통을 위한 기술로서 다른 모든 기술의 기초라고 보았다.[3] 마크 포스터의 정보양식론의 주장처럼 서구문명의 각 단계는 특정 커뮤니케이션 매체에 의해 지배되었을 뿐 아니라 새로운 커뮤니케이션 양식의 등장이 문화혼란을 야기시켜 사회변화를 가져온다. 미디어 기술은 20세기 후반에서부터 엄청난 속도로 발전하면서 공간적 거리뿐만 아니라 시간적 거리마저도 좁혀주는 새로운 사회로 나아가고 있다. 그러한 기술의 첨병역할은 역시 미디어 혁명에서 나온다.

일상의 대면적 대화는 시공간적으로 일치한 곳에서 발생하지만, 시공간적으로 일치하지 않더라도 인간들 사이의 관계를 묶어주고 상호작용하게 된 것은 다양한 미디어 테크놀로지의 등장 때문이다. 인류의 가장 원시적 미디어는 몸짓과 표정이다. 인류의 오랜 역사에서 단순히 몸짓과 표정이라는 미디어에서 벗어나 새로운 다른 수단을 이용한 것은 거의 최근의 일이다. 의사소통에서 여러 가지 매체와 수단을 이용하려고 했지만, 우리에게 익숙한 문자를 통한 인쇄매체, 그리고 전파를 이용한 방송매체가 거의 19세기 20세기에 보편화되었다.

미디어의 발전은 엄청나게 빠른 시간 속에 이루어졌다. 미디어 학자 슈람W. Schramm은 미디어 발전 속도를 보여주기 위해 1백만 년의 인류역사를 24시간으로 가정하고 각각의 미디어가 등장한 때를 시간으로 표시했다. 언어를 사용한 것은 21시 33분, 인쇄매체를 알리는 금속활자의 발명은 23시 59분 14초, 방송매체의 시작인 라디오의 발명은 23시 59분 53초, 텔레비전의 경우 23시 59분 56초였다. 긴 인류의 역사를 생각하면 미디어는 거의 최근에 잇달아 발명되어 등장한다.[4]

오늘날 컴퓨터를 기반으로 한 인터넷미디어의 발전을 슈람의 시간측정에 따라 들여다보면 아마 시간의 최소단위로도 설명할 수 없을 정도로 빠르게 진행되고 있다. 인터넷 미디어의 등장은 미디어 자체로 봐서도 혁명적인 변화를 가져왔다. 양적인 측면에서 뿐만 아니라 질적인 측면에서 미디어 구조 자체를 완전히 뒤바꿔 놓았다. 인터넷미디어는 전통적인 매체형식인 신문, 방송, 출판을 디지털이라는 하나의 원리로 통합시켰다. 또한 공중과 지상, 무선과 유선으로 구분되던 미디어 채널을 통합하면서 미디어의 구조를 일방적 신호에서 상호작용적 대화채널로 바꾸었다.

그 결과 단순한 커뮤니케이션 수단에 불과했던 미디어는 새로운 사회경제적 변화의 중심에 있으면서 가히 폭발적이라 할 만큼 급속도로 성장하고 있다. 특히 컴퓨터와 인터넷의 발전은 사회를 놀랍도록 바꾸고 있다. 미국의 로스네이J. de

Rosnay는 이미 오래전 이러한 미디어의 혁명을 '미디어모포시스'mediamorphosis라고 예견했다.[5] 그는 이러한 미디어모포시스에 의해 산업부문이 통합되고, 새로운 멀티시장이 등장하게 되며, 컴퓨터의 위험과 제약도 드러나게 되어 산업사회의 전반에 걸친 동요가 발생한다고 주장한다. 이제 우리가 볼 것은 미디어의 발전이 아니라, 미디어로 인한 사회의 변화이다.

미디어모포시스

미디어모포시스mediamorphosis는 미디어의 폭발적 발전으로 나타난 영향력을 가리킨다. 미디어모포시스라는 말을 쓰지 않더라도 컴퓨터라는 매개를 통한 인터넷 미디어의 출현은 사회변화의 새로운 패러다임을 필요로 하게 되었다. 이제 사회는 '컴퓨터 매개 커뮤니케이션'CMC: Computer Mediated Communication이라는 사회 패러다임의 전환을 가져온 기술로 인해 송신자와 수신자라는 채널방식의 과거 전통적 매스커뮤니케이션의 선형적인 모델 대신에 비선형적인 네트워크

모델을 탐색하기 시작했다. 또한 2차원적 평면에서 3차원적 멀티환경의 미디어로 발전하는 것을 뛰어넘어 시뮬레이션 환경으로 미디어의 범위가 확장됨에 따라 이를 해석할 수 있는 이론 찾기에 몰두하는 학자들이 사회과학뿐만 아니라 역사학 철학 등 여러 분야에서 등장하게 되었다.

로스네이는 미디어모포시스를 ① 마이크로프로세서의 향상, ② 디지털화와 데이터 압축, ③ 통신기술의 통합, ④ 컴퓨터와 통신 인터페이스, ⑤ 컴퓨터 네트워크와 전자고속도로 등에 의해 촉발된 결과로 보고 있다. 또한 로저 피들러는 『미디어모포시스』라는 책에서 단순한 미디어의 발전이 아니라 컴퓨터에 의한 새로운 미디어의 영향력이 미디어모포시스라고 설명하면서 우리가 논의할 것은 미디어의 발전이 아니라 미디어의 변형이라고 주장한다. 미디어 변형은 단순히 미디어에만 국한되는 것이 아니라 커뮤니케이션 매체의 복합적인 필요나 경쟁적이고 정치적 입력 또는 사회적, 기술적 혁신으로 야기된다. 미디어 변형은 이론이라기보다는 커뮤니케이션 미디어의 기술적 진화에 대한 하나의 통합적 사고이다.[6] 구어, 문어, 디지털언어 등 모든 인간 커뮤니케이션과 관련이 있다고 보았다.

엄청난 속도로 변화하는 기술과 그에 적응해야 하는 사회는 위기에 내몰리기 쉽다. 총체적인 변화에 대해 사회과학으로 설명하지 못하게 된다면 이 또한 위기이다. 이러한 위기는 변화에 의해 초래되는 것이 아니라 변화를 바라보지 못하는 현실에 있다. 오늘날의 인간 내적 능력의 확대를 가져온 커뮤니케이션 기술은 그 이전의 기술과 달리 쌍방향과 탈중심화의 형태를 신장시켜 인간의 자율권 확장이라는 분명한 특징을 보여주고 있다. 따라서 사회는 지배 구조 자체에 관심을 두는 것이 아니라 조건을 변화시키는 매개체들의 능력에 관심을 둔다. 특히 마크 포스터 같은 역사학자는 이러한 미디어가 단순히 인간 삶의 외형만 바꾸는 게 아니라 인간의 존재형태를 변화시키고 있다고 보고 있다.[7]

포스터는 위성 테크놀로지, 인터넷 등으로 줄달음치는 전대미문의 뉴미디어에 대한 낙관론이 이니스에서 맥루한으로 이어지는 미디어에 대한 기술주의적 논리와 합쳐져서 새로운 유토피아시대를 만들어 낸다고 예상했다. 서구 계몽철학의 계통을 이어받고 있음을 주창해 온 프랑크푸르트학파의 매스미디어에 대한 부정적 비판은 엘리트주의의 입장에서 미디어의 실체를 제대로 인식하지 못했기 때문이라고 포스터는 보았다. 따라서 매스미디어가 18세기 이래 '계몽의 프로젝트'인 인간의 자율적 주체에 방해된다고 하는 비판이론가들의 주장에 반대한다. 포스터는 미디어의 기술주의적 논리 위에 정보화 사회를 낙관론적으로 전망하고 있다. 따라서 특정 기술에 의한 미디어 혁명은 사회의 긍정적 변화를 가져온다.

사회는 구조에서 개인으로, 중심에서 주변으로 확장 이전하고 있다. 이러한 이전은 현실공간 뿐만 아니라 컴퓨터기술이 만들어낸 사회적 결과인 사이버공간에서 더욱 뚜렷하다. 컴퓨터라는 미디어는 가상과 현실의 구분을 모호하게 하며 나아가 가상이 현실을 지배하는 새로운 변화를 우리에게 경험하게 한다. 이러한 이유에서 정보사회의 사회학이 현실real world에만 그 영역을 고집한다면 새로운 공간인 가상세계에서 나타나는 수많은 인간들의 현상을 바라보지 못하는 위기에 놓이게 될 것이다. 이제 우리는 디지털 미디어혁명과 함께 우리의 관심을 가상세계virtual world에서의 인간 관계망과 상호작용에까지 넓혀야 한다. 그래서 인터넷 미디어 혁명은 사회학의 연구영역을 더욱 확대하고 있다. 사회학은 현실과 가상세계를 넘나들면서 근대성의 한계가 현실의 건너편인 사이버공간에서는 어떻게 전개되며 그곳에서는 그 한계를 극복할 수 있는지 조망하는 것이 필요하다.

미디어,
인간능력의 확장

미디어는 매개하는 것이다. 정확히 정보를 매개하는 매체가 미디어이다. 근대 미디어의 의사소통구조는 정보제공자와 정보수신자를 일방향적으로 연결했다. 정보수신자의 입장에서 근대미디어를 자신을 표현하는 도구로 생각하긴 어려웠다. 인쇄된 글을 읽는 행위이며, 전파로 접한 라디오나 텔레비전을 듣거나 보는 행위 이상을 할 수는 없었다. 자신을 표현하는 인간 능력의 확장이라는 것에 쉽게 동의하지 못하는 정보전달 구조였다. 그러나 맥루한은 미디어에 따른 역사를 문자 이전시대, 문자시대, 쿠텐베르그 시대, 전기 · 전자시대로 나누고 각 시대에 따라 미디어를 사용하는 감각이 점차 확대된다는 의미에서 인간능력의 확장으로 미디어를 보았던 것 같다. 시각에 제한된 감각에서 시청각으로, 나아가 모든 감각을 동원하는 의사소통구조로 확대된다는 이유였다.

> 모든 미디어가 우리 자신의 확장이며, 이 미디어의 개인적 및 사회적 영향은 우리 하나하나의 확장, 바꾸어 말한다면 새로운 테크놀로지 하나하나가 우리에게 도입되는 새로운 척도로 측정되어야 한다는 것이다.[8]

미디어가 도구임을 선언한 것은 맥루한이었다. 그것도 미디어가 인간의 기능을 확장하는 도구였다. 당시로서는 맥루한의 생각이 지나침이 있지만, 미디어에 대해 인간이 갖는 역할의 변화를 예고한 주장이었던 것 같다. 미디어 테크놀로지의 발달은 인간의 육체를 공간적으로 확장시키는 도구가 된다는 생각에서 미디어의 범위를 크게 생각했던 것이 맥루한이었다. 맥루한이 보는 미디어는 말과 글뿐만 아니라 의복, 주택, 화폐, 시계, 비행기, 자동차, 게임, 병기, 자동화 등 거의 모든 것을 포함하고 있다. 그의 미디어 개념은 인간이 만들어낸 도구나 기술까지도 포함한다. 인간의 신체 및 감각기관의 기능을 확장하는 것은 모두 미디어였으니 말이다. 미디어의 범위가 이렇게 광범위하다면 우리는 미디어의 영향으로부터 벗어나지 못한다.

맥루한의 특이한 명제는 '미디어가 메시지이다'The medium is the message라는 주장이다. 메시지란 어디까지나 미디어를 통해 전달되는 내용이라는 일반적인 생각에 대한 도전이다. 미디어 자체가 메시지라고 선언한 것은 테크놀로지와 직결되는 미디어 자체가 그 내용인 메시지 못지않게 중요하다는 의미이다. 미디어의 발달은 감각을 다르게 이용하게 만들고, 모든 감각을 동원하면서 의사소통구조를 넓은 영역으로 확대시키고, 새로운 미디어 기술로 만들어진 상징체계는 그 특성에 따라 사회변화를 가져오기도 하고, 의식과 이데올로기에도 영향을 미친다.

미디어는 새로운 미디어가 나타나면 사라지는 것이 아니라, 새로운 미디어의 출현에 부응하여 변해야 한다. 피들러의 주장처럼 인간 커뮤니케이션의 기술이 구어口語인 표현언어에서 인쇄술인 문어文語로 2차 미디어 변형, 그리고 컴퓨터로 인한 디지털 언어로 3차 미디어 변형이 일어나더라도, 이전의 미디어들이 사라지는 것은 아니다.[9] 컴퓨터가 등장하더라고 말과 글은 그에 맞추어 남아 있는 것이다. 모든 커뮤니케이션 형태는 문화 속에서 별개의 독립적으로 존재할 수는 없다. 새로운 형태의 미디어는 기존 형태의 미디어의 진화에 영향을 미친다. 새로운 미디어의 출현은 기존의 미디어와 함께 진화한다. 새로운 미디어의 출현으로 기존 미디어는 주요 원칙처럼 공동진화coevolution, 수렴convergence, 그리고 복합성complexity이라는 원칙으로 적응하면서 유지한다.

미디어 기술의 진화는 기존 미디어의 변형으로 미디어 형태에 있어서 유사성, 관계성을 유지하면서 하나의 통합적 사고를 가능하게 하는 통합미디어로 가고 있다. 미디어는 인간 사회의 모습에서 '인간과 인간들 사이의 의사소통을 위한 수단'이다. 인쇄미디어와 전파미디어는 근대 미디어의 축이다. 신문, 전화, 영화, 라디오, 텔레비전은 근대 미디어로서 이전의 몸짓, 표정, 말, 연기, 북, 수기手旗와 같은 전근대의 미디어와는 다른 모습이다. 이전의 미디어를 아우르는 통합미디어로서의 컴퓨터의 출현은 뉴미디어로서 종합미디어이다. 컴퓨터는 수치, 문자, 도형, 영상, 음성 등을 취급하는 텔레비전을 뛰어넘어 정보전달, 정보처리, 정보보전에 있어서 우수한 미디어이다. 이러한 형태의 미디어를 하이퍼미디어라고 한다.

'하이퍼'hyper미디어의 개념은 1980년 이후 미국에서 처음으로 사용했던 개념이다. 하이퍼hyper는 수퍼super보다 상위의 개념으로 '초월한다'는 의미를 담고 있다. 하이퍼미디어는 그래서 미디어를 초월하는 초미디어이다. 그러나 하이퍼미디어는 다른 미디어에 비해 우월하다는 의미가 아니라 '모든 미디어를 통합한다'는 것을 의미한다. 하이퍼미디어는 기존의 미디어에 새로운 미디어를 첨가하는 것이 아니라 미디어의 수를 줄여서 모든 정보를 동일하게 처리하는 것이다. 하이퍼미디어는 문장, 사진, 동영상, 음성 등 여러 미디어를 유기적으로 결합시킨 새로운 미디어 환경이다. 하이퍼미디어는 하이퍼텍스트의 사고방식을 확대하여 음성이나 영상을 문장과 조합시켜 정보를 제공할 수 있도록 만든 것으로 멀티미디어와 거의 같은 의미로 쓰인다. 하이퍼미디어의 중심은 컴퓨터에서 시작된다. 모든 정보를 통합하며, 이를 가능하게 하는 전자미디어 기술의 합체이다.

미디어 테크놀로지는 과거의 기술과 완전히 다르다. 물론 이것은 컴퓨터 때문이다. 과거의 기술은 백루한 식으로 인간의 외적 능력의 확장이었다. 컴퓨터는 통합미디어로서 다양한 감각적 체험을 하게하고, 새로운 공간을 만들어 다양한 사회관계망을 통해 하이퍼미디어에 맞는 하이퍼-리얼리티 hyper-reality, 즉 초현실을 경험하게 한다. 이러한 미디어의 발전은 인간의 능력을 외적으로만이 아니라 내적 능력으로 확장시킨다. 초현실 속에서 인간이 경험하지 못한 세계를 체험하도록 한다. 컴퓨터는 사회관계망의 새로운 형성을 가능하게 한다. 현실reality을 초월한 초현실 공동체를 구축하게 되면서 인간의 능력은 외적 방향인 도구로서 확장되는 것이 아니라, 내적 방향인 관계로서 확장된다. 즉 컴퓨터기술이 가져온 새로운 미디어는 관계의 확장인 가상공동체를 만들어 인간들은 다양한 경험을 하게 되는 것이다.

미디어로서의 인터넷

미디어 기술로 인한 사회의 변화에 대해 대부분 사람들은 기대하지도 않았고 정확히 예측하지도 못했다. 미래를 상상하면서 기술적 변화에 과학자들 또는 개발자들은 수수께끼 같은 문제를 양산하면서 쓸데없는 걱정거리를 만들기도 한다. 변화에 대해 완전무결하게 준비하고 정확하게 예측하기는 어렵다. 오래전 대학 때 컴퓨터를 살까, 타자기를 살까 고민하는 후배의 생각을 떠올리면 지금으로선 상상하기 어려울 정도로 컴퓨터가 사회를 놀랍도록 변화시키고 있다. 단순히 컴퓨터 자체보다는 정확히 인터넷이라는 네트워크로 연결된 미디어로서 인터넷 기술은 '기술의 유토피아'를 상상케 한다. 모든 기술은 사회적 구성물로서 사회가 그 자체로 필요하기 때문에 나온 기술이다. 기술결정론인가 사회구성론인가를 놓고 논쟁의 여지는 있지만, 컴퓨터가 미디어 기술로 등장하면서 살아남을 수 있었던 것은 인터넷이 네트워크의 연결과 함께 발전했기 때문이다.

□ 기술결정론

기술 그 자체의 고유한 발전 원리, 즉 과학 기술의 내적 원리에 의해 지속적으로 발전해 온 것으로 보는 관점이다. 기술은 사회와 무관하게 자율적으로 발전한 것으로, 기술이 결국 사회의 변화에 중대한 영향을 미치는 것으로 간주하며, 기술을 사회 변화의 원인, 즉 독립변인으로 보고, 사회변화를 그 결과로서 종속변인으로 본다.

매스 미디어에 의해 대중사회가 등장했다거나, 컴퓨터와 인터넷이 정보사회에 이르게 했다는 주장은 기술결정론의 관점이다.

□ 사회구성론

기술은 사회적 산물로서, 사회적 상황의 반영이다. 특정 기술이 사회적으로 선택된 것은 사회의 변화와 발전 때문에 이루어진 것으로 본다. 사회적 상황과 사람들의 의도에 가장 우선적인 기술이 선택되고 이용된다는 관점이다.

컴퓨터와 인터넷이 순식간에 널리 퍼져 이용되는 것은 사람들의 의도와 목적에 부합되는 미디어적 욕구에 가장 잘 충족되는 총합의 기술이라는 측면에서 사회구성론의 관점이다.

컴퓨터 기술은 대체로 낙관론적 전망에서 시작하고 있다. 조지 길더는 인터넷으로 모든 단위가 원자atom에서 비트bit로 변하면서 물질의 폐기를 가져왔다고 보았다. 양자 혁명으로 정보화시대를 열었으며, 제약 없는 커뮤니케이션이 가능하다는 희망을 예견했다.[10] 네그로폰테 역시 디지털 혁명으로 인해 사회의 여러 변화들을 낙관적으로 그리고 있다. 컴퓨팅 그 자체가 하나의 삶이 되었고, 컴퓨터 사용과 관련된 수치가 엄청나게 빠른 속도로 증가하고 있다고 오래전에 주장했다.[11] 우리가 컴퓨터를 미디어로 보는 것은 정확히 컴퓨터와 인터넷 통신이 연결된 커뮤니케이션computer mediated communication, CMC을 말하는 것이다. 미디어로서의 컴퓨터는 CMC로서 인터넷이 컴퓨터와 연결되어 의사소통 구조를 이룬다는 의미다.

CMC는 네트와 비트의 결합이다. 흔히 컴퓨터를 미디어로 보는 것은 인터넷과 연결된 컴퓨터를 보는 것이다. 컴퓨터 그 자체만 생각하면 하드웨어에 불과하다. 네트 없는 비트는 고립된 정보에 불과하며, 비트는 네트를 통해 아주 빠른 시간 내에 공간의 제약 없이 지구 어디에나 전달된다. 컴퓨터 혁명이 사실 인터넷의 연결 없이 이루어졌다면 그 결과가 사회마다 달라졌을 것이다. 근거리망으로 연결된 사회는 전체 사회의 변화와 다르게 국지적인 영향으로 그칠 수 있기 때문이다.

인터넷과 연결된 컴퓨터 미디어인 CMC를 바라보는 이론적 접근은 두 가지이다. 하나는 도구적 관점이고 다른 하나는 공동체적 관점이다. 도구적 관점은 인터넷을 업무의 효율성을 높이는 새로운 커뮤니케이션 수단으로서 뉴미디어의 측면을 강조하는 것이다. 공동체적 관점은 인터넷을 통해 새로 연결된 공동체의 형성으로 새로운 사회의 가능성을 예견하고 인터넷을 미디어가 아닌 새로운 인간생활 환경으로 보는 것이다. 사실, CMC의 주요한 용도는 데이터베이스의 측면과 다자 대 다자 의사소통의 측면이 있다. 데이터베이스는 서로 연결된 컴퓨터에 저장된 자료를 검색하거나 활용하는 거대한 저장소의 용도이고, 다자 대 다자의 의사소통 측면은 서로 연결된 상황에서 의사를 교환할 수 있는 은유적 장소의 용도이다. CMC가 의미 있게 되기 위해선 인터넷 기술을 빼놓고 생각할 수 없는 것이다.

인터넷은 전 세계에 걸쳐 수많은 컴퓨터들이 연결된 네트워크들의 집합체로 통신망에서 출발하였다. 단순히 근거리의 통신망과 통신망을 연동해 놓은 망의 집합을 의미하는 인터네트워크internetwork의 약어인 internet과 구별하기 위해 Internet 또는 INTERNET와 같이 고유명사로 표기한다. 미디어 혁명으로서 컴퓨터를 말하는 것은 인터넷의 등장으로 가능했던 것이다. 인터넷이 공개되면서 인터넷은 더 이상 소수의 전유물이 되지 못하였고, 미디어로서의 인터넷은 이전의 미디어와 다른 특징을 보인다.

미디어로서의 인터넷이 보여주는 특징은 첫째, 인터넷은 멀티미디어 정보로 구성된다. 인터넷은 텍스트뿐만 아니라, 음성, 그림, 애니메이션, 비디오, 가상기술 동작코드까지도 전달한다. 데이터 유형에 상관없이 모든 형태의 데이터를 하나로 통합하고, 데이터의 범위와 처리 면에서 뛰어나다. 둘째, 인터넷은 하이퍼텍스트성을 갖는다. 메시지의 측면에서 정해진 시작과 끝이 없이 다양한 텍스트로 구성되며, 커뮤니케이션의 측면에서는 송신자와 수신자의 구분이 없다. 또한 하이퍼링크로 끊임없이 연결가능하다. 셋째, 인터넷은 동시성과 비동시성을 함께 갖는다. 동시성으로 송신자와 수신자의 시간적 간격이 없어서 온라인 게임과 채팅이 가능하고, 비동시성으로 이메일 서비스를 이용할 수 있다. 인터넷은 한마디로 동시성의 연속체continuum이다. 넷째, 인터넷은 상호작용 매체이다. 특정한 행위에 대한 반응을 쉽게 감지하고 대응할 수 있는 미디어이다. IRC나 온라인 게임 등을 실시간 가능하게 한다.[12]

컴퓨터의 발전과 함께 통신 기술이 접목됨으로써 컴퓨터 간의 연결을 통해 정보 및 데이터 통신이 가능하게 되었다. 그러나 컴퓨터 간의 연결이 네트워크를 통해 이루어진 것이 인터넷이다. 인터넷은 출발선에서 본다면 미디어적 관점에서 시작한다. 미디어로서의 인터넷은 정보를 다양하게 전달하는 내적 기술로 발전한다. 원하는 정보를 사용자에게 자동으로 전달하는 '푸쉬 기술', 사용자 대신 인터넷에서 정보를 검색하고 취합하는 '에이전트 기술', 필요하지 않는 정보를 걸러주는 '필터링 기술', 사용자가 원하는 형태로 바꾸어주는

□ **인터넷 역사 50년**

① 인터넷의 탄생, 1969년

미국 국방부 프로젝트 아르파넷트의 개발팀원인 빈트 서프가 UCLA와 스탠퍼드대를 잇는 통신망으로 데이터를 보내는 성공.

② 전자우편(e-mail)의 상용화, 1971년

컴퓨터와 사용자의 이름을 구별하기 위해 @라는 기호를 넣은 전자우편인 디지털 편지 발명. 동일한 내용을 여러 명에게 발송. 그림, 동영상, 소리 등도 전송가능.

③ 인터넷 프로토콜(TCP/IP) 도입, 1982년

인터넷 포로토콜은 컴퓨터 정보를 주고 받을 때 지켜야 할 통신 규약. 미 국방부가 당시 쓰던 TCP/IP 방식을 표준화로 정함.

④ 인터넷 도메인의 등장, 1984년

인터넷의 주소인 컴퓨터의 위치, 즉 도메인의 등장. 초기엔 숫자였으나, 일반인이 알아보기 쉽게 영문으로 변경. 인터넷을 운영하는 조직의 성격을 쉽게 알기 위해 'com'(회사), 'gov'(정부),'org'(공공기관)로 표기. 국가 도메인도 도입. 한국 'kr', 중국 'cn', 영국 'uk' 등.

⑤ 월드와이드웹(WWW) 창안, 1989년

유럽입자물리연구서(CERN)의 팀 버너스 리 연구원이 인터넷의 정보를 효율적으로 공유하기 위한 WWW개발. 인터넷 이용을 쉽게 하고, 홈페이지를 누구나 만들 수 있는 환경 조성.

⑥ 웹브라우저 개발, 1992년

인터넷 사이트를 돌아다니기 위한 수단. 최초로 안드레센과 에릭 비나 '모자이크'(Mossainc) 웹브라우저 개발. 오늘날 MS의 '익스플로러'와 구글의 '크롬'이 웹브라우저의 주종.

⑦ 한국 인터넷 시대 개막, 1994년

한국통신(현 KT)이 국내 최초로 상용 인터넷망 '코넷'(KORNET) 개통.

'재구성 기술' 등이다. 그러나 인터넷은 외적 기술로 다른 기기와 연결하기도 하는데, 텔레비전, 팩스, 냉장고, 에어콘 등의 가전제품들과 함께 주변 기기와 통합하는 기술로 확대되기도 한다. 인터넷의 미디어적 기술의 확대는 인간 삶에 중요한 힘이 되고 인간 능력을 다방면으로 확장시키고 있다.

읽고 생각하기 3

미디어모포시스는 기존 미디어의 변형이다

미디어의 변형은 이론이라기보다는 커뮤니케이션 미디어의 기술적 진화에 대한 하나의 통합적 사고이다. 이 같은 통합적인 사고방법은 각각의 미디어 형태를 개별적으로 연구케 하는 대신 서로 독립적인 시스템의 한 부분으로 연구할 수 있게 하며 과거, 현재 그리고 앞으로 나타날 미디어 형태에 있어서의 유사성, 관계성을 알 수 있도록 고무하고 있다. 전체적으로 커뮤니케이션 시스템을 연구함으로써 사람들은 새로운 미디어가 자발적 또는 독립적으로 출현하지 않고 기존 미디어의 변형에 의해 점진적으로 출현한다는 것을 알게 될 것이다. 게다가 보다 새로운 형태의 커뮤니케이션 매체가 출현할 때 구 매체는 항상 소멸하지 않고 진화와 적응을 계속하였다.

(로저 피들러, 『미디어모포시스』, 조용철 옮김, 커뮤니케이션북스, 2002: 50)

24년 전 예상한 디지털 사회의 미래

21세기 초가 되면 와이셔츠 커프스나 귀걸이만한 크기의 컴퓨터로 저궤도 위성을 이용해 통신을 할 수 있게 된다. 크기는 작아져도 그 컴퓨터 성능은 지금 당신이 쓰고 있는 컴퓨터보다 훨씬 강력해진다. 전화는 아무 때나 울리지 않게 된다. 잘 훈련된 영국 집사처럼 당신에게 필요한 통화만 골라 연결해 준다. 매스미디어는 개인화된 정보와 오락을 전달하고 전달받는 체계를 가리키는 말로 다시 규정된다. ……

우리가 서로 연결되면서 크고 작은 전자 공동체는 국민국가가 신봉하던 수많은 가치를 대체한다. 우리는 물리적 공간에 제약을 받지 않고 시간의 역할이 종전과 달리지는 디지털 이웃들과 공동체를 이룬다. 지금부터 20년이 지나면 5,000마일이나 떨어진, 시간차가 6시간이나 나는 곳을 집 창문을 통해 내다볼 수 있게 된다. 1시간짜리 텔레비전 프로그램이 1초도 안 되어 당신의 집에 도달한다. 아르헨티나 남부 파타고니아에 대해 읽으면서 마치 그곳에 있는 것과 같은 감각적 체험을 하게 된다. 윌리암 버클리William Buckley의 책을 읽으면 마치 그와 대화하는 것처럼 느끼게 될 것이다.

(니콜라스 네그로폰데, 『디지털이다』, 백욱인 옮김, 박영률 출판사, 1995: 8)

1. 인터넷 미디어의 특징은 이전 미디어와 어떻게 다른가?
2. 50년 후 하루 동안 일어나는 나의 삶을 일기의 형태로 상상하여 기술해 보자.

제4장

현실의 덤, 사이버공간

사이버공간의 탄생

컴퓨터는 통신과 연결됨으로써 본격 그 능력을 발휘한다. 컴퓨터가 통신과 연결되어 나타난 통칭 인터넷은 초기엔 커뮤니케이션 기능을 하는 도구적 관점에서 접근하였지만, 사회적 활동이 가능한 집단 상호작용 기능을 하는 공동체적 관점이 더 중요하게 되었다. 정보를 전파하기도 하고 정보를 얻기도 하는 미디어적 기능을 넘어선 새로운 가상 공동체가 만들어졌다. 인터넷이 CMC에서 하나의 공동체가 만들어지는 환경이 됨으로써 인터넷의 사회공동체에서는 경쟁과 응집이 일어나는 또 다른 하나의 현실세계가 되었다. 이러한 현실세계와 같은 인터넷에서의 사회활동이 일어나는 곳을 장소적 은유로 사이버공간이라 한다. 사이버공간은 인간들의 상호작용이 활발한 사회적 공간으로 자리 잡았다. 사이버공간은 컴퓨터 사용자라면 누구나 경험하는 공간이며 상호작용할 수 있는 수단으로서의 기술적 공간이기도 하다. 컴퓨터통신은 비트와 네트의 결합으로 하나의 공동체적 활동을 가능하게 하면서 사이버공간이라는 환경을 탄생시킨 것이다.

인터넷은 1969년 미국 국방성에서 핵전쟁에 대비하여 군사용으로 만든 ARPANET으로 출발하였다. 처음은 소규모 공공 소유 컴퓨터 네트워크였다. 그러다가 공유된 컴퓨터 언어와 통신규약인 프로토콜이 표준화되면서 네트워크가 확장되었다. 유럽입자물리연구소CERN는 1985년 내부 컴퓨터 네트워크에 인터넷 프로토콜을 채택하고 1989년에 외부 프로토콜을 연결하였고, 월드와이드웹www을 기본개념으로 도입하여 전 세계인들이 인터넷을 능동적으로 참여하여 이용할 수 있도록 만들었다. 같은 해 1989년 미국과학재단이 인터넷을 공개 운용하면서 컴퓨터통신은 본격화된다.

컴퓨터통신이 의미를 가지기 위해서는 비트와 네트의 결합이 이루어져야 한다. 이러한 비트와 네트의 결합으로 만들어진 컴퓨터 통신에 의한 공간이 실재인가를 놓고 여러 학자들이 관심을 두고 있다. 물론 물리적 공간은 아니지만, 컴퓨터 네트워크는 수많은 사회적 공간을 창출해내고 있다. 컴퓨터통신망은 사람들의 활동을 활발하게 전개하는 여러 공동체를 만들고, 이러한 사이버 공동체에서 사람들은 현실에서와 같은 삶의 다양한 모습을 그대로 보여주기도 한다. 다만 차이라면 라인 골드의 지적처럼 '우리는 우리의 육체를 뒤에 남겨 두어야한다'는 사실 뿐이다.[1]

사이버공동체 또는 가상공동체를 사이버공간cyberspace으로 이름 부를 수 있었던 것은 윌리엄 깁슨 때문이다. 사이버공간, 즉 사이버스페이스cyberspace는 미국작가인 윌리엄 깁슨W. Gibson이 1984년에 쓴 장편소설 『뉴로맨서』Neuromancer에서 처음으로 등장하였다.[2] 캐나다 밴쿠버의 그랜빌 거리의 비디오 가게 앞에서 화면에 몰두해 있는 어린이의 모습에서 떠올려 만든 개념이다. 사이버공간은 마치 아이가 비디오 속의 공간에 대해 그 실체를 확신하고 있는 듯이 빠져드는 것을 보고 생각해 냈던 것이다. 깁슨은 인간은 누구나 자신이 목격한 상상의 영역을 받아들이고, 스크린 뒤의 실제적인 물리적 공간도 마치 존재하는 것으로 믿는다고 보았다. 이러한 스크린 뒤의 영역을 사이버공간이라고 이름 붙인 것이다. 깁슨 이전에 사이버공간과 같은 컴퓨터 속의 활동이나 상호작용들을 네트, 웹, 클라우드, 메트릭스, 메타버스, 데이터 스피어 등 여러 이름으로 불렀었다. 사이버공간은 이전의 여러 용어나 개념들을 한 순간 통일시켜 일관성 있게 이해시킨 단어가 되었다.

> 사이버스페이스, 전 세계에서 수억의 정규직 오퍼레이터와 수학을 배우는 어린이들이 매일 경험하는 공감각적 환상 …… 인류의 조직 안에 존재하는 모든 컴퓨터의 데이터 뱅크에서 유추된 자료구조의 시각적 재현, 그 상상을 초월한 복잡함. 정신 속의 공간 아닌 공간, 자료의 성운과 성단을 가로지는 빛의 선. 도시의 불빛처럼 사라지는 ……[3]

사이버공간은 '컴퓨터 테크놀로지가 형성하는 감각적 환영의 세계' 혹은 '정보와 의견의 소통환경'을 가리키는 개념이다.[4] 다분히 기술적이고 소설적인 환상에 불과했던 이 개념은 오늘날 와서 매우 중요한 개념으로 받아들여진다. 원래 사이버공간의 사이버cyber-는 가상virtual이란 의미를 담고 있다. 현실에 존재하지 않고 다만 컴퓨터와 마주하고 있을 때 우리가 경험하는 공간이다. 현실이냐 아니냐를 놓고 본다면 분명히 사이버공간은 가공의 영역이다. 그래서 사이버공간을 가상공간이라고 하는 것이다.

그러나 사이버공간을 꼭 가공의 영역이라고 해서 허구라고 보는 것은 문제적이다. 모든 미디어는 현실의 공간을 뛰어넘는 '가상'의 공간을 창출하고 있다. 예를 들어, 칸트의 책을 읽음으로써 우리는 적어도 2백여 년 전의 칸트와의 만남으로 시간적 거리를 뛰어 넘는다. 텔레비전의 방송은 송신자와 수

신자 사이의 공간적 거리를 없애주고, 전화는 멀리 있는 친구와 만나게 해주고, 팩스는 원거리 사이의 텍스트 교환을 가능하게 한다. 모두가 현실의 공간을 뛰어넘지만 허구는 아닌 것이다. 미디어는 시간과 거리를 뛰어넘어 공간을 지배하고자 하는 인간의 욕망을 실현시키는 수단이라는 설명[5]이나 각각의 미디어가 우리에게 다른 공간을 제공한다는 주장[6]은 현실 공간을 벗어난 미디어를 통한 가상적 체험의 영역을 제공한다는 의미이다. 그렇게 볼 때 사이버공간이 갑자기 새로운 체험을 가능하게 하는 경험의 공간으로 부각된 것으로 보긴 어렵다.

하지만 본질적으로 컴퓨터와 네트워크 환경, 즉 사이버네틱스 환경에서 경험하는 사이버공간은 과거의 미디어와 차원을 달리한다. 과거의 미디어가 송신자에 의해 완성된 텍스트를 일방적으로 전달하는 형태를 보였다면, 고도의 상호작용성을 보장하는 사이버네틱스 환경은 송신자와 수신자를 동일한 커뮤니케이션 이용자 혹은 행위자로 만들면서 그들이 함께 참여하여 텍스트를 만들게 한다. 송수신자들은 물리적 공간에 모여 있지도 않은 채, 모두들 아무런 규제와 간섭 없이 텍스트의 생산과 교환, 소비과정에 참여하면서 자신들만의 사회공동체 질서를 만들어 간다. 그러기에 그들은 구조에 갇혀 있던 오래된 근대적 수용자의 위치에서 해방되어, 텍스트의 참여자이자 이용자로서 탈바꿈하게 된다. 이제 모든 텍스트구조가 개인을 만드는 것이 아니라, 개인이 텍스트를 만드는 것이다.[7] 소쉬르의 언어 속에 갇힌 사회라는 구조주의의 분석과 달리 탈구조주의의 모습이 사이버공간의 경험에서 드러나게 된다.

□ 인터넷의 자율분산형 구조

자율분산형이라는 구조는 인터넷이 본래 미국국방성의 연구 프로젝트로, 컴퓨터를 상호접속하는 광역 통신망 '아르파넷'(ARPANET)용으로 만들어졌기 때문이다. 이러한 구조는 만약 핵전쟁으로 통신망이 끊어져 전체 통신망을 관리하지 못하는 경우, 남아있는 일부 통신망으로도 군사적 명령이나 정보를 전달할 수 있도록 만든 것이다. 일본의 고베 대지진 당시 전화망은 복구가 쉽지 않았지만 인터넷은 무사한 네트워크만으로 재빨리 가동되는 것은 인터넷이 가진 기술적 구조 때문이다.[8]

이것은 통신망 자체가 중앙집권적 네트워크에서 자율분산형 네트워크로 발전할 수 있도록 한 인터넷 기술의 발전으로 가능했다. 문제는 기술이 아니라 기술이 낳는 사회적 결과이다. 인터넷을 통해 사이버공간이 만들어지고 현실공간의 한계와 문제를 극복하는 자율적 공간으로 등장하면서 현실공간의 덤으로 인간 삶을 더욱 다양하게 펼칠 수 있는 장소가 된 것이다. 이러한 사이버공간의 경험이 또한 현실을 지배해 나간다는 사실이다.

실체 없는 경험, 가상현실

컴퓨터는 스크린이다. 과연 그런가. 이 말은 컴퓨터를 통해 경험하는 우리들에게 혼란을 주고 있다. 컴퓨터 스크린으로 대화를 하고 감성을 전달하고 정보를 주고받지만, 영화화면의 스크린과는 다르다. 쌍방형의 상호작용이 가능함으로써 참여자들의 인지적 경험과 합의가 이루어지는 장소로서의 화면이다. 사이버공간은 분명 물리적 공간은 아니다. 물리적 공간은 아니지만 사회적 공간으로서 실제의 새로운 사회적 관계의 형성과 인지적 경험을 가능하게 하는 곳이다. 그

래서 사이버공간은 하나의 '공간적 은유'라고하기도 한다.[9]

왜 공간이 아닌 공간의 은유인가. 정보공간이기 때문이다. 다른 말로 물체가 없는 정보공간이기 때문이다. 현실 속의 사회적 공간은 물체와 정보가 함께 어우러져 있지만, 컴퓨터 네트워크 상의 공간에는 정보만이 존재한다. "컴퓨터의 기억장치에는 물체는 들어갈 수 없고 오직 비트로 바뀐 정보만이 존재한다. 따라서 컴퓨터 네트워크가 만들어내는 공간은 정보공간이라고 할 수 있다."[10] 가상현실의 경험은 철저히 정보가 중요한 내용이었다. 벨은 정보는 물리적 실체가 아닌 특정목적에 따른 패턴인식이라고 했다.[11] 정보는 어디까지나 정보이지 물질이 아니다.

이처럼 컴퓨터는 물리적 공간을 제공하는 것이 아닌 정보를 위한 도구였다. 그러나 사이버공간을 통해 가상현실virtual reality을 경험하게 되면서 도구로 인식되던 컴퓨터는 그 한계를 벗어나 공동체로 인식되었다. 따라서 인간들의 공유된 경험을 통해 인지되는 상호작용의 범위가 일정한 경계를 이루게 되면서 공동체가 만들어지고 공동체는 사회적 공간으로 발전하게 된다. 실체 없는 공동체인 사이버공간은 인간의 인지경험과 관계있다. 즉 사이버공간은 인간세계와 연결된 것인지 아니면 인간세계와 별개로 또 다른 세계인지 인지경험의 실재성으로 가늠되기도 한다. 이는 사이버공간이 환영인지 아니면 실제세계와 다르지 않은 현실공간의 연장인지에 대한 물음이다.

사이버공간에서 일어나는 인간의 인지경험은 다른 말로 가상현실의 실재성에 대한 경험이다. 이러한 가상현실에 대한 실재성 여부는 물체 없는 공감각적 환상의 공간으로서의 사이버공간을 더 현실감 있게 해주고 있다. 가상현실은 CAD 소프트웨어 회사인 오토데스크Autodesk사와 컴퓨터 회사인 VPL사가 1989년 '가상현실'Virtual Reality이란 새로운 기술을 발표하면서 알려졌다. 이 기술에 대해 홍보한 내용은 다음과 같다. "가상현실은 예술작품처럼 구성할 수 있고, 무리세계처럼 공유되고, 객관적으로 존재하면서, 꿈처럼 부제한석이며 무해하다. 금세기가 지날 때쯤 가상현실이 폭넓게 이용될 때, 그것은 물리적 현실 내에서만 사용되는 미디어가 아닌 부가적 현실로 간주될 수 있다. 가상현실은 새로운 이념과 가능성의 대륙을 펼쳐 보일 것이다."[12]

가상현실이 부가적 현실로 간주됨으로써 그것은 인간에게 덤으로 주어진 또 다른 현실이며, 궁극적으로 현실에서 불가능한 것을 한껏 펼쳐 보이는 공간이 될 개연성을 가진다. '가상'이란 단어가 '논리적으로 또는 결과적으로 존재하지만, 실제적으로 존재하지 않은 것'being in essence or effect, but not in fact이라는 사전적 의미를 따를 때, 가상현실은 본질적으로 존재하지만 실제적으로 존재하지 않는 것이라고 말할 수 있다. 이러한 가상현실에 대한 이해는 '기술중심적' 입장, '경험중심적' 입장, '사회문화적' 입장에서 구체적으로 다가갈 수 있다.

우선 가상현실에 대한 '기술중심적' 접근은 필수적인 테크놀로지의 존재 여부가 중요하다. 전자적 환경 시뮬레이션과 같은 기술을 이용해 대안 세계를 만드는 것이다. '경험중심적' 접근은 가상현실이 하드웨어의 조합이 아닌 특수한 경험을 통해 가능하다고 주장하는 것으로 인공현실의 지각과 몰입과 이를 이끄는 상호작용성이 중요하다. '사회문화적' 접근은 테크놀로지와 같은 기술적 수단보다는 핵심 모티브로 육체 이탈과 같은 욕망에서 나온다고 본다.[13]

하지만 분명한 것은 가상현실은 인간과 컴퓨터를 연결하는 일종의 인터페이스를 통해 경험하게 된다. 이러한 인터페이스는 크게 세 가지 단계로 분류된다. 첫 번째 단계에서는 컴퓨터는 명령만 내리면 수행하는 도구로서 모든 통제권이 인간에게 있던 시기였다. 두 번째 단계는 인간과 컴퓨터가 대화하는 단계로서 시스템내의 설계를 통해 어느 정도 컴퓨터에 통제권을 줌으로써 인간과 컴퓨터가 통제권을 공유하는 시기이다. 어떤 경우는 컴퓨터가 인간보다 더 많은 지식을 가지고 있어 인간을 통제하는 경우도 있다. 세 번째 단계는 시스템이 특정한 환경을 그대로 모방하는 수준의 시기이다. 사용자인 인간의 명령을 따르지 않고 컴퓨터에 의해 인간이 그저 데이터원으로 취급되는 단계이다.[14] 위의 세 단계의 과정에서 현재의 사회적 환경이 어느 수준에 있는가 하는 논의는 여기서 중요하지 않다. 우리가 주목하는 것은 가상현실은 현실공간이 아닌 사이버공간에서 만들어진다는 사실이다. 윌리엄 깁슨은 이러한 사이버공간에서 인간의 신경과 컴퓨터가 연결되어 '공감적 환상'consensual hallucination이 일어난다고 묘사했다.

가상현실과 사이버공간에 대한 논의는 어쩌면 공감적 환상에 대한 것이다. 여기서 공감은 세상의 수많은 사람들이 컴퓨터통신망으로 연결됨으로써 이루어진다. 공감적 환상이란 모든 사람들에게 공감을 불러일으키는 환상을 뜻한다. 단순히 인간의 주관적 환상이 아니라 모든 사람들이 동시적으로 경험하는 간주관적 환상이다.[15] 결국 공유하는 환상은 개별적 환상이 아닌 사회적 환상이고 사이버공간은 사회적 공간인 것이다. 그리고 사이버공간은 실제로 현존하지 않은 컴퓨터에 의한 은유적 공간이기도 하지만, 그 이면에는 인터넷을 통해 새로운 사회관계를 만들고 인지능력의 생생함을 경험하게 하는 가상현실을 제공하는 공간이다. 컴퓨터통신, 즉 인터넷은 기계를 매개로 하지만 그 핵심은 인간과 인간의 관계를 새롭게 엮어주게 된다.

탈구조화, 탈물질화

현실과 구분되는 또 다른 세계, 사이버공간은 두 가지 점에서 주목할 만하다. 그것은 '탈구조화'와 '탈물질화'이다.[16] 우선 탈구조화에 대해선 다음과 같이 설명할 수 있다. 일반적으로 인식되어온 세계는 아날로그 세계였다. 아날로그 세계란 빛의 흐름과 신호의 강약으로 이루어진 세계로 모든 것은 연속적인 흐름으로 구성된다. 이에 반해 컴퓨터와 네트워크로 형성된 사이버공간은 '디지털의 세계'다. 사이버공간에서 모든 것은 0 과 1 혹은 on과 off, 흐름과 단절이라는 이진법의 부호로 표현된다. 이진법의 부호를 비트라고 한다. 현실세계는 형체를 가지면서 하나의 구조를 이루고 있고 구조를 이루고 있어야 의미가 있지만 0 혹은 1로 분화된 비트는 더 이상 구조를 갖지 않는다. 현실공간의 모든 것은 하나의 결박된 상태로 존재하기 때문에, 이미 존재 이전의 선험적인 질서에 의해 구조화되어 있다. 인간은 국가, 민족, 성, 계급 등에 매여 있고, 거기서 정체성을 갖는다. 그러나 사이버공간에선 선험적인 질서가 없다. 사이버공간은 구조와 질서와 체계로부터 벗어난 탈구조화된de-structuralized 세계이다.

또한 사이버공간이 탈물질화라고 하는 것은 다음과 같이 설명할 수 있다. 비트란 곧 현실세계real world의 물질을 컴퓨터가 인식할 수 있도록 최소의 정보단위로 전환시킨, 미세한 단위로 분리된 정보형태로 전환된 물질이다. 그러나 현실공간의 물질과 다르다. 비트란 물질로부터 벗어난 탈물질화된de-materialized 기호이기 때문이다. 그래서 사이버공간은 물질로부터 자유롭다. 사이버공간은 물질적 결박상태에서 벗어나 자유로우며 어떤 특정한 중심에 속하지도 않고 종속적이지 않다. 무한 복제가 가능하고 소유권도 주장할 수 없는 것은 탈물질화의 속성 때문이다.

사이버공간의 탈구조화와 탈물질화는 현실의 양식과 규범마저도 변화하게 만들어 오래된 근대의 문명을 위협하고 있다. 과학의 이름으로 질서를 부르짖던 근대의 모습은 이제

과학의 발달로 새로운 탈근대의 모습이 출현하면서 도전받고 있다. 이는 컴퓨터 네트워크로 형성된 온라인on-line의 세계가 들어서면서 나타난 것이다. 이제 세계는 하나의 네트워크로 연결되는 인터넷으로 물리적 거리를 0으로 만들었다. 누구나 참여할 수 있는 개방형 서버인 인터넷은 근대적인 국가질서와 법체계로부터도 벗어나 자신들만의 원칙과 체계를 작동시키고 있다. 수많은 비트의 작용은 네트를 통해 현실공간을 벗어나 새로운 세계를 만들어가고 있다. 이러한 세계는 영토도 없고 구조도 없는 무한의 공간, 곧 사이버공간이다.

인터넷이 만들어낸 사이버공간의 특징을 다음과 같이 정리할 수 있다. 첫째, 사이버공간은 비트의 공간이다. 물질이 아닌 비트로 전환된 부호들이 활동하는 공간이다. 둘째, 사이버공간은 현실공간의 원리와 경계로부터 벗어난 공간이다. 즉 현실공간의 물리적 한계인 시간과 거리, 국경, 인종과 민족, 계급과 성으로부터 벗어나 있다. 셋째, 사이버공간은 특정한 구조와 질서의 체계를 전제하지 않는다. 컴퓨터와의 인터페이스를 통해 컴퓨터를 켜놓은 과정에 순간적으로 존재할 뿐이다. 그래서 탈구조화된 공간이다. 넷째, 사이버공간은 커뮤니케이션으로 형성되는 사회이기에 '육체'를 매개로 하지 않는다. 육체적인 직접적인 만남을 대체시키고 새로운 유형의 사이버 인간을 만들어낸다. 마지막으로 사이버공간은 가장 핵심적인 사회적 공간을 형성한다. 비트와 네트를 매

개로 한 새로운 유형의 공동체를 형성하며, 현실의 경계를 뛰어넘어 새로운 사회적 관계망을 만든다.[17]

위와 같은 특징에서 사이버공간은 근대세계의 한계를 극복하는 변화의 공간이며 동시에 근대사회의 변화를 몰고 올 변화의 수행자이다. 네크로폰테는 이러한 변화를 수행하는 것이 인터넷이라고 했다. 그는 인터넷이 완전히 새로운 전지구적 사회조직을 만든다고 전망했다.[18] 인터넷은 새로운 사회인 사이버공간을 제공한다. 사이버공간은 주체이면서 객체인 행위수행자들이 탈구조적이고 탈물질적 속성에서 이전과 다른 역할 모델의 가능성을 열어준다. 지난 근대의 모습에서 구조냐 행위냐의 문제로 벌여온 사회학의 논쟁은 구조의 속박에 매여 있었고, 물질의 한계에 제한을 받는 가운데 펼쳐졌다. 인터넷으로 인해 인간 활동무대의 확대로 국가든, 조직이든, 개인이든 탈구조적이고 탈물질적인 환경에 어떻게 달라질 수 있는지 들여다봐야 한다.

인터넷이 만들어내는 공간인 사이버공간은 무수한 변화를 경험할 수 있는 공간이며 구조와 행위가 함께 어우러져, 주체이면서 동시에 객체인 네트워크화된 개인 행위자들의 상호작용의 공간이다. 그래서 사이버공간의 사회성은 커뮤니케이션의 합성물의 발전을 넘어 네트워크화된 개인들의 상호작용에서 나온다. 이러한 변화에 대해 근대의 논리로 사회학을 이론화한다면, 진정한 현실과학으로서의 자리를 지키는데 어려움을 가지게 될 것이다. 인터넷의 공간에서 보이는 탈구조적이고 탈물질적인 속성은 사이버 장소뿐만 아니라 물리적인 장소인 현실공간에도 영향을 미치게 된다. 우리가 경험하는 변화가 실제 세계뿐만 아니라 사이버세계에서 더욱 활기 있게 진행되고 있다. 따라서 인터넷 시대의 사회학은 사이버세계, 즉 사이버공간의 사회학이 되어야 한다.

자율성 공간, 부자유의 사회학으로부터 탈피?

사이버공간은 현실공간과 달리 위계화된 공간구조를 유지하기 힘들다. 왜냐하면 배타적인 소유권이 네트에서는 허용하지 않기 때문이다. 그래서 사이버공간이 현실공간보다 더욱 자율적이 될 수 있다고 기대하는 것은 적어도 타인의 권리를 인정한다는 점에서 공평하기 때문이다. 개인, 정부 그리고 사회제도 사이에 존재하는 위계나 권력관계의 위상이 사이버공간의 통치 질서에서는 패러다임적 변화를 전제로 하기 때문에 사이버공간에서는 권력구조에서 소외된 사람들도 자신의 권리를 공평하게 인정받을 수 있다고 생각할 수 있다. 그야말로 새로운 시민사회의 가능성이 열리게 된다.

사이버공간은 성, 계급, 직업, 인종의 구분이 무력화되는 공간이다. 왜냐하면 익명성의 세계여서 이러한 조건들이 새로운 공동체를 만드는데 장애가 될 수 없으며 동시에 사이버공간이 갖는 특징과 배치되기 때문이다. 따라서 사이버공간은 다양한 생각과 의사표현들이 특정의 조건에 관계없이 제기될 수 있는 새로운 공간으로 부상한다. 더구나 인터넷이라는 매체는 이처럼 자율적인 새로운 공간을 만드는데 아주 유용한 조건을 가지고 있다. 왜냐하면 인터넷은 ① 전세계의 전달범위, ② 값싼 비용, ③ 검열 없는 자기주장, ④ 다른 사용자와의 쌍방향 통신이라는 요인을 갖고 있기 때문이다.[19]

사이버공간의 자율성은 사이버공간의 독립성을 폭넓게 주장하는 사이버 자유지상주의자들cyber-libertarians의 주장과 통한다. 사이버공간은 현실의 위계구조, 즉 정치권력으로부터 해방된 공간으로 간주되거나 해방된 공간으로 만들 수 있다고 믿고 있다. 그 가운데 한 사람이 전자프론티어재단 Electronic Frontier Foundation의 창립자인 존 페리 발로John Perry Barlow이다. 그는 사이버공간에서는 누구나 어디서건 자신이 믿고 있는 것을 두려움 없이 표현할 수 있는 곳이 되어야 한다고 주장한다. 또한 사이버공간은 세속적 의미의 정치는 존재할 수 없는 완전히 새로운 공간으로 어느 누구에게도 제약을 받지 않는 자유지상주의적 세계인 디지털 에덴동산이라고 보았다. 그가 생각하는 사이버공간의 자율성은 사이버공간의 독립선언서에서 잘 드러난다.

□ **사이버공간의 독립선언서**[20]

산업세계의 정권들, 너 살덩이와 쇳덩이의 진절머리 나는 괴물아, 나는 새로운 마음의 고향인 사이버스페이스에서 왔노라. 미래의 이름으로 너 과거의 망령에게 명하노니 우리를 혼자 있게 두라. 너희는 환영받지 못한다. 네게는 우리 모두를 통치할 권한이 없다. 우리는 우리가 뽑은 정부가 없을 뿐 아니라 그것의 필요성도 느끼지 않는다. 그래서 자유가 명하는 대로 네게 말하겠노라. 우리가 건설하고 있는 전지구적인 사회 공간은 네가 우리에게 덮어씌우려는 독재와는 무관한 것이다. …… 우리 세계는 너희의 세계와 다르다. 사이버스페이스는 웹에서 이루어지는 의사소통의 물결처럼 계약과 관계 그리고 사유 그 자체로 이루어진다. 우리의 세계는 모든 곳에 있으면서 아무 곳에도 없지만 우리의 육체가 거하는 곳은 아니다. 우리는 인종, 경제력, 군사력, 태어난 곳에 따른 특권과 편견이 없이 아무나 들어갈 수 있는 그런 세상을 만들고 있다. 우리는 비록 혼자 일지라도 침묵과 동조를 강요당하지 않으면서 누구나 어디에서나 그의 믿음을 표현할 수 있는 그런 세상을 만들고 있다. 너희의 재산, 표현, 정체성, 운동 컨텍스트에 관한 법적인 개념들은 우리에게 적용되지 않는다. 그것들은 물질에 기반하는데 사이버스페이스에는 아무런 물질이 없다. 우리의 정체는 너희와 달리 육체가 없기 때문에 물리적 강제력으로 질서를 만들 수 없다. …… 우리의 세계에서는 인간의 마음이 만들 수 있는 모든 것이 복제되고 아무런 비용 없이 무한히 배분될 수 있다.……

John Perry Barlow, "Declaration of the Independence of Cyberspace" (1996. 2. 8).

사이버공간의 독립선언서는 근거 있는 예상을 기반으로 한 희망을 담고 있다. 사이버공간은 자율성을 통해 인종에 따른, 지위고하에 따른, 빈부 차에 따른 어떤 제약도 없이 공평해야 함을 천명하고 있다. 인터넷 기술이 사람들을 원하지 않는 속박으로부터 풀어줄 수 있다는 생각을 반영하고 있는 것이다. 이러한 희망의 징조에서 나온 사이버공간을 현실사회의 질서가 규제하려 든다면 사이버공간의 자율적 공간은 질식되고 현실세계가 사이버공간을 식민화하는 결과가 일어나 사이버공간이라는 세상을 우리가 자유롭게 배회하는 것을 방해하게 된다.

그러나 사이버공간의 자율성은 외압적인 강압에 의해서가 아니라 사용자의 자발적 순응을 유도하는 심리적 지배에서 나온다. 이것은 사이버공간의 자율적 통치 질서이다. 이곳에서 인간은 보다 자유롭게 되어야 한다는 희망을 담고 있다. 지금까지 사회학은 자유로운 존재로서의 인간들이 그 자유에도 불구하고 지속적으로 규칙적인 행위를 하는 이유를 찾아내는 것, 그리고 자유로운 개인들의 행위를 특정 방향으로 몰아가는 조건을 찾아내는 학문이었다.[21] 근대의 사회학은 부자유의 과학이었다. 그러나 인터넷의 자율성, 사이버공간의 독립선언서대로라면 개인의 자유를 제한하여 사회질서의 원리를 찾으려 했던 이전과 달리, 인터넷의 사회학은 부자유의 사회학과는 다른 방향으로 전개되어야 한다.

읽고 생각하기 4

인터넷이 사회관계를 구축한다.

사회관계를 구축하는 데 있어서 인터넷의 가장 중요한 역할은 개인주의에 기초한 사회성의 새로운 유형에 대한 기여이다. …… 점진적으로 사람들은 사회 네트워크뿐만 아니라 컴퓨터로 소통하는 사회적 네트워크로 조직된다. 따라서 인터넷이 네트워크화된 개인주의를 창조하는 것이 아니라, 인터넷의 발전이 사회성의 지배적인 형태로서 네트워크화된 개인주의의 확산을 위한 적절한 물질적 지원을 제공한다.

네트워크화된 개인주의는 사회적 유형이지 고립된 개인들의 컬렉션이 아니다. 그것보다는 오히려 개인들이 자기들의 관심사항, 가치관, 유사점, 연구계획을 근거로 온라인과 오프라인으로 네트워를 구축한다. 인터넷의 유연성과 커뮤니케이팅 파워 때문에 온라인의 사회적 상호작용은 전체적으로 사회 조직 속에서 역할이 증대되고 있다.

(마뉴엘 카스텔, 『인터넷 갤럭시: 인터넷, 비즈니스, 사회적 성찰』, 박행웅 옮김, 한울, 2004: 180)

사이버공간이 자유를 더 보장한다면 사회학은 어떤 모습으로 되어야 하나?

인간의 행동이 분명 제멋대로 하는 행동이 아니라는 사실은 일종의 미스터리였다. 사회학자들이 '자유의 변경'을 탐구하는 데 힘을 쏟은 데에는 또 하나의 좀 더 실천적인 고려 사항이 있었다. ……

모든 사람이 자신들의 이해관계만을 추구한다면, 공통의 이해관계는 충족되기 어려울 것이다. 개인들이 자유롭다는 것이 피할 수 없는 사태라면, 전체 사회 속에서 질서를 적절히 유지하기 위해서는 특별히 노력해야 할 것이며, 또한 면밀한 연구가 있어야 할 것이다. 더욱이 최소한 몇몇사회적으로 해로운 개인의 의도를 달래고 무력화하거나 아예 눌러버릴 수 있는 방법이 무엇인지를 연구해야 할 필요도 있었다. 이렇게 해서 자유의 제한에 쏠리는 집중적인 관심이 인식론적으로나 규범적으로 정당화되었다.

사회학이 우선 '부자유의 과학'으로 발전하게 된 것은 이런 이유였다.

(지그문트 바우만, 『자유』, 문성원 옮김, 이후, 2002: 17)

1. 인터넷 시대에 사회적 상호작용의 새로운 형태는 어떤 것이 있는가?
2. 사이버공간의 공동체인 가상공동체에 사람들이 참여하는 이유는 무엇 때문인가?

제5장

스크린 속의 다중인격

자아 정체성 조작

정체성의 개념은 다차원적이다. 여러 방식으로 보여주기 때문이다. 정체성은 사람들이 스스로 자신이 누구라고 여기는지 또 사람들에게 자신이 중요한 것이 어떤 것인지 이해시키는 것과 연관되어 있다. 사회학에서는 성격, 젠더, 민족, 계급과 같은 사회적 정체성social identity과 자기를 드러내는 인격체로서의 개인정체성 혹은 자아정체성self identity으로 나눈다. 자아 정체성은 특정한 개인에게 부과하는 성질을 말한다.[1] 그러나 어디까지나 타인과의 관계 속에서 자신을 나타내는 지표로 간주될 수 있다. 따라서 정체성은 사회적인 것이고, 개인들은 자신이 살아온 삶의 배경 속에서 지속적인 일차적 정체성을 보여주더라도 사회문화적 환경에서 벗어날 수 없다. 자아 정체성은 자아를 보여주는 사회적 결과, 즉 사회화를 통해 만들어진다.

자아를 타인과의 관계에서 들여다 본 학자는 미드였다. 그의 이론은 사실 인간을 의존적 존재로 보면서 출발한다. 자아는 전적으로 타인을 모방하면서 형성된다고 하며 주관적 자아I와 객관적 자아me로 구분하고 있다. 주관적 자아는 사회적 지향 없이 단지 충동에 의해서만 행동하는 자아이며, 객관적 자아는 사회적 요구에 반응하는 자아이다. 사회적 요구에 대한 반응으로 미드는 일반화된 타자generalized others의 개념을 제시하는데, 이는 사회적 가치와 문화에 따라 행동하게끔 하는 개개인의 머리 속에 박혀 있는 다른 사람의 모습이다. 일반화된 타자를 어떻게 만들어 받아들이는가에 따라 자신의 정체성은 달라진다. 일반화된 타자는 문화의 일반적 가치와 도덕률을 학습하여 사회적으로 만들어진다. 개인은 일반화된 타자를 통해 자의식을 발전시켜 'me'를 확대하는 것이다. 객관적 자아는 곧 사회적 자아이다. 미드의 이론은 인간의 자아형성에 기본이 되는 생물학적 요소의 존재를 보지 못한다는 비판이 있지만, 학습과 모방을 통해 고정된 방식으로 사회적 자아로서의 자아정체성을 설명하고 있다.

사회학에서 바라보는 자아정체성은 자유와 선택의 문제이다. 오늘날 인터넷으로 인해 우리는 우리 자신의 정체성을 스스로 만들어 낼 수 있는 전례 없는 기회를 갖게 되었다. 인터넷을 통해 우리 자신을 보기도 하고, 우리 자신을 바꾸기도 한다. 인터넷 사이버공간에서의 정체성은 얼마든지 조작적composable일 수 있다. 크루거는 새로운 기술이 만들어낸 가상현실에서의 정체성을 다음과 같이 묘사한다. "궁극적인 인공현실에서, 육체적 모습은 완전히 조작할 수 있다. 어떤 경우에는 키가 크고 예쁘게, 어떤 경우에는 키가 작고 못생기게 자신을 꾸밀 수 있다. 자신의 외모를 상대에 따라 얼마든지 변형할 수 있다는 것은 편리하다. 상대는 자신을 달리 대우해 줄뿐만 아니라, 자기 자신도 상대에 맞게 다르게 대우해 줄 것이다."[2]

사이버공간은 자유와 선택을 통해 자신의 욕망을 충분히 실현시킬 수 있는 공간이다. 사람들은 사이버공간의 온라인 삶을 오프라인보다 다양하게 펼치면서 자아정체성을 펼칠 수 있는 채널을 다양화한다. 인터넷은 도구tool이면서, 장소place를 제공하고, 사회관계를 통해 삶의 양식way of being으로 발전하고 있다. 인터넷에서 자신을 보여주는 정체성은 현실세계인 오프라인에서보다는 변화무쌍하게 이루어 질 수 있다. 아바타, 이모티콘, 블로그, 대화명, 아이디 등 여러 수단을 통해 자신을 보여주면서 정체성 전환은 쉽게 가능하다. 스스로 여러 개의 아이디를 만들어 사용할 수도 있고, 아바타를 통해 또 다른 모습으로 자신의 욕망 실현할 수도 있다. 자유와 선택 속에서 상대에 대해 일관된 자신의 정체성을 보여주기 보다는 자신 스스로가 만든 모습을 통해 실제와 다른 대안적 정체성을 만들 수 있다. 도나스는 이러한 정체성 변화에 대해 다음과 같이 설명한다.

> 물리세계에서는 자아에 대한 일관된 통일성이 있다. 왜냐하면 육체는 강제적이고 손쉬운 정의를 내려주기 때문이다. '하나의 육체, 하나의 정체성'이 규범이다. 시간과 상황에 따라 자아는 변형될 수 있는 복잡한 것임에도 불구하고, 육체는 안정된 닻을 제공한다. …… 가상세계는 다르다. 그것은 물질이 아니라 정보로 구성되어 있다. 정보는 널리 퍼져나간다. 정보보전의 법칙은 없다. 손으로 만질 수 없는 공간에 사는 거주자들은 육체의 통일화하는 닻에서 자유롭게 흩어져 있다.[3]

인간의 자아정체성이 대면적 관계에 얽매여 구속적인 모습에서 탈피하여, 사이버공간에서는 자신이 만든 여러 개의 아이디나 이름을 사용하여 익명적인 관계를 통해 자신의 가능한 정체성을 모두 실현할 수 있다. 현실공간과 가상공간에서의 자아self가 차이나는 점이 바로 이러한 것이다. 또한 정보로 구성된 가상세계가 갖는 사회의 모습은 시간과 공간으로부터 자유로워, 상황에 따라 정체성도 변형될 수 있는 복잡성을 보게 되는 것이다. 가상공동체에서는 자아가 육체에서 분리되어 탈구조적이며, 만남도 비대면적이어서 익명성을 보인다. 그래서 자아정체성은 모호해진다. 자아정체성은 자신에 대한 주관적 인식이 일관성을 갖는 성격이지만 가상공간에서는 이러한 성격이 여럿으로 분리될 수 있다. 그 이유는 사이버공간의 성격과도 무관하지 않다. 사이버공간은 수많은 공동체를 형성하고 있고 이들 공동체의 성격이 동질적이지 않기에 이에 대한 적응을 위해서 다양한 정체성으로 분리 개발하지 않을 수 없다. 여러 성격으로 분리된 정체성을 갖는 개인의 모습은 다중인격체이다.

20세기에 발달된 대중 미디어는 일관성 없는 대량의 정보를 마구 우리의 누뇌에 집어넣어 우리를 변화시켰나. 득히 텔레비전은 여러 개의 채널에서 다양한 내용이 전달되면서 순간순간 채널에 맞추어 그 내용에 적응해야 했다. 눈시울을 적시던 슬픈 드라마의 슬픈 감정을 추스리기도 전에 익살스런 광고가 쏟아져 나온다. 눈시울도 잠시, 아이들은 채널을 돌려 코미디를 보면서 깔깔대고 있다. 슬픈 일이 생기면 온 식구가 함께 슬픈 감정을 내고, 즐거운 일이 생기면 온 동네가 함께 기뻐하던 일은 정말 익숙한 일이 되고 말았다.

인터넷의 등장은 텔레비전 채널에 적응하던 감정의 변화에 비하면 아무것도 아니다. 멀티미디어의 신세대들은 즐거운 댄스음악을 스피커로 들으면서, 전쟁 뉴스를 아무런 느낌 없이 마우스 클릭으로 또는 몇 번의 손가락 두드림으로 접하기도 하고, 동시에 카톡과 같은 메신저로 친구들과 대화를 즐긴다. 새로운 미디어에 적응하는 신세대의 자아정체성은 여러 상황에 동시에 적응해야 하는 환경 속에서 '분열적'이다. "난 정말로 전쟁 뉴스를 보니 끔찍해. BTS 음악을 들으니 멋진 춤을 추고 싶네. 친구와의 채팅은 정말 즐거워……" 이들에게 이러한 사고와 감정의 멀티태스킹Multi-tasking은 자유로운 것이다. 그것은 정신의 혼돈이 아니라 인터넷이 제공하는 사이버공간의 다양한 환경이 제공하는 이질성 속에서 조화를 감당해야 하는 정신적 역량이다.

사이버공간의 확장으로 인간정신의 분열적 능력은 '사고와 감정의 멀티태스킹'을 넘어 다중인격의 멀티태스킹을 구현한다. 한 사람이 여러 아이디로 다양한 인격으로 전환하면서 채팅이나 온라인 게임을 즐기는 일은 흔한 일이 되었다. 이것은 배우가 배역을 바꿔가면서 미리 정해진 인격들로 바꿔가면서 활동하는 것과 다르지 않다. 인터넷의 많은 아이디들은 성별, 나이, 직업 등에 대해 얽매이지 않고 자유롭다. 심지어 인터넷의 아이디나 사이버이름대화명과 같은 것을 동물, 축구공, 식물 등 의인화된 다양한 화신으로 변형시킴으로서 신화를 잃은 현대인들에게는 사이버공간이 무척 매력적인 무대이다. 현실의 물리적 제약이 존재하지 않음으로써 인간의 신화적 존재가 가능해진다. 사이버공간에서 인간이 누리는 자유와 선택의 결과로 자아정체성은 무한히 확장된다.

일반화된 타인의 실패

사회화는 개인들이 자신들을 발전시키고 자신들의 잠재력을 드러낼 수 있도록 하며 사회에 적응하는 법을 활용하게 해준다. 우리 주변에는 우리를 통제하고 발전시키는 타인들이 있다. 타인을 통해 학습과 모방으로 자신을 꾸미고 발전시킨다는 주장을 미드는 '일반화된 타인'으로 내세웠다.[4] 쿨리는 타인을 거울 속에 비친 자신의 또 다른 모습이라고 주장하기도 했다. 쿨리C. H. Cooley, 사회심리학자, 1864~1929가 말한 '거울 속에 비친 자아'looking glass self란 타인에 대한 자신의 반응이다. 타인을 알 수 없기에 거울에 비친 자신의 모습을 타인이 보는 듯이 생각하면서 자신을 가꾸는 것이다. 거울 속에 비친 자아는 그래서 사회적 자아이다. 미드나 쿨리에 따르면 개개인들은 거울 속에 비친 나의 모습이 마치 나를 통제하듯 나를 바라보는 중요한 타인들이 되고 있다는 것이다. 거울은 일반화된 타인의 영향으로 반영된 사회적 자아를 보여주는 곳이다.

인터넷으로 우리는 또 다른 거울을 만나게 된다. 바로 사이버공간이다. 우리는 자신의 왜곡된 이미지를 거부감 없이 펼칠 수 있는 공간을 상상했다. 그리고 자신의 이미지를 다른 사람의 반응에 따라 카멜레온처럼 수시로 바꿀 수 있는 공간을 기대했다. 사이버공간은 이러한 기대에 부응하는 공간이다. 인터넷은 우리들의 새로운 거울이다. 거울과 다른 점이 있다면 인터넷은 얼마든지 자신을 조작할 수 있는 공간이며, 자신의 이미지를 실제와 다르게 꾸미더라도 진실이냐 거짓이냐 중요치 않은 곳이다. 모든 사람들은 인터넷에서 자유로운 이미지와 자아를 만들기 때문이다. 그래서 인터넷이라는 거울 속의 자아는 고정불변의 자아가 아니다. 이미지의 변신을 위한 갈등도 필요하지 않다. 다만 어떤 자아를 만들까하는 선택의 문제만 있다. 인터넷이란 거울 속에는 미드와 같은 일반화된 타인은 없고, 개인의 자유의지에 따른 또 다른 '자기 만들기'가 있을 뿐이다.

인터넷 초기에 '타인 만들기'가 있었다. 사이버가수 아담이 등장했다. 1998년 1월 23일 록발라드풍의 타이틀곡 '세상엔 없는 사랑'으로 가요계에 신인가수로 데뷔를 했다. 나이 20세, 키 178cm, 몸무게 68kg의 균형 잡힌 몸매와 조각 같은 외모로 사람들의 시선을 한눈에 사로잡았다. 이처럼 한때 사이버 인간의 탄생은 세계적으로 유행처럼 번져갔다. 일본의 사이버가수 '다테 교코'는 음반을 발표해 크게 인기를 끌었으며, 미국과 영국에서는 사이버배우 '저스틴'과 사이버모델 '라라 크로포트'가 등장하여 디지털 시대의 새로운 연예스타로 부상했다. 우리나라에선 아담뿐만 아니라 사이버여가수 '루시아', 남자대학생 '라이어' 여대생 '스노우', 작가 '새파란', 탤런트 '키위' 등 사이버 인간들이 계속 나왔다.

사이버 인간은 가상세계에서의 인간이지만 몸과 마음이 사회적 환경에 따라 변화하고 인간이 가진 조건을 그대로 담고 있다. 사이버가수 아담의 경우 비록 사이버공간의 인간이지만, 현실공간에서도 그 존재를 진지하게 인정해 주었다. 한국과학기술원KAIST에서 아담을 전산학과 명예학생으로 입학시키기로 했으나 총학생회 측은 강력히 반대했다. 정상적인 입학전형을 거치지 않았고, 일제 옷을 입고 있다는 이유였다. 마치 살아있는 현실의 인간처럼 사이버 인간을 진지하게 생각했던 것이다. 오늘날 아담과 같은 사이버 인간은 흔적도 없이 사라졌다. 사이버 인간의 등장은 새로운 것을 추구해보려는 인간의 도전정신, 상업적인 목적, 진보된 기술력의 과시

등으로 생각할 수 있으나, 무엇보다도 완벽한 '타인 만들기'였다. 사이버 인간을 통해 사람들은 자신들의 표상적 인물을 만들어 자신들의 욕구를 만족시키고자 했다. 이 부분을 채워주지 못해서 사이버 인간에게 관심을 주지 않은 것은 아니었다. 오히려 타인에 대한 관심보다는 '자신 꾸미기'가 더 손쉬워진 인터넷 환경은 타인에 대한 관심두기에 흥미를 잃을 수밖에 없었다.

사회화로 만들어진 우리 머리 속에 박힌 일반화된 타인을 사이버공간 속에 구체적으로 현시화할 수 있는 인물로 사이버 인간을 만들었다고 본다면 억지일 수 있지만, 사이버 인간은 모두가 상상하는 완벽한 타인 만들기였다. 사이버공간에서의 타인은 나의 의지를 펼치기보다는 많은 사람들의 욕구를 동시에 만족하는 인물이었다. 모든 사람들이 만족하는 타인을 좇기보다 '자신 꾸미기'로 만족을 옮겨가게 한 것이 인터넷이다. 인터넷은 철저히 주도권이 사용자에게 있는 미디어로 나를 차라리 또 다른 나로 만드는 것이 더 만족스러운 일이다. 인터넷에서 자신을 꾸미고 드러내는 표상적 활동은 블로그, 인스타그램, 트위터, 페이스북 등 여러 형태로 나타나지만, 신체적 묘사를 인터넷에서 캐릭터로 구체화하는 것은 아바타이다.

아바타는 인터넷 게임, 커뮤니티, 채팅, 음악 사이트 등에서 자신의 분신을 만들어 타인들과 상호작용하는 또 다른 나이다. 아바타는 분신分身이나 화신化身을 뜻하는 말로 사이버 공간에서 나를 대신하는 캐릭터이다. 현실세계의 자신처럼 아바타는 꾸밀 수 있다. 사이트를 접속할 때 옷을 이것저것 입히기도 하고 목걸이와 각종 액세서리로 치장하기도 한다. 아바타를 통해 자신이 원하는 캐릭터를 만든 뒤 '가면' 뒤에서 쾌감과 대리만족을 느끼는 것이다. 일종의 '페르조나'persona: 가면을 쓴 인격 현상이다. 사이버공간의 나 자신, 디지털 육신인 아바타는 쇼핑도 하고 영화도 보고 또 현실의 자신을 대신해 아바타끼리의 사교활동도 쉬워지게 되었다. 사이버공간의 자아가 실제 생활의 일부를 담당하면서 현실과 가상을 구분하지 못하는 사용자의 의식으로 되면서 현실세계와 가상세계를 이어주는 존재로 발전하게 된다.

현실세계의 나의 모습이 마음에 들지 않으면 분신을 통해 만족스런 나를 만들 수 있다. 아바타의 자아정체성은 내가 정한대로 형성된다. 마음에 드는 자아를 사이버공간에서 만드는 것은 이제 어렵지 않게 됐다. 완벽한 일반화된 타인을 만들기보다 자아를 또 하나 창조하는 것이다. 인터넷은 타인에 대한 관심보다는 자신이 더 중요하며, 자신 꾸미기가 수월한 미디어이다. 인터넷에서 자신 꾸미기는 아바타만이 아니다. 블로그, 인스타그램, 트위터, 페이스북 다양한 채널로 자신을 보여줄 수 있다. 인터넷에서 자신을 어떻게 표현하느냐 하는 것도 상황에 따라 달라질 수 있다. 터클의 말처럼 인터넷으로 인해 사이버공간에서는 정체성을 다양하게 보여주고 있다. 정체성이 여러 갈래로 분화되면서 진정한 자아, 유일한 자아라는 개념은 모호해진다.[5] 따라서 특정 사회가 장기간에 걸쳐 구조적으로 구사해온 사회적 재생산의 결과라고 할 수 있는 일반화된 타인은 인터넷에서는 상대적으로 주목받지 못할 수 있다.

일반화된 타인을 주목하지 않는다는 것은 자신을 보는 방식이 바뀌었다는 것이다. 자신의 자아정체성을 현실세계 밖의 장소에서 자유롭게 탐구한다. 현실 밖의 장소, 우리가 일상생활이 일어나는 곳이 아닌 곳에서 여러 정체성으로 자유롭게 자신의 노선을 취하게 된다. 빅터 터너는 일상생활이면서 아닌 곳, 즉 이도 저도 아닌 장소를 경계적liminal 공간이라 불렀다.[6] 경계적 공간은 시간과 공간 밖의 장소로 현실과 공상의 경계가 존재하는 세계이다. 터클의 말처럼 온라인의 세상은 현실과 상상의 경계선상에 있는 것으로 세컨드 라이프가 같은 사이트에서처럼 제 2의 삶을 위해 자신을 다르게 꾸밀 수 있다.[7] 온라인 세계와 롤-플레잉 게임은 우리가 타인의 의식 없이 자아를 구축하고 편집하고 그에 맞게 삶을 연기할 수 있게 한다.

유연적 자아

인터넷에서는 자신의 정체성을 드러내지 않으려 애쓰기도 하고 자의적으로 만들어 의도적으로 드러내기도 한다. 도나스는 가상 공동체에서 정체성은 중요한 역할을 하며, 상호작용을 이해하고 평가하는데 있어서 사람들의 정체성을 아는 것은 중요하다고 했다. 그러나 인터넷에서의 정체성은 명확하지 않고 애매하다고 보았다. 우리가 현실 세계에서 익숙한 퍼스낼러티와 사회적 역할에 대한 기본 단서들이 사이버공간에서는 부족하기 때문에, 즉 탈육체화된 사이버공간에서는 애매하게 될 수밖에 없다는 것이다.[8] 인터넷에서의 정체성이 명확하지 않고 모호한 것은 두 가지 이유이다. 하나는 인터넷이라는 공간의 익명성 때문이고, 다른 하나는 탈구조적, 즉 탈맥락성 때문이다.

인터넷의 익명성은 사용자들이 자신에 대해 제시하는 정보의 사실들을 확인해 주지 않기 때문에 나타난다. 인터넷의 이용자들은 사회적 및 생물학적 속성을 드러내지 않고, 드러내더라도 다르게 노출하면서 자신의 정보를 철저히 감출 수 있다. 인터넷에서 다양한 정체성을 보이는 것도 익명성의 효과로 보고 이를 '내적 정체성'으로 파악하기도 한다. 내적 정체성은 타인에게 드러나지 않으며 나에 대해 생각하는 정체성이다. 그러나 타인에게 드러나면서 타인이 나에 대해 갖는 정체성인 '외적 정체성' 역시 익명성에 기초하고 있어서 자신의 모습을 여러 모습으로 보여주게 된다.[9] 내적 정체성은 철저히 자신이 드러나지 않는 가정 속에서 반사회적 행동의 원천이 되기도 한다. 명예 훼손, 플레이밍, 언어폭력, 크래킹과 같은 사이버범죄의 원인은 익명성에 기초하지만, 자신이 드러나지 않는다는 믿음에서 시작한다. 외적 정체성은 인터넷이 하나의 시뮬레이션 세계로 다양한 정체성으로 인해 자신을 즐기는 상황을 만든다. 자신의 존재가 어떻게 변화하는 지를 보여주면서 경험하지 못한 자아정체성으로 타인을 만난다. 이처럼 인터넷에서는 '자신 감추기'와 '자신 만들기'로 자아를 보여준다.

'자신 감추기'는 채팅 프로그램에서 주로 나타난다. 다수 이용자들이 동시에 커뮤니케이션을 할 수 있는 사회적 상호작용을 할 수 있는 시스템인 IRCInternet Relay Chatting나 최근의 카카오톡, 트위터, 라인등과 같은 대화에서 자신을 숨긴다. 자신의 정체성을 감추고 새로운 정체성을 창조한다. 참여자의 이름이나, 성별, 기타 자신에 대한 정보를 익명적 보호 속에서 채팅을 하게 된다. 다른 사람의 반응과 자신의 행동은 본인이 제공한 정보에 전적으로 의존해서 대화를 한다. 창조된 새로운 정체성으로 자신감 있는 개방적 태도를 보여 다른 사람과 새롭게 관계를 맺고 친밀성을 순식간에 구축할 수 있지만, 감추어진 정체성으로 인해 욕하기, 모욕주기로 일관하는 플레이밍, 성적으로 불건전한 넷슬리징net.sleazing이나 성희롱도 쉽게 일어난다. 익명성으로 자신을 감추기도 하지만, 역설적으로 또 다른 자신을 스스로 과감하게 표현하면서 대범해지는 '선상신드롬'shipboard syndrome 현상도 나타난다.[10]

'자신 만들기'는 인터넷의 탈맥락적 상황으로 사회적 구조 속에서 더 이상 일관된 자신을 보일 필요성이 사라진 것에서 나온다. 정체성이 동일성을 뜻하던 것에서 이제 이질성 또는 다원성으로 변화되었다. 실재와 가상의 여러 세계를 넘나들면서 정체성은 결국 터클의 지적처럼 '분산된 현전의 총합'sum of distributed presence이 되어,[11] 자아는 분산되고 사람들은 여러 개의 아이디를 쓰듯이 여러 모습으로 자신을 보여주게 된다. 사이버공간에는 사람들이 여러 공동체의 다양한 그룹에 소속되어 가상 인격을 만들면서 정체성이 여러 갈래로 분화되어 진정한 자아, 유일한 자아의 개념은 모호하게 되었다.[12]

다원적 정체성은 온라인에서의 삶이 실제 삶과 다른 특징에서 찾아볼 수 있다.[13] 첫째, 정서적 유대이다. 인터넷에서는 가상공동체를 통해 개인적 정서적 유대를 친밀하게 가질 개연성을 제공하며, 고립된 개인에게 위안을 줄 수 있다. 둘째, 정체성 전환 또는 정체성 놀이이다. 실제의 자신과 다른 대안적 정체성 또는 원하는 정체성을 가질 수 있다. 익명의 정체성으로 감추어진 자신 속에 다른 정체성을 갖는다. 셋째, 에로틱 어필이다. 환상과 상상력을 동원한 성적인 공감각적 환상의 세계로 몰입할 수 있다. 넷째, 환경에 대한 지배이다. 지위와 위신의 변화를 인터넷에서 경험할 수 있다. 컴퓨터의 기술이 환경에 대한 지배로 연결된다.

이처럼 온라인에서의 삶은 다양하고 역동적인 환경을 제공한다. 사람들은 다양한 환경에 적응하기 위해서 하나의 정체성으로 여러 세계를 넘나들기 어렵게 되었다. 인터넷에서는 환경에 맞는 정체성이 필요하며, 환경이 요구하는 정체성을 새롭게 만들지 않을 수 없다. 서로 다른 가상적 세상을 순환하며 각각의 세상에서 서로 다른 정체성을 갖는 식의 다중인격체 같이 되어버린다. 현실사회의 고정된 정체성과 달리 인터넷의 사이버공간에서는 개인의 다양하고 불안정한 인격의 연속적 형성을 가능케 하여 서로 다른 기능적 세상을 돌아다니면서 순간순간 여러 세상에 관여하는 사람으로 살아가는 것이다.[14] 바우만은 이러한 인터넷에서의 정체성을 산책자stroller, 방랑자vagabond, 여행자tourist, 그리고 경기자player로 구분하고 삶의 전략에 따라 얽매이지 않고 다양하게 나타난다고 보았다.[15] 따라서 인터넷에서 환경에 따라 다양한 인격체를 자유의지에 의해 만든다는 점에서 주체로서의 개인은 살아있지만, 다원적 모습을 보인다는 점에서 정체성으로서의 개인은 모호하게 된다.

인터넷에서 다원적 정체성으로 변화된 온라인 세계를 경험하게 되면 인터넷에서의 자아정체성은 주체의 확장인가 아니면 자아와 별개로 여럿의 '또 다른 나'인가 하는 모호함이 생긴다. 터클은 이러한 다원적 정체성 속에서도 개인은 여전히 일관된 도덕률이 작용한다고 보았다. 인터넷을 통해 정체성이 다양하게 분리 전개되더라도 자신에 대한 인식을 기반으로 자신의 집합적 자아를 경험하게 된다는 점에서 자아의 구성요소가 분리되어 있다고 보지는 않았다.[16] 인터넷에서 자신을 감추고 자신을 만들어 드러내는 자아정체성은 실재 세계처럼 고정된 것이 아니라, 다원적이고 유동적인 인격체로 된다. 그러나 터클의 말처럼 현실 세계의 자아와 일정한 거리를 유지하는 자아, 여러 자아 속에서도 실제 자신의 모습이 전이된 것으로 보는 유연적 자아flexible self로 이해하는 것이 지금으로서는 최선일 듯하다.

인터넷의 유연적 자아는 자기중심적인 행위의 끝없는 연쇄로 탈바꿈하여 다음의 경험을 위한 준비를 위한 자아가 될 수 있다. 그러면 개인은 삶의 방향성이나 그 의미를 생각할 기회를 갖지 못하고 지쳐 버리거나 아니면 그 자체를 즐기거나 하는 방식이 된다. 인터넷은 혼자서 자판을 두드리고 빠지다보면 더 고독해지거나 우울해지는 고립에 들어갈 수도 있으며 반대로 다른 모르는 사람과 친분을 맺고 우정을 다지면서 행복을 찾게 되기도 한다. 슬레빈은 이를 인터넷의 패러독스로 보았다.[17]

타인 없는 사회적 관계

우리 자신이 누구인가 하는 것은 우리가 어떻게 태어난 것인지 그 속성에 있는 것이 아니라, 시간을 두고 다른 사람과 상호작용을 하면서 얻어지는 것이다. 타인을 통해 자신을 알게 된다는 주장은 미드의 주체적 자아와 객체적 자아의 관계에서 잘 설명되고 있다. 우리가 스스로 발견하게 되는 타인과의 세계에 자신이 어떻게 조정하는가 하는 것이 자아정체성에서 중요하다. 따라서 타인과 이루는 사회적 관계가 우리 삶에서 중요한 것이다. 인터넷의 출현은 사회적 관계를 새롭게 만들어주고 있다. 전통적으로 사회학에서 근대사회의 출현에 대해 설명하면서 가장 놀라운 변화 가운데 하나로 주목하고 있는 것은 '사회적 관계의 확장'stretching of social relationship 이었다.[18] 인터넷으로 인해 사회적 관계가 재편되는 것도 그 연장선상에서 이해해야 한다.

사회적 관계에서 대면적 접촉으로 이루어지는 시대를 마감하게 되는 것은 19세기 근대국가의 출현과 그 때를 같이한다. 시장경제와 도시의 출현은 단순한 대면적인 접촉과 다른 새로운 사회적 관계를 형성하게 했다. 퇴니스나 뒤르켐 같은 사회학자들이 커뮤니티의 종류를 속성별로 설명한 것은 어떤 의미에서 사회적 관계의 차이를 보여주는 것이다. 정서적이고 감상적이고 대면적인 관계의 게마인샤프트gemeinschaft 와 비정서적이고 이성적이고 비대면적인 관계의 게젤샤프트 gesellschaft는 사회적 관계의 차이를 보여준다. 마찬가지로 동일한 신념과 감정에 근거해서 갖게 되는 동질적인 공유관계를 보여주는 기계적 연대와 분업과 전문화로 인해 이질적인 의존관계를 이루는 유기적 연대는 사회적 관계에 분명히 차이가 있다.

사회적 관계는 다른 요소들이 변화할 때 분명히 뒤따르는 변화이다. 다시 말해, 정치적 경제적 종교적 기술적 변화는 사회적 관계에 어떤 변화를 가져온다. 인쇄술, 교통통신과 같은 기술은 상호통합을 가능하게 하고, 민족국가의 경계보다는 세계를 지구화하는데 한 몫 하였다. 그래서 사회적 관계를 시간적으로 공간적으로 확대할 수 있었다. 인쇄술은 시간적으로 아득히 먼 고전철학가를 만날 수 있게 해주었고, 통신기술은 공간적으로 지구반대편 나라의 소식을 마치 이웃마을의 소식을 접하듯 함께 공유할 수 있게 해주었다. 과거를 현재와 연결해 주는 것은 시간적 거리를 줄이는 것이고, 지구 반대편의 사회에서 벌어지는 일을 눈앞의 일처럼 알 수 있도록 하는 것은 공간적 거리를 줄이는 것이다. 기술의 발달은 시간적 공간적 거리라는 장애를 쉽게 허물면서 사회적 관계를 확장하였다. 이러한 내용을 맥루한은 '지구촌'global village으로 나타내고 있으며, 이니스는 '시간결합'time-binding, '공간결합'space-binding의 기술로,[19] 기든스는 '시공간 원격화'time-space distanciation로,[20] 하비는 '시공간 압축'time-space compression으로[21] 설명하고 있다.

캘혼Craig Calhoun은 근대사회의 출현과 더불어 변화한 사회적 관계를 이념형적으로 제시한다. 우선 사회적 관계는 크게 직접적이고 대면적인 관계와 간접적이고 비대면적인 관계로 나눈다. 전자는 1차적 관계이고 후자는 2차적 관계이다. 간접적인 2차적 관계는 오늘날 일상적으로 경험하는 관계이지만 다시 3차적 관계와 4차적 관계로 발전한다. 3차적 관계는 신체적 공존physical co-presence이 불필요한 간접적 관계이다. 예를 들면, 투표자와 국회의원, 은행고객과 멀리 떨어진 은행본점의 직원과의 관계이다. 이러한 관계는 상대를 만나지 않아도 상대에 대해 인식하고 있는 관계이다. 4차적 관계는 적어도 한쪽 당사자의 주의나 인식 없이 발생하는 간접적 관계이다. 예를 들면, 도청, 해킹, 백화점 고객 정보의 상업적 이용 등을 말한다. 따라서 기술적인 수준이 어느 정도 요구되는 상황에서 발생하는 관계이다.[22]

이제 인터넷으로 인해 사회적 관계는 더 확장되고 타인을 인식하지 못한 상태에서 사람들과 관계를 맺는 변화된 환경에 놓여 있다. 자신도 모르는 사이 블로그에 다녀가서 댓글을 남겨놓고 가거나, 페이스북과 트위터에 글을 달고 추종하는 상대 없는 타인과의 상호작용이 일어난다. 인터넷의 새로운 관계는 과거에 잃어버렸던 공동체를 되살릴 것이라고 예견하는 사람도 있다.[23] 그러나 과거로의 회귀로 단순히 생각할 수 없는 부분이 있다. 사이버공간에서의 사회적 관계는 캘혼의 사회적 관계의 분석에서 보듯 간접적이면서 동시에 익명적인 관계의 확장이다. 타인은 알지만 정작 자신은 인지 못하는 사회적 관계가 확장되고 있는 것이다. 나는 누구인가? 라는 물음에 자아정체성을 돌아보게 되고, 여기서 우리는 사회적 관계 속에서 자유와 속박 사이의 모순을 경험한다. 중요한 타인의 출현과 우리가 갖는 타인에 대한 기대 때문에 우리가 바라는 것과 우리가 의무적으로 해야 하는 것 사이에 내적 갈등과 같은 것이다.

사이버공간의 사회적 관계는 상대를 의식하지 않는 사회적 관계이다. 상대를 의식하지 않는다는 것은 다른 말로 타인 없는 사회적 관계이다. 인터넷에서 타인 없는 사회적 관계를 맺는다는 것은 두 가지 의미이다. 하나는 사이버공간의 사회적 관계는 자신의 또 다른 자아와의 만남이기에 항상 자신이 원하는 대로 관계를 맺는다는 의미이고, 다른 하나는 자기 자신과 관계를 맺는 수많은 사람들에 대해 상대를 의식하지 않는다는 뜻에서 타인에 대해 갖는 의무가 없다는 것이다. 인터넷의 사회적 관계는 결국 우리가 바라는 것과 의무적으로 해야 하는 것 사이의 내적 갈등이 없는 의미이고, 자아 속에 내면화할 수 있는 사회적 압력도 미미할 수 있다. 이처럼 또 다른 자기만을 위한 관계로 작용하기 때문에 상대 없는 관계가 된다는 의미이다. 만약 타인 없는 사회적 관계가 지속된다면, 종국에 가서 인간의 사회화는 어떻게 이루어질까 궁금해진다.

읽고 생각하기 5

다중역할의 유연적 자아

포스트모더니즘 시대에는 복수의 정체성이 더 이상 주변적 존재로 머물러 있지 않는다. 정체성이란 '다양한 역할들의 집합'이라는 관념이 일반화됐다. 역할들은 서로 섞이고 짝을 이룬다. 때로는 역할별로 터져 나오는 다양한 요구사항을 조정할 필요가 생기곤 한다. 이런 새로운 정체성 경험을 이론화 하기 위해 여러 분야의 사회학자, 심리학자들이 나서고 있다. 로버트 제이 립튼은 "다중 역할"이라는 개념을 썼고, 케네스 저건은 "포화 상태의 자아" 라는 말로 설명했다. 에밀리 마틴은 "유연한 자아의 개념이야말로 각종 유기체와 개인, 조직이 가져야 할 현대적 덕목" 이라는 주장을 폈다.

인터넷은 포스트모더니즘적 특징을 가진 자아를 만들고, 재구축할 수 있는 실험 무대이다. 가상공간에서는 어떤 유형의 인물을 그리고 만들어갈 것인지가 전적으로 개인에게 달려있다.

(셰리 터클, 『스크린 위의 삶: 인터넷과 컴퓨터 시대의 인간』, 최유식 옮김, 민음사, 2003: 271-272)

인터넷에서 성 바꾸기

일반적으로 성 바꾸기는 남성이 여성을 표방하는 경우가 많다. 예를 들어, 일본 MUD인 Habitat의 이용자를 보면, 실제로 남성 대 여성의 비율은 5 대 1인데, MUD 내에서는 3 대 1로 나타나고 있어 결국 엄청나게 많은 남성들이 여성으로 성을 바꾸어 참여한 셈이 된다.

실제 세계와 달리 MUD와 같은 가상공간에서 성을 바꾸는 일은 쉬운 일이다. 단지 선택을 하면 그만이다. 그러나 실제 자신의 성과 다른 성 역할을 수행하는 것은 쉬운 일이 아니다. 말하는 방식, 성별로 달라질 수밖에 없는 경험에 대한 해석 등에서 심리적 부담감을 느끼게 된다. …… 이런 점에서 가상공간이라고는 하지만 성을 바꾸는 것은 독특한 경험이며 실험임에 틀림없다.

(이재현, 『인터넷과 사이버사회』, 커뮤니케이션북스, 2002: 162)

1. 인터넷에서 자아정체성을 조작한다면 어떤 종류의 인물형이 되고 싶은가?
2. 인터넷의 성 바꾸기에서 남성이 여성을 표방하는 이유와 여성이 남성을 표방하는 이유는 무엇 때문이라고 보는가?

제6장

스낵 컬처의 시대

인지경험의 공유, 사이버문화

인터넷을 문화적 현상으로 다가가는 것은 쉬운 일이 아니다. 그것은 근대 사회에서 우리가 알고 있었던 지금까지 전달된 인간경험의 기록을 근본적으로 바꾸는 것이다. 시간과 공간, 육체와 정신, 주체와 객체, 인간과 기계들은 네트워크 컴퓨터의 실천에 의해 급격히 변형되고 있다. 인터넷과 같은 매개 효과가 인간경험을 바꿀 수 있을 만큼 작동하고 있다.[1] 특히 인터넷에서 일어나는 많은 현상들은 '가상의'virtual-라는 환경에서 실제냐 아니냐의 논쟁보다 이제 얼마나 현실감 있게 받아들여지는가 하는 인간의 인지경험을 중시하고 있다는 점에서 이전과 다르다. 사이버공간의 문화현상은 물리적 실체는 아니지만 인지적 경험에 의해 발생하는 하나의 심리적 사실로 분명히 인정해야 한다. 이러한 인지적 경험은 인터넷이란 매체에 의해 발생하기 때문에 멀리 떨어져도 충분히 공유할 수 있다. 따라서 사이버공간은 문화 요소들이 마치 바이러스처럼 전파되고 전염되는 중심 장소가 되는 것이다. 사회학자들은 문화를 바라볼 때 그 핵심은 학습하는 측면에 관심을 둔다. 사람들이 협력과 소통으로 문화를 어떻게 공유하는가, 그리고 사람들이 특정한 사회 속에서 자신의 삶을 영위하는 데 필요한 사회적 맥락이 문화와 어떻게 상호작용하고 있는가에 초점을 둔다.

문화는 개념적으로 사회와 구분된다. 사회는 개인들을 서로 연결시키는 '상호관계의 체계'system of interrelationships이고, 문화는 특정 사회의 구성원들이나 집단들의 '생활방식'way of life이다.[2] 모든 사회는 고유한 문화에 의해 구조화된 사회적 관계 속에서 구성원들이 조직을 이루면서 통일성을 유지한다. 일정한 경계를 이루는 구조화에 있어 문화는 사회보다 더 명확한 구분을 가능하게 하는 틀을 가지고 있다. 그러나 사이버공간은 그 틀을 무너뜨린다. 인터넷 기술로 인해 생겨난 사이버공간은 인간들의 육체를 확장시킨다. 오늘날 인터넷은 지구에 관한 한 공간과 시간의 쌍방을 배제하고 우리의 중추

신경 그 자체를 지구 일원으로 확장하였다. 이러한 육체의 확장은 전 지구를 하나의 촌락으로 연결시키는 새로운 문화의 등장을 염두 하게 된다. 그러나 사이버공간은 탈맥락적이어서 개인들의 자율성이 보장되고 참여자의 독점적 권리를 인정한다. 레비의 주장처럼, 사이버문화는 보편적이긴 하지만, 덜 획일적이고 덜 전체적이다. 이전과 다른 새로운 보편의 원리를 제공하는 것이 사이버문화이다.[3]

사이버문화는 보편적 현상이다. 엄밀히 말하면 보편이 아닌 전지구적 현상이다. 단순히 글로벌적 요소가 아니라, '접속에 의한 보편'으로 심층적 의미를 갖는다. 모두에게 접근 가능성을 열어놓고 모든 사람들이 연결되어 공동체 서로 간에 그리고 그 내부에 의사소통할 수 있게 하면서 연관되거나 흥미가 있는 사람들에게 사이버공간의 참여를 가능하게 한다. 사이버공간에 참여하는 사람들이 공유하는 문화는 인지경험을 앞세운다. 특정한 지배의 형태를 인정하지도 않고 강요하지도 않는다. 미리 구조화된 것도 아니고 고정된 것도 아니다. 지역성의 확대도 아니고 특정 문화를 강요하지도 않는다. 사이버공간이 무질서하기 때문이 아니라, 인간의 다양성을 표현하기 때문이다.

인터넷 기술로 인해 겪게 되는 인지경험의 공유, 즉 사이버문화는 여러 차원으로 나타난다. 인터페이스를 통한 가상공동체 몰입으로 인한 온라인 내에서의 상호작용, 온라인 커뮤니케이션 그 자체, 온라인 정체성 그리고 기계에 의해 인간이 배제되는 초인간주의나 사이버펑크, AI 등 모두를 포함하는 것이 사이버문화이다. 결국 사이버문화는 사람들과 디지털 기술인 인터넷이 어떻게 상호작용하는가, 우리가 어떻게 기술과 함께 어울려 삶을 살아가는가에 대한 생각의 방식way of thinking이다[4]. 윌리암스가 말한 문화의 정의인 삶의 방식way of life을 그대로 원용하면, 사이버공간에서의 삶의 방식이 곧 사이버문화이다. 사이버공간의 삶의 방식을 벨은 물질적material 스토리, 상징적symbolic 스토리, 경험적experiential 스토리로 구분한다.[5] 물질적 스토리는 인간과 기술 사이의 물질적 관계, 컴퓨터, 인터넷 등 하드웨어와 같은 것에 주목하는 것이고, 상징적 스토리는 표상, 의미, 이미지가 인터넷 기술을 통해 드러나는 방식에 주목하는 것이며, 경험적 스토리는 월드 와이드 웹을 통해 접하는 자유로운 정보 소스나 특정 주제에 대한 무한 접근과 같은 경험에 주목하는 것이다.

사이버문화는 두 가지 면을 생각할 수 있다. 하나는 인간과 기계의 관계이고 다른 하나는 기계를 통한 인간과 인간의 관계이다. 어떻게 보면 인간과 기계의 관계이든 인간과 인간의 관계이든 모두 사이버공간에 내재된 실천practices과 표상representation의 얽힘이 사이버문화로 나타나게 된다. 여기에는 텍스트, 이미지, 대화, 행위코드, 서사구조 등 여러 요소들이 작동한다. 이를 통해 현실공간보다 더 자유로운 문화, 즉 의미의 동일성이 아닌 획일적 전체화를 해체하는 보편문화로서 사이버문화가 나오게 된다. 사이버 문화는 사이버공간에서 인간의 자유의지의 구현 가능성을 알게 해주고 궁극적으로 현실공간에서의 얽매인 구속적인 인간의 굴레성을 벗게 해주는 지적, 정신적, 심미적 계발의 과정을 볼 수 있는 곳이다. 여기에는 평범한 인터넷 이용의 일상뿐만 아니라, 지적 작품과 예술적인 활동, 그리고 실천행위까지도 포함한다. 인간의 인지경험을 공유하는 사이버공간에서는 개인들이 다양한 형태의 자기 정당성을 위한 활동을 펼칠 수 있어서 더 활기차고 살아있는 문화를 찾을 수 있다.

자유의지의 실현과 탈경계의 상황

사이버 문화의 특징은 곧 사이버공간이 갖는 특성을 반영한다. 사이버 문화의 특징은 인간의 능동성에 바탕을 두고 있다. 정보와 지식을 특정한 미디어를 통해 수동적으로 받아들이는 무기력한 수신자로서의 개인들과 달리 인터넷시대에는 인간들 스스로가 창의성과 자율성을 가지고 문화를 이끈다. 인터넷을 통해 그러한 문화가 만들어지고 가꾸게 되는 무대가 사이버공간이다. 사이버공간에서는 자신의 관심과 취향에 따라 스스로의 생각을 능동적이고 적극적인 행동으로 펼칠 수 있다. 여러 모습의 자아를 통해 다원적 정체성을 드러내는 것도 자신의 욕망을 실현하고자 하는 자유의지의 실천에 따른 반영에서 나온 문화적 결과이다. 인터넷은 인간의 욕망을 실현하게 해준다. 따라서 사이버문화는 인간욕망의 실현이란 점에서 현실문화와 다른 점이 있다.

컴퓨터를 통해 가능한 욕망의 실현은 분명 인터넷기술 때문이다. 새로운 테크놀로지는 국가 간의 지리적 경계를 허물면서 모든 인터넷 이용자들의 통일과 참여를 촉진시킨다. 맥루한은 새로운 미디어 기술이 통일과 참여를 조성한다고 예견하고 '지구촌'global village이란 용어를 만들었다. 아이돌 그룹 '방탄소년단'이 지구 반대편에서 인기를 끄는 K-POP 문화는 국경이 허물어진 거대한 공동체라는 토대를 기반으로 하고 있다. 인터넷이 없었다면 불가능한 일이다. 인터넷이 만들어낸 사이버문화는 '탈경계'와 '자유의지'의 구현이라는 큰 토대에서 나오게 된다. 탈경계는 장벽 없는 다양한 공동체를 설정하게 되는 것으로 개방, 참여, 공유라는 사이버공간의 문화적 특징을 이끈다. 자유의지는 구속받지 않는 인간의 주체와 유연한 정체성을 설정하게 되는 것으로 저항, 익명, 자율이란 사이버공간의 문화적 특성을 이끈다. 이러한 사이버공간에 나타난 문화적 특징을 다음과 같이 생각해 볼 수 있다.

첫째, '개방성'이다. 컴퓨터통신망이 있으면 누구나 참여할 수 있는 개방의 문화이다. 성, 인종, 민족에 따른 차별 없이 누구에게나 공개된 공간이어서 개방성을 가진 곳이라 할 수 있다. 사이버공간은 누구도 독점할 수 없는 곳이다. 독점이 자행되는 사이버공간은 더 이상 사이버공간일 수 없다. 통신 시설만 있으면 누구나 정보를 공유할 수 있는 곳이 사이버공간이다. 그래서 사이버공간의 문화는 개방성을 특징으로 한다.

둘째, '참여성'이다. 사이버 문화는 새로운 미디어인 컴퓨터통신에 의해 만들어진 문화이다. 네트워크를 이용하는 다수의 사람들이 서로 공동의 관심에 대한 의사교환과 이를 지속하려는 노력이 없으면 이루어질 수 없기 때문에 적극 참여를 통해 이루어지는 공간이다. 이러한 참여를 통해 수많은 사이버 공동체가 형성된다. 단순히 미디어가 전하는 정보나 자료만으로 공동체가 형성되는 것은 아니다. 사이버공간에서는 정보나 자료를 적극적으로 이용하는 동시에 정보나 자료를 제공하는 수많은 인간들의 모임이 펼쳐져 있는 곳이며, 거기서 참여는 활발하게 전개된다. 컴퓨터통신의 게임, 게시판, 채팅, 동호회 등의 모든 공간은 누구나 적극적인 참여를 통해 이루지는 것이어서 사이버 문화는 참여성을 특징으로 한다.

셋째, '공유성'이다. 네트워크를 이용하는 다수의 사람들이 가진 정보를 함께 나누는 문화이다. 온갖 자료와 정보를 사이버공간에서 공유하는 것이다. 현실세계에선 귀한 정보를 얻기 위해 학연 지연 등 온갖 연줄을 동원해야 하지만, 사이버공간에선 잘생긴 사람이든 못생긴 사람이든, 부유한 사람이든 가난한 사람이든 누구나 정보를 공유할 수 있는 곳이다. 정보와 자료를 독점하면 부정의 온상이 되며, 정보가 가진 본래의 가치를 제대로 발휘하지 못할 수 있다. 오히려 정보는 공유하게 되면서 기대 이상의 효과를 가진다. 정보를 사람에 따라 구별해서 나누어 가진다면 그건 차별이다. 따라서 정보나 자료를 공유하는 사이버공간은 차별이 없는 곳이며, 보다 인간적일 수 있다. 이처럼 공유의 문화가 가능한 이유는 사이버공간에선 복제가 원본의 손상 없이 무한정으로 가능하다는데 있다. 이러한 복제와 나눔을 통해 정보나 자료를 사람들이 게을러서 갖지 못하는 경우는 있어도 배타적으로 차별을 당해서 갖지 못하는 경우는 없다. 그래서 사이버 문화는 공유성이다.

넷째, '저항성'이다. 현실공간에서의 일방적인 지시와 명령으로 인한 '닫힌 구조'와 달리 양방향적인 '열린 구조'의 소통을 이행하는 사이버공간에서는 누구나 자신의 생각을 직접적으로 개진할 수 있는 개연성을 확보하고 있어서, 정보 내용에 불만이 있다면 여러 형태로 대항할 수 있다. 이러한 대항에는 정부, 기업, 스포츠선수, 연예인 등 누구라도 가리지 않는다. 인터넷 게시판에 많은 사람들이 이러한 대항에 동조하게 되는 사태가 발생하면, 인기를 누리고 막강한 힘을 행사하던 정치인이나 연예인들은 한순간 지탄의 대상이 되기도 한다. 한마디로 대중의 저항이다. 통신망의 수많은 매체비평이나 의견들에 순응적인 모습을 보이던 문화 소비자로서의 모습은 인터넷에서는 찾아보기 어렵다. 언제든지 자신의 생각과 배치될 때 저항할 수 있는 힘을 보여줄 수 있는 게 사이버공간의 문화형태이다.

다섯째, '익명성'이다. 사이버공간에서의 만남은 두 가지 특징을 가지고 있다. 하나는 비대면적인 만남이고 다른 하나는 탈맥락적 만남이다. 비대면적 만남은 사이버공간에서 서로 얼굴을 볼 수 없으며, 스크린에 뜨는 문자를 소통의 매개로 한다. 얼굴도 알지 못하고 상대의 신분도 확인할 수 없기 때문에 철저히 대화당사자들의 노출을 가릴 수 있다. 얼굴을 모르는 상태에서의 대화는 사실상 그 이상의 의미를 가진다. 왜냐하면 상대가 제공하는 정보에 전적으로 의존한 만남이어서 나와의 관계도 상대에 따라 신축적이고 상대 역시 나 자신이 제공하는 정보에 신축적으로 응하기 때문에 탈맥락적인 만남이다. 이러한 비대면적이고 탈맥락적인 만남은 모니터 뒤에 가려져서 여러 정체성을 만들어 대화가 가능하다. 화상대화가 있긴 하지만 한계를 가진다. 대화뿐 아니라 게시판, 홈페이지 등도 얼마든지 자신의 가면을 벗지 않고 만들어갈 수 있는 환경을 인터넷은 제공한다. 이러한 익명성의 문화는 적극적인 주체의 가능성을 제공할지는 몰라도 상대에게 주는 신뢰감은 낮아지게 되는 중요한 원인이 된다.

여섯째, '자율성'이다. 사이버공간에서는 현실세계의 통치기관이 구속력을 발휘하기엔 한계가 있다. 국가가 가상세계에 통제하려는 여러 가지 간섭적인 조치들이 자행되더라도, 사이버공간은 한 국가의 통제로 막을 수 없는 지구적 정보망이다. 사이버공간은 자유의사에 따른 표현을 충분히 개진할 수 있는 공간임과 동시에 이를 뒷받침하는 강력한 자율성이라는 암묵적인 도덕적 원리가 뒤따른다. 이러한 원리는 누구의 간섭도 받지 않고 자율적으로 이루어진다는 '사이버공간의 독립선언'존 페리 발로우의 선언과도 맥을 같이 한다. 사이버공간에서 발생한 사건이 현실세계에서 지켜가는 원리에 위배되는 것이라고 해서 똑같이 국가나 정부기관에서 규제받을 수는 없으며, 사용자들 스스로가 지켜가야 하는 자율의 공간이 사이버공간이다. 그래서 사이버 문화는 자율성을 가진다.

이상의 특징에서 보듯 인간의 자율성과 창의성이 발현되는 자유의지의 측면과 다양한 참여를 유도하는 탈경계라는 측면에서 인터넷이 만들어낸 사이버공간의 문화는 지금까지의 문화와는 사뭇 다르다. 기존의 현실세계의 미디어는 불특정 다수인 대중을 대상으로 수동적 존재로 문화소비자를 상정했다. 그러나 인터넷에서는 주체의 실천으로서 자율적 정보이용자의 의미작용을 확립하고 동시에 객체의 세계인 사이버공간에도 의미작용이 존재한다는 것을 확인해 줌으로써 사이버공간의 문화적 새로움을 밝혀야 한다는 작은 의무감을 던져주게 한다. 인터넷 기술로 인한 문화는 결국 자유의지의 범위와 경계의 해체가 어떻게 전개될 것인가 하는 것으로 주목하게 된다. 인간/기계, 주체/객체, 육체/정신, 시간/공간의 문제가 사이버문화 연구에 중심이 될 수밖에 없다.

사이버펑크에서 트랜스 휴먼으로

인터넷은 새롭게 변화하는 기술들을 선물한다. 일상의 스마트폰, 스마트워치, 내비게이션, 웨어러블 장비는 사람들의 하루일과를 기록으로 남긴다. 하루 동안의 걸음 수, 통화와 문자 기록, 이동한 거리와 장소, 심장박동 수를 체크할 수 있다. 이를 다시 데이터로 저장하고 클라우드로 연결한다. 사물인터넷, 인공지능, 로봇, 뇌과학이 인터넷과 연결되어 인간의 기계화, 기계의 인간화가 실현되는 환경을 만든다. 포스터는 미디어라는 객체가 주체를 결정한다고 했다. 예를 들어,

인쇄술은 문화적 산물의 기계적 복제를 통해 신문, 잡지 그리고 담론을 광범위하게 보급시키고, 시민, 지식인, 국가의 민주적 주체라는 등장인물도 인쇄술 없이는 생각하지 못한다고 했다. 인쇄물이란 객체는 주체와 관계에서 이들에게 권한을 부여하고 격려하고 인정하는데 결정적이라는 것이다.[6] 그러나 인터넷이란 기술은 하나의 기술적 장치라고 하더라도 미결정적underdetermination임을 포스터는 주장한다. 이는 근대의 주체/객체를 넘어선다. 현실과 가상의 세계 속에서 다중적이고 분산된 새로운 주체를 구성하면서 인간과 기계를 넘나들면서 인간의 기계화, 기계의 인간화로 인한 새로운 문화를 만들고 있다.

인터넷 문화에서는 기존의 문화에서 관습처럼 굳어져왔던 다양한 경계들이 붕괴되어가고 있다. 인터넷이 미결정적이라고 하는 것은 단일하게 방향 지워져 있지 않다는 것이다. 인간과 기계에서 사이보그로 나아가기도 하고, 실재와 비실재가 시뮬레이션으로 발전하기도 한다. 인간들 사이의 소수중심의 커뮤니케이션은 해체되고 다양한 텍스트를 접하면서 인간은 다원적 정체성을 경험하고 새로운 변화에 도전하는 문화를 만들어낸다. 인터넷문화 속에 개인들이 유동성, 다원성, 불확정성, 탈중심성을 표상하는 것은 각각의 독특한 실천들이 열려있기 때문이다. 따라서 산물products의 문화가 아니라 과정process의 문화여서 미결정적일 수 있다. 인터넷 문화에서 테크놀로지라는 매개변수로 등장하는 새로운 문화 가운데 하나가 인간/기계의 결합으로 나타난 사이버펑크이다.

사이버펑크cyberpunk란 사이버네틱스와 펑크의 합성어이다. '사이버-'는 컴퓨터가 만들어내는 무언가를 말하는 것이고, '펑크'는 사전적 의미로 '풋내기 젊은 불량배'란 의미여서 사이버펑크의 뜻을 대충 짐작케 한다. 즉, 사이버 펑크는 컴퓨터를 능숙하게 다루면서 말썽을 부리는 젊은이란 뜻이다. 다시 말해 사이버펑크는 '컴퓨터에 대한 심취와 이로 인한 기성세대의 가치관 상실을 경멸적인 태도로 바라보는 정보사회에 나타난 새로운 인간상'이다. 테크놀로지와 인간의 결합으로 만들어진 문화의 한 부분이 되었다. 사이버펑크가 주는 의미는 컴퓨터 이용자들의 유별난 특성의 차원을 넘어 그들이 만들어 이용하는 언어, 의상, 음악, 영화 등 반문화적 감성 전반을 나타내고 있다. 따라서 사이버펑크는 '사이버에서 발생하는 하이테크 하위문화와 펑크에서 유발되는 밑바닥 거리문화의 결합물'이라고 주장하기도 한다.[7]

사이버펑크에 대한 개념이 컴퓨터를 능숙하게 다루는 반항아인지 아니면 그들이 만들어낸 반문화인지 명확하지 않다. 다만 우리가 이해하기 쉽게 컴퓨터를 기반으로 하는 첨단기술을 능숙하게 다루는 젊은이들과 그들이 만들어낸 반체제적 하위문화로 보면 될 듯하다. 나아가 인간과 융합을 시도하는 기계 속에서 인간들이 펼치는 새로운 형태의 반문화라고 할 수 있다. 사이버펑크에 대한 시각은 밑바닥 거리문화란 의미에서 주류문화에 반하는 성격의 부정적인 뉘앙스가 있다. 그래서 1950년대 비트족, 1960년대 히피족, 1970년대 펑크족처럼 눈에 띄지는 않지만, 정보사회의 어두운 측면을 보여주는 컴퓨터의 반문화로서 사회전반에 중요한 영향을 미치기도 했다. 반문화의 속성을 보여주듯 대체로 컴퓨터 시대의 엘리트주의를 배격하고 도시 거리문화에 뿌리를 둔 공격적이고 반권위주의적 펑크적 감수성을 그대로 담고 있으며, 또한 기술과 인간 사이의 공생으로 인한 폐해를 문제로 지적하고 있다. 이처럼 사이버펑크를 부정적으로 그리는 이유는 사이버펑크의 세계에서 그려진 미래는 항상 충격적으로 인식되었기 때문이다. 더 악화되고, 더 불편하고 적대적이고 위협적인 세계로 그려졌기 때문이다.

인터넷 기술을 통해 인간의 감각적 경험이라면 무엇이든 디지털화 할 수 있는 오늘날 이러한 사이버펑크 문화는 자연스럽게 영화, 음악, 연극 등 문화전반에 스며들고 있다. '로보캅', '토탈리콜', '터미네이터'와 같은 사이버펑크 영화는 인간과 기계의 합체를 우리에게 친숙하게 해주었다. 사이버펑크 작품은 원래 SF소설에서 시작되었다. 1983년 브루스 벳커B. Bethke의 동명 소설에서 그리고 80년대 '워싱턴 포스트'지의 기사에 오르내리면서 알려지게 되고, 이를 통해 새로운 SF소설기법으로 생각되었던 용어이다. 기술과 기술적 미래가 가진 긍정적 잠재력과 부정적 잠재력을 강조하기 위해 기술에 대한 편리함과 그 반대인 병적 공포를 흥미 있게 관심을 가진 것을 소설의 형태로 나타낸 것이다. 그래서 사이버펑크는 미디어, 컴퓨터, 신기술의 확산과 더불어 발생하는 1980년대의 과학기술 폭발의 산물이라고 주장하기도 한다.[8] 영화 '어벤져스 앤드 게임'도 사이버펑크 문화에서 상상력을 스크린으로 집대성한 것이다. '아이언 맨'부터 '캡틴 마블'까지 솔로무비의 히어로우를 총 출동시킨 이야기로 10년간 22편의 영화로 마무리되었다.

사이버펑크는 여러 문화 장르에서 활발하게 영향을 미치고 있다. 그 내용은 대체로 문화의 새로운 질서를 제시하기보다 기술에 의해 맞게 되는 위협과 위험을 대처하기 위한 예측에서 문화 상상력의 실천으로 그려진다. 이는 사이버펑크가 가진 특성에서 잘 나타난다.[9] ① 사이버펑크는 사회예측이론이다. ② 사이버펑크는 대항문화의 상상력을 키운다. ③ 사이버펑크는 미래충격에 대한 대처능력개발이다. 우선, 사이버펑크가 사회예측이론이라는 것은 사이버펑크가 가까운 미래를 전망하면서 역사적 현실을 반추한다는 것이다. 사이버펑크에는 상상할 수 없는 전망이나 예상이 판타지로 빠지지 않는 현실의 실제적 근거 예를 들면, 자본주의 분석, 정치경제학, 계급현실 등을 토대로 한다는 것이다. 사이버펑크는 그저 '공상의 가장자리에 있는 새로운 현실이 아니라 역사로서'

라는 말[10]은 사이버펑크가 우리주변에 일어나는 사회역사적 현실을 영 도외시하는 것은 아님을 말한다. 사이버펑크의 픽션은 가령 소설이나 영화를 통해 가까운 미래에 우리 앞에 다가올 사회를 보여주고 있어, 이 또한 사회학적 분석의 대상인 것이다.[11]

다음으로 사이버펑크가 대항문화의 상상력을 키운다는 것은 리얼리즘을 바탕으로 하는 상상력이 사이버펑크로부터 얻을 수 있는 대항적 문화의 전망이라는 것이다. 사이버펑크는 대중문화 가운데 테크놀로지 융합의 함의를 추구하여 상상력을 발휘하지만, 그것이 기존 문화나 세대에 대한 대안적, 대항적 하위문화를 만들어낸다. 반사회적 가치관을 담은 펑크라는 말이 풍기는 부정적인 뉘앙스는 대항문화를 보여주고, 미래 삶의 체험을 개념화하는 상상력을 불러일으키게 된다. 불완전한 현재에 대한 대안으로 제시된 사이버펑크는 완벽한 미래를 기술을 통해 제시하게 되면서, 이는 자연스럽게 현재에 대한 불만으로 보여 지게 되는 것이다. 끝으로 사이버펑크가 미래충격에 대한 대처능력개발이라고 하는 것은 미래상을 도안해서 미래에 대한 면역효과를 자아낸다는 것이다. 미래에 대한 현재의 불가피한 장악을 사이버펑크를 통해 실현하는 것으로 자본주의체제가 가져올 미래에 대한 대처능력을 개발한다는 의미이다. 따라서 사이버펑크가 우리에게 미치는 영향력의 무게는 현재보다 미래에 더 크다고 할 수 있다.

사이버와 펑크라는 어울릴 것 같지 않은 두 단어가 합쳐져서 하나의 문화형태를 나타내는 사이버펑크는 첨단기술과 반체제적인 대중문화, 나아가 기계와 인간의 대등한 융합을 시도하는 데서 나온 문화양식인 것이다. 그러더라도 인터넷 기술이라는 객체를 주체적 관계에 놓인 인간들이 주도할 수 있는 여지는 충분하였다. 사이버펑크는 기계의 문화적 접속이라는 틀에서 출발하였고 주도권은 인간에게 여전히 놓여 있었으나, 인터넷 기술의 놀라운 발전은 인간을 주체와 객체의 경계에 놓았다. 오히려 새로운 미래사회의 문화는 인터넷 기술이 주체화 하면서 생활에 밀착하여 삶의 기능적 변화에 주도적 역할을 한다. 인터넷 기술의 발달은 사이버펑크와 같은 인간/기계의 차원을 넘고 있다. 테크놀로지의 주체인 인간은 마치 객체로 전락하게 되어 인간+기계인 트랜스 휴먼trans-human시대의 문화 환경에 놓인다. 인공지능 메신저 AI는 내 말을 알아듣고 메시지를 보내고, 친구가 되어주기도 한다. 이용자의 음성을 인식하고, 음악 재생, 식당 예약, 메시지 전송을 수행한다. 집안 내 디지털 기기를 연결하는 사물인터넷의 허브역할과 AI의 등장은 초현실주의적 문화를 낳으면서 주체인 인간이 객체로 되어 가상의 영역 안에서 객체의 구성요소로 재구성된다. 인간이 경험하는 미래사회의 문화변용에 사물인터넷, AI 등 인터넷 기술은 중요한 요소가 되었다.

인간이 호모 사피엔스의 모습을 유지하긴 하나 첨단 인터넷 기술에 의지하여 신체의 일부가 로봇으로 대체되는 사이보그처럼 '트랜스 휴먼'의 등장으로 또 다른 문화를 낳게 될 것이다.

문화의 진화, 인터넷 밈

인터넷을 개인적 용도로 사용하는 것은 자연스러운 일이다. 지금껏 인터넷이라는 소셜 테크놀로지 자체의 능력에만 초점을 맞춘 반면 사람들의 욕구가 인터넷을 변화시키는 방식에 대해서는 고려하지 않았다. 서키는 인터넷이 사회적 용도로 쓰이고, 그 용도로 쓰일 가능성은 그 자체에 있는 것이 아니라 인간의 욕구를 실현시키는데 나온다고 보았다.[12] 인터넷이 나온 지 50년이 되었다. 대부분의 여가 시간을 소비하는데 만족하던 이전 시대와 달리 자발적으로 뭔가를 만들고 공유하는 행동은 인터넷의 등장 때문이다. 네크워크를 사용할 때, 가장 중요한 자산은 서로 접근하는 것이다. 서로 연결되기를 원하는 인간의 욕구는 텔레비전의 경우 딴 데로 벗어나게 했지만, 소셜 미디어의 사용은 그 욕구를 실현시킨다. 20세기 산업화 사회에서 인간은 원자화되면서 참여문화에서 멀어졌지만, 인터넷 문화의 상당부분은 참여적이다.

'할담비', '미쳤어 할아버지'로 유명해진 70대 노인의 전국노래자랑의 화제성 음악은 순식간에 실시간 검색순위 1위, 유튜브 조회수 200만 건으로 주목을 받았다. 가수 손담비를 모방한 노래와 춤은 크게 인기를 끌면서 인터넷에 급격한 관심을 모았고, 그 결과 노인은 각종 연예프로, 광고출연 등 제2의 인생을 살게 된 변화를 맞았다. 이는 인터넷의 참여문화 때문이다. 인터넷 사용자들이 여가시간을 따로 써버리는 개별적 시간들의 합이 아니라, 공동으로 추진하는 하나의 집합체로 사회 자산으로 취급되면 인지 잉여가 된다.[13] 사람들은 인터넷의 인지 영여를 통해 더 나은 곳을 만들기 위해 뭔가 도움을 주기 원하며, 그런 기회가 주어지면 기꺼이 도우려고 한다. 새로운 것을 시도할 때 사람들이 마주하게 되는 장벽을 인터넷 기술이 제거하게 된다. 인지 잉여를 활용할 수 있는 인터넷에서 여러 형태의 관심을 보이며 문화가 만들어지고 문화가 소비된다.

인간들이 어떤 이익에 맞추어 좋든 나쁘든 특정 이유로

인해 문화적 특성을 보전하고 복제하는 것에 대해 우리는 의문을 가질 수 있다. 왜 특정 문화가 살아남는가? 인터넷에는 수많은 문화들이 모방을 통해 만들어지고 전파되고 있다. 인터넷에서 모방의 형태로 사람들의 사이에 전하게 되는 생각, 행동, 스타일이 인터넷 밈meme이다. 밈은 사전적 의미로 '모방 같은 비유전적 방법을 통해 전달된다고 여겨지는 문화의 요소'라고 정의하고 있다.[14] 밈은 문화를 창조하는 복제자이다. 정확히 말해서 변화하고 진화하면서 사람들 사이에 전파되는 정보나 아이디어가 밈이다. 밈은 원래 유전자gene와 연관된 개념으로 리처드 도킨스가 1976년 〈이기적 유전자〉에서 처음 쓴 용어이다. 그는 인간의 모든 행위가 유전자로 설명되는 것은 아니며, 문화의 진화로 설명된다고 했다. 밈은 문화가 전파되는 최소한의 단위로 사람들의 관심을 가지는 전염성이 있다. 문화의 진화를 연구하는데 밈의 개념은 중요하다.

인터넷 밈이 기존의 밈과 다른 이유는 인터넷 밈이 만들어지는 방식 때문이다. 인터넷 밈은 다윈의 자연도태와 같은 우연한 돌연변이가 아니라, 인간에 의해 의도적으로 만들어져 제작된다는 점이다. 인터넷의 문화에서 밈이 인간으로 하여금 행동하게 하는 것이다. 인간의 창조성에 의해 고의로 변형시키는 것도 밈이다. 인터넷 밈은 이미지 동영상, 문자의 형태로 인터넷을 통해 전달되는 정보의 단위로 아이디어, 개념, 신념을 담고 있다. 인터넷 밈은 하이퍼링크, 웹사이트, 해시태그 등의 형태를 취하기도 하고 변형된 단어나 문장 같이 간단한 것도 포함한다. 따라서 그대로 전달되기도 하지만, 많은 경우 변형되고 진화된 형태로 전달된다. 인터넷 밈의 변이는 구조, 의미, 형태를 변화시킨다. 외계어, 이모티콘, 신조어가 넘쳐나는 것도 이 때문이다. 인간 창의성에 의한 의도적 변형은 패러디, 팬덤과 같은 인터넷 문화를 낳기도 한다.

그러나 문화가 어떤 요인으로 살아남는지 진화의 측면에서 유전자보다 더 모호한 대상이 될 수 있다. 목적에 부합하지 않는 행위가 특정한 문화에서 진화하는 이유를 설명하는 것은 어렵다. 인터넷에서 문화가 진화로 살아남는다면 그나마 도킨스의 밈의 관점에서 이해해 볼 수 있다. 그것은 '쿠이 보노?'Cui Bono, 누가 이익을 얻는가?라는 질문이다. 적응으로부터 이익을 얻는 문화 단위들일 때 의미를 갖는 선택적 상황에 준해서 진화할 수 있다는 가능성을 인정하는 것이다. 데닛은 궁극적으로 이익을 얻는 대상, 즉 수혜자는 밈 자체이지 밈의 전달자가 아니라고 주장한다.[15] 인터넷의 문화는 그 자체에서 만들어진 다양한 밈이 소셜 네트워크, 블로그, 이메일로 퍼져나간다. 인간은 인터넷에서 기존의 이익과 배치되는 다른 이익을 생각하면서 선택을 거듭한다. 여기에 무의식적 선택이 빠른 속도로 전개된다. 아무런 생각 없이 짧게 소비하는 문화, 모바일 환경의 발전으로 장소와 시간에 구애받지 않는 문화, 스낵처럼 간편한 간식 소비하듯 즐기는 문화가 손쉽게 선택된다. 유전자 적합성 경쟁이 아닌 선택 압력에서 자유로운 스낵 컬처가 인터넷 문화에서 새로운 트렌드로 부각하고 있다. 그것은 모바일 환경에서 적응으로부터 얻는 시간적 이익이 우선하기 때문이다.

읽고 생각하기 6

인터넷은 여가 시간을 합치는 인지 잉여를 통해 새로운 참여 문화를 만든다.

전체 미국인이 일 년 동안 텔레비전 시청에 쓰는 시간은 대략 2000억 시간이다. 그러니까 위키피디아에 쏟아 부은 전체 노력보다 약 2000배나 많은 시간을 매년 텔레비전 시청에 소비하는 셈이다. 그 중에서 극히 일부에 쏟아 부은 시간만 따져도 엄청나다. 주말마다 광고를 보는데 쓰는 시간만 해도 약 1억 시간이나 된다. 이것은 실로 엄청난 잉여이다. 위키피디아에 노력을 쏟아 붓는 사람들을 보고 "그럴 시간이 어디 있나요?"라고 묻는 사람은 우리 모두가 소유한 전체 여가 시간에 비하면 그 시간은 새 발의 피에 불과하다는 사실을 제대로 이해하지 못하기 때문이다. 현 시대의 경이로운 특징 중 하나는 여가 시간을 각자가 따로 써버리는 개별적인 시간들의 합이 아니라, 공동으로 추진하는 더 큰 계획을 위해 쓸 수 있는 사회 자산으로 취급할 수 있다는 점이다.

(클레이 셔키, 『많아지면 달라진다: '1조 시간'을 가진 새로운 대중의 탄생』, 이충호 옮김, 갤리온, 2011: 20)

인터넷의 공유하기와 퍼나르기는 복제자의 힘인 '밈'에 의한 것이다.

우리가 누군가를 모방하면, 그 사람으로부터 내게로 무언가가 전달된다. 그 '무언가'는 또 다른 사람에게 전달될 수 있고, 거기에서 또 다른 사람에게 전달될 수 있다. 이렇게 계속 전달되면서 저만의 생명을 지닐 수 있다. 그것을 발상이라고 부를 수도 있고, 지침, 행동, 정보라고 부를 수도 있겠지만, …… 그것을 연구한다고 한다면 우선 이름을 통일할 필요가 있다.

다행스럽게도 그 이름이 있다. 그것이 '밈meme'이다.

(수전 블랙모어, 『밈: 문화를 창조하는 새로운 복제자 MEME』, 김명남 옮김, 바다출판사, 2010: 40)

1. 잉여 여가 시간에 인터넷 문화를 어떻게 소비하고 있는가?
2. 인터넷에서 문화가 살아남는다면 무엇 때문인가?

제7장

탈국가적 정치화

국가가 신부족주의로?

인터넷으로 인해 모든 개인은 자기 몫에 대한 평가를 개인이나 국가와의 비교를 통해 쉽게 하도록 만들었다. 만족스러운 삶에 대한 현실적 전망은 분산되지만, 사람들이 꿈꾸는 삶은 대체로 수렴되는 경향이 있다. 그 꿈은 자유의 확대이고 민주주의 실현이다. 인터넷은 다른 사람들과 비교하면서 삶의 가치를 겉으로 드러나는 자유의 모습으로 측정하려는 유혹과 설득, 나아가 압력을 받게 만든다. 2010년 12월 튀니지에서 일어난 쟈스민 혁명은 인터넷으로 인한 국가의 대규모

시위의 도미노의 출발이었다. 2011년 1월, 튀니지 시민들이 23년간의 벤 알리 대통령의 독재 종식의 혁명이 성공할 때만 해도 그 파급효과를 예측한 사람은 없었다. 연이어 일어난 이집트, 리비아, 시리아 등의 민주화 운동은 아랍 세계로 순식간 전파되었다. 이 같은 전파의 결정적인 이유는 시위 소식이 인터넷의 트위터, 페이스북, 블로그를 통해 도시에서 도시로 국가에서 국가로 퍼져나갔기 때문이다. 튀니지에서 촉발된 시위는 나라꽃에 빗대어 '쟈스민' 혁명이라 이름 붙였다.

국가의 통제와 개인의 자유는 충돌한다. 국가의 출발 배경에서 그러하다. 국가는 질서를 위해 중앙집중식 통제를 강화하고 국가재정이나 시민의 재산을 증진시키기 위해 시민들의 개별 욕구나 특성을 파악하여 규제하고 감찰하는 과정에서 출현한다. 이 과정에서 국가는 자신의 역할을 강압적으로 행사할 수 있으며, 개인들은 국가가 주도적으로 구성하는 사회조직이나 신분에 따라 개인적 정체성으로 내면화하게 된다. 국가의 역할을 강화할 수 있는 것은 국가권력 때문이다. 국가권력은 크게 두 가지로 나눌 수 있다.[1] 전제적 국가권력군대나 경찰에 의해 강제력 또는 무력을 통해 행사하는 권력과 하부구조적 국가권력사회생활의 모든 영역, 특히 경제적 자원의 분배와 생명 및 재산의 보호와 관련한 권력이다. 오늘날 개인의 자율성 증가로 전제적 국가권력은 점차 쇠퇴하고 하부구조적 국가권력에 대한 요청은 강화되고 있다.

근대사회에 개인이 국가가 주도하는 개인적 정체성을 내면화한 것은 개인의 주관적 정체성을 부인하는 것으로 하나의 사회적 지배방식으로 작용했다. 따라서 근대에서 진정한 자유는 자신에게 부과된 정체성을 부정함으로써 이루어진 것이었다. 오늘날 국가가 각 개인들에게 실존적 안전을 약속할 수 있는 가능성과 의지는 갈수록 줄어들고, 실존적 안전을 확보하는 과제는 이제 개인의 기술과 자원에 의존하고 있다.[2] 그러한 기술의 하나인 인터넷은 자신의 정체성을 부정하는 것이 아닌 확대된 모습으로 국가의 통치 질서에 맞서고 있다. 인터넷이 일상화된 오늘날 근내의 통치 질시로는 개인을 옥죄기 어렵게 되었다. 지식과 정보가 권력의 원천이고 통치 질서와 조직 원리의 근간도 지식과 정보에서 나오게 되면서 국가가 갖는 물리력인 권력과 권위는 인터넷의 정보공유에 밀려 과거처럼 행사하기가 쉽지 않다.

국가의 힘을 위해 인터넷에 대한 규제나 검열을 힘으로 밀어붙이다간 오히려 실패하기 쉽다. 국가권력과 권위는 과거보다 상당히 약화되었다. 중국의 경우도 정보의 흐름을 통제하는 정부의 역량이 눈에 띄게 줄었다. 2008년 쓰찬성 지진으로 인한 내용이 인터넷을 통해 알려지고, 건물붕괴가 날림공사라는 사실이 드러나면서 급진적으로 변한 민중에 정부가 불안감을 느끼게 된 것도 인터넷 정보를 공유한 사람들의 집단행동 때문이었다.[3] 인간의 진정한 자유의지의 확대를 위해 인터넷에서는 국가의 권력이 약화됨과 동시에 새로운 정의와 진리를 외쳐대는 자발적인 결사체들이 무수히 생겨나고 세력을 형성하게 된다. 결사체들은 비국가 주체들로 그 중요성이 점차 커지고 있다. 국가들과의 대결에서 결코 뒤지지 않는다.[4]

인터넷은 현실공간의 국가가 갖는 권력과 권위를 약화시킨다. 지역사회나 국민국가의 고유한 문화, 언어, 지리적 경계의 의미는 국가의 틀에서 보지 않게 되었다. 포스터의 주장처럼 국가는 자연적이거나 보편적인 존재가 결코 아님을 인식하게 만든다.[5] 인터넷 자체가 하나의 거대한 세계사회world society이다. 사이버공간은 국민국가의 경계를 뛰어넘는 공론의 장을 구현함으로써 '세계사회'라는 의도치 않는 결과를 보여준다. 국가는 사라지고 글로벌화한 사회만 남을 가능성이 있다. 물론 글로벌화는 지역적 경계를 갖는 국민국가를 기반으로 하기에 국가는 역할이 전혀 없는 것은 아니다. 그러나 네트워크의 전세계적 망은 기존의 국가경계나 지역의 문화적 구분을 지각하는 방식에 변화를 가져옴으로써 탈국가적 현상은 자연스럽게 진행될 것이다.

인터넷을 통해 탈국가적 정치권력 양식의 등장을 촉진시키고 새로운 정치적 방향을 보여주게 된다. 인터넷에서 분권화localization의 성격을 강하게 보이는 것은 새로운 방향의 제시이다. 국소적인 네트워크가 자꾸 생기면서 사이버공간내에서 상이한 사람들은 섞이기보다 끼리끼리 모이게 되고 작은 공동체를 만들게 되면서 분권화가 발생한다. 한 때 미국이 com, org, net와 같은 도메인을 독점해서 특권적 지위를 가졌던 것도 이제는 포기하고 us라는 도메인을 사용해야 한다는 미국 민간기구의 제안은 역으로 인터넷 자체가 국가의 의미보다는 회사, 조직, 망이라는 인터넷내의 분권화를 보여주는 예가 된다. 마페졸리의 신부족주의처럼 소집단들의 네트워크를 구축하면서 어떠한 정치적 기획으로도 식별되지 않고, 어떠한 합목적성에도 부합하지 않은 집단적으로 경험되는 현재에 대한 관심만을 자신들의 유일한 존재이유로 삼는 것[6]은 인터넷의 분권화와 같은 것이다. 인터넷으로 근대국가는 사라지고 분권화된 신중세사회가 오는 것은 아닌지 생각하게 한다.

급진적 포괄성을 보장하는 사회운동

인터넷을 통한 사회운동은 위대한 사람들의 이야기 보다는 '보통'사람들의 참여를 특징으로 하고 이들 사회운동을 통해 일반사람들의 열망을 알려주고 그 열망을 실천적 행동으로 옮기려고 시도하는데 있다. 그러나 또한 신사회운동의 경우 인터넷의 이용은 정보자본의 세계화와 탈규제화라는 측면에서 정보자본주의와 신자유주의에 대한 이중적 반응으로 간주할 수 있다. 자본의 국제화에 대한 보다 광범위한 사회경제적 투쟁에 있어 인터넷을 통한 실천 행위를 근간으로 삼으면서 전지구적 차원의 급진적이며 민주적인 투쟁을 실천하기도 한다. 인터넷이 사회운동에 이용되는 중요성은 공론장이 대화적 실천행위로서 급진적 포괄성을 보장하는 영역이라는 의미에 나온다.[7] 지역적 투쟁의 계획이어도 전지구적 도달범위를 갖게 됨으로 인해 도덕적, 경제적, 그리고 정치적 지원을 얻을 수 있다는 점에서 사회운동 그 자체로는 효율적이다.

인터넷의 사이버공간은 사회운동의 터전이자 실마리가 되고 있다. 사이버공간에서의 사회운동은 크게 두 가지의 관점에서 볼 수 있다.[8] 하나는 도구론적 입장에서 사이버공간을 이용하여 현실의 사회운동을 지원하는 것이고, 다른 하나는 사이버공간 내에서 발생하는 이슈를 중심으로 사회운동을 전개하는 것이다. 도구론적 입장은 사이버공간을 여론형성과 저항을 위한 효율적인 수단으로 이용하여 현실공간의 사회운동에 크게 도움을 주는 관점이다. 2000년 4. 13총선에서 총선시민연대의 낙천낙선운동이 성공할 수 있었던 것은 총선시민연대의 홈페이지가 많은 네티즌들로부터 폭발적인 호응을 얻었기 때문이다. 현실의 사회에서 전개되는 모든 운동은 인터넷을 적극 이용하게 되는데 이러한 것은 이제 자연스러운 일이 되었다. 다른 한편으로 사이버공간 내에서 사회운동을 전개하는 것은 이슈를 중심으로 사이버공간 내에서 일어나는 문제를 해결하려는 운동이다. 이는 크게 세 가지로

'사상과 표현의 자유를 위한 운동', '지적 재산권과 정보공유 운동', '프라이버시와 정보공개 운동'으로 볼 수 있다.

첫째, '사상과 표현의 자유를 위한 운동'은 존 페리 발로의 '사이버공간의 독립선언서'의 취지에 따라 사이버공간 내에서는 인종, 경제력, 군사력, 출생지에 따른 특권과 편견 없이 자신의 생각을 마음껏 표현할 수 있는 자유를 위한 운동이다. 포르노 사이트 제재를 둘러싸고 벌어진 1996년 미국의 통신품위법 논쟁이나 북한관련 홈페이지 차단을 둘러싸고 벌어진 1997년 우리나라의 '지오시티스'geocities 사태는 사이버공간의 내용에 대한 침해를 사상과 표현의 자유라는 이름으로 맞선 갈등으로 볼 수 있다. 또한 2019년 4월 여성가족부가 스마트폰의 '개방형 단체채팅방'오픈채팅방에 불법촬영물이 활개친다는 이유로 단속에 나선다고 했다가 사생활과 통신 자유에 대한 심각한 위배가 되는 위험한 과잉규제로 비판을 받은

□ 지오시티스 사태

1997년 정보통신부가 미국 지오시티스(geocities)의 사이트를 강제 폐쇄한 사건. 국가보안법에 저촉되는 북한 관련 홈페이지를 차단하라는 검찰의 요청에 정보통신부가 인터넷 접속사업자에게 접속을 차단하라고 명령하자, 사업자들은 이 홈페이지만 차단하는 것이 불가능해 결국 지오시티스 웹사이트 전체를 차단한 것이 발단이 되어 일어났다. 웹사이트의 갑자스런 차단으로 네티즌들의 불만이 증폭하면서 정부의 조치에 비난하는 글들이 게시판에 쏟아졌으며, 외국인들도 유즈넷은 통해 한국 정부의 조치를 비난하는 글을 보냈다. 정부의 검열은 사상과 표현의 자유라는 사이버공간의 특성을 무시한 채 오히려 역효과만 낳았다.

것도 같은 이유이다.

둘째, '지적 재산권과 정보공유 운동'은 공동체 지향이나 나눔의 정신에 바탕을 둔 사이버공간의 성격을 반영하는 것으로 현실세계와 달리 무한 복제의 '탈물질화'의 토대에서 나온 운동이다. 특정인의 손을 떠난 아이디어와 정보는 더 이상 특정인의 재산이 아니라는 발로의 주장대로 정보공유는 사이버공간만이 가질 수 있는 이점이다. MP3파일을 서로 공유하는 냅스터Napster라는 프로그램이 배타적 저작권과 파일공유 간의 대립으로 큰 주목을 받는 이유도 바로 지적재산권과 정보공유의 문제가 쟁점이 되었기 때문이다. 이는 지적 재산권을 주장하는 카피라이트의 반대인 카피레프트copyleft운동의 일환으로 지식과 정보를 공동자산으로 여기며 모두가 자유롭게 이용가능하게 해야 한다는 논쟁에서 나왔다. 카피레프트는 1983년 미국의 컴퓨터 공학자이자 해커인 리처드 스톨먼이 정부와 기업 등이 갖는 소수의 정보 독점에 대항하고

□ 카피레프트 copyleft

카피레프트는 사유 저작권을 뜻하는 카피라이트의 상대적인 개념을 패러디한 것. 카피레프트는 지적 창조 작업이라고 하더라도 오랫동안 축적된 지식을 바탕으로 하기 때문에 특정인이 그 권리를 독점할 수 없다는 논리에서 출발한다. 이 운동은 1983년 미국의 컴퓨터 프로그래머 리처드 스톨먼이 'GNU프로젝트'라는 자유(free)소프트웨어 개발에 착수하면서 본격화되었다. MS사의 윈도를 대체하는 OS인 리룩스는 '정보는 나눌수록 커진다'는 이념을 실현한 대표적인 성과이다.

지적 소유권에 대항하기 위해 새로운 소유권인 정보 공유에서 만든 개념이다.

셋째, '프라이버시와 정보공개 운동'은 전자기술을 이용한 사이버공간이 일상생활의 감시와 통제로 작용할 가능성에 대한 우려에서 나온 운동이다. 이렇게 되면 사이버공간은 자유의 공간이 아니라 개인의 신상에 대한 정보와 활동이 손쉽게 추적당해 억압과 압제의 장소가 될 수 있다. 이에 대한 저항운동은 사이버공간을 지키기 위해 정보정의의 실현이란 이름으로 전개된다. 인터넷의 사회운동은 통치 질서의 조건이 변화하게 되면서 인간의 자유의지를 보다 확대하기 위한 조치이긴 하지만, 어떻게 보면 새로운 기계의 개발과 이용에 앞서서 사생활 보호를 통해 인간의 존엄을 최소한 유지하기 위한 적극적인 활동이라고 할 수 있다.

인터넷은 미국의 냉전 전략의 도구에서 시작되었으나, 이제 어떤 국가나 조직의 통제로 부터도 간섭받지 않을 정도로 자유롭게 되었다. 국가의 정치적 의제에 저항하고, 정치 지도력을 혼란시키면서 세계적인 연결과 동시에 지역적 특수성을 지켜가기 위한 도구가 되었다. 반정부 시위로 독재정권에 저항한 쟈스민 혁명의 경우처럼 인터넷은 영향력이 결정적이었다. 혁명의 과정에 정보 공유를 위한 소셜미디어는 큰 힘을 발휘했다. 인터넷은 자기 몫에 대한 비교가 손쉬워 외부의 강압이나 객관적 조건에 의한 사회운동보다는 자유의 무게를 지키려는 심리적 지배에 의한 운동이어서 자연스럽게 확산 될 가능성이 높다. 인터넷으로 국가는 권위나 영향력이 약화되겠지만 자유의 확대라는 측면에서 정치에 희망을 품게 되는 것이다.

대의제에서 숙의민주주의로

인터넷을 통한 정치의 희망은 '숙의'deliberation의 개념이 중요한 의미를 갖는다는 점이다. 인터넷을 통해 민주주의 근간이 되는 숙의가 가능할 것인가에 대한 관심이 높다. 인터넷은 새롭고 다양한 정보를 제공함과 동시에 정치적 의견을 일반 사람들이 자유롭게 교환할 수 있는 공론의 장을 마련함으로써 다양한 사람들의 의견을 표출할 수 있는 기회의 장이 된다.[9] 이러한 민중 중심의 전망은 사이버공간에서 개인들이 자신의 주장을 펼칠 수 있는 기회를 갖게 만들고 그런 기회가 곧 정치적 영향력을 확대하게 된다. 인터넷에서의 민주주의, 즉 사이버데모크라시의 경우 시민들의 정치적 참여를 손쉽게 이끈다는 점에서 긍정적인 희망을 갖게 한다. 론펠트D. Ronfeldt는 정보가 권력의 원천이고 정보가 정치체제의 통치원리와 조직원리의 근간이 되는 '사이버데모크라시의 시대'를 이끌 것이라고 예견했다.[10]

커뮤니케이션의 도구로서 인터넷은 새로운 공공성publicity을 창조하는 기회가 된다. 이러한 공공성은 특정한 공간적, 시간적 장소에 얽매이지 않는다. 사이버데모크라시, 즉 전자민주주의는 사람들이 시간과 장소에 구애받지 않고 어디서나 자유롭게 참여할 수 있다는 점에서 큰 장점을 갖는다. 이를 통해 대의민주주의에서 직접민주주의라는 정치형태의 변화를 예고하기도 한다. 대의민주주의는 대외적 주권을 가진 영토국가 내에서 시민들이 대표의 선출을 통하여 통치하는 정치적 지배구조이다. 영토국가 체제 아래서는 아테네에서 실시했던 직접적이고 참여적인 민주주의는 불가능했다. 방대한 영토와 수많은 인구는 직접적인 참여 정치를 사실상 어렵게 했기 때문에 대의제 민주주의를 고안할 수밖에 없었고 가장 완전한 이상적인 형태는 대의제에서 나온다고 밀을 보았다.[11] 인터넷은 공론장을 통해 직접적 의견의 표출로서 직접적인 정치 영향력을 행사하면서 대의제를 숙의민주주의로 변화시킨다.

□ **대의제 민주주의**

민주주의는 하나의 정치이념이자 정치제도서 역사적 맥락의 변화 속에 지금까지 변화하여왔다. 민주주의의 본래적 의미인 직접민주주의의 전통은 근대 이후 확대된 영토와 인구의 증가에 따른 기술적 제약으로 인해 변하지 않을 수 없었다. 모든 주권자가 정치적 결정과정에 참여하는 직접민주주의의 형태는 사실상 불가능하였다. 아주 작은 마을 정도라면 모를까, 그 보다 큰 규모의 공동체는 아주 미미한 공공 업무를 제외하고는 모든 구성원이 참여하기 어렵다. 스튜어트 밀은 완전한 정부의 이상적인 형태는 대의제일 수밖에 없다고 했다. 베스트팔렌 체제(1648) 이후 대의민주주의의 형태가 기본적인 정치구조로 자연히 자리를 잡았다.

□ **숙의민주주의**

숙의민주주의는 심의민주주의(discursive democracy)라고도 불리는 것으로, 숙의가 의사결정의 중심이 되는 민주주의 형식으로서 합의적 의사결정과 다수결 모두를 포함한다. 1980년 조셉 M. 베세트가 〈숙의민주주의: 공화정부에서 다수원리〉에서 처음 사용한 용어로 중요한 것은 단순한 투표를 통해 의사를 결정하는 전통적 민주주의와 다르며 소통적 합리성을 바탕으로 하고 있다. 인터넷은 탈중심적이고 개방적 의사소통구조와 익명성, 그리고 시공간의 제약에서 벗어난 쌍방향성으로 다양한 현안에 대해 누구나 자신의 목소리를 낼 수 있다는 점에서 숙의민주주의가 실현될 수 있는 여건을 만들고 있다.

사실 대의민주주의는 다양화되는 사회에 대처하지 못함으로써 위기를 맞게 된다고 이미 오래전에 지적되었다.[12] 그 위기의 징후는 투표율의 저하, 정치적 무력증, 무관심 및 냉소주의의 증대였다. 또한 소수 정치엘리트에게 의존하는 대의정치는 그들에게 결정권이 집중되어 많은 사람들을 정치에 무관심하게 만든다. 정치결정의 내용도 대중의 의견이 반영되지 않아 자연스럽게 대중들은 냉소주의로 흐르게 된 것이다. 인터넷은 대의민주주의의 제약 조건이 되는 문제들을 해결한다. 컴퓨터로 매개된 의사소통을 통해 이루어지는 사이버공간내의 공론의 장은 사회질서와 사회관계를 변화시키기 때문이다. 즉 사회질서는 위계적인 피라미드형 구조에서 네트워크형 구조로 전환되고, 사회관계도 수직적 구조에서 수평적 구조로 재편되기 때문이다.[13]

네트워크형 사회질서와 수평적 사회관계가 갖는 의미는 여기서 중요하다. 왜냐하면 산업사회에서 배제되고 주변화된 사람들을 사회제도에 참여하게 하고, 저항하게 하는 가능성을 열어주기 때문이다. 여기는 인종적, 경제적, 생물학적 장벽이 없이 모든 사람들이 참여할 수 있는 가능성을 말하며, 사상과 표현의 자유가 보장되는 곳이기도 하다. 그야말로 자유로운 개인의 거리낌 없는 자기표현과 그 사회적 확산에 뿌리를 두는 참된 민주주의의 실현 장소가 될 수 있다. 사회적 합의를 이끌고 절차를 중요시하며, 참여하는 주체자들이 깊이 있게 사고하고 대화는 과정을 열어주는 것이 인터넷이다. 이러한 것은 자유민주주의나 사회민주주의 같은 특정 이념을 앞세우기 이전에 자유롭고 평등한 참여와 토론을 보장한다는 점에서 숙의민주주의의 실천이다. 숙의 민주주의는 능동적 참여와 성찰적 토의를 얼마나 활성화하느냐에 달린 것이며, 합의보다는 오히려 차이를 확인하는 절차로 인터넷의

숙의민주주의는 더 긍정적일 수 있다.[14]

물론, 사회를 개혁하려는 활동가activist의 노력 없이 참여와 저항이 어떻게 조직될 것인가 하는 문제가 제기하기도 한다. 또한 인간과 기계 사이에 경계가 모호해지면서 변화무쌍한 가상공동체들이 무수히 나타난다고 해서 주류사회학의 중심적 위치를 차지하던 의미 있는 행동meaningful action들이 순식간에 사라지지는 않을 것이라고 볼 수도 있다. 그러나 인터넷은 많은 사람들이 참여할 수 있는 통로를 열어놓은 것은 분명한 사실이다. 이러한 참여는 구조와 맥락에서 벗어난 자율적인 참여이다. 이러한 참여에 대한 기대는 특히 정치 영역에서 민주적 절차에 대한 참여이다. 인터넷의 정치인 숙의민주주의는 정보기술의 발달과 참여의 간편화, 그리고 풍부한 정보량 등으로 기존의 엘리트를 중심으로 한 대의민주주의의 틀을 넘어 많은 사람들이 자율적으로 정치과정에 직접 참여할 수 있는 희망을 보여주고 있는 것이다.

정치의 희화화

인터넷은 공론장을 가능하게 하면서 많은 사람들이 대표자라는 중간매개를 거치지 않고 정치과정에 직접 참여하도록 하는 길을 열어주고 있다. 첨단정보기술이 대의민주주의를 밀치고 직접 참여를 가능하게 하는 희망을 주면서 '전자민주주의'시대를 통해 신비화되었던 직접민주주의의 가능성을 기대하게 만든 것이다. 1970년대 후반, '큐브'Qube라는 양방향 대화형 CATV 시스템을 설치하여 실험하는 첫날, 토플러는 세계최초의 '전자공회당'electronic town hall이라는 표현을 했다.[15] 주민들이 전자시스템을 통해 여러 안건을 푸시 버튼 식으로 투표를 한 당시의 상황이 새로운 형태의 참여 민주주의로 보고 전자민주주의를 이상화시켰다. 직접민주주의를 실현 불가능한 이상향으로 판단하고 신화로 전락시킨 것을 인터넷 기술이 바꾼 것이다. 인간이 스스로 참여한다는 민주주의의 꿈이 직접참가라는 형태로 실현하게 된 것은 기술의 발전 때문에 가능하다.

전자민주주의는 크게 두 가지 측면이 고려된다. '전자투표'와 '직접참여'이다. 전자투표는 정치에 적극 개입하면서 직접민주주의의 요소에 극대화를 가져온다. 전자투표를 통해 민주주의 정치과정은 확장된다. 반면, 직접참여는 정책결정과정에 직접적으로 참여함으로써 토론과 정보를 공유한다는 데 의미가 있다. 직접참여를 통해 토론의 활성화를 전제로 하는 참여민주주의가 가능하다. 따라서 전자투표와 직접참여의 기초 위에 만들어지는 전자민주주의는 직접민주주의이다. 토플러는 큐브가 초보적이긴 해도 이러한 전자민주주의를 위한 기술적인 첫 걸음이라고 보았다. 권력관계에 미치는 영향을 논하기 보다는 기술 자체가 주는 커뮤니케이션의 변화를 직접민주주의로 보는 것은 문제가 있다는 지적이 있다.[16] 그러나 인터넷은 직접민주주의를 하지 못하게 된 가장 큰 장애요소였던 시간과 공간의 벽을 완전히 뛰어넘게 한다.

개인들은 정치가와 소셜미디어로 연결되고, 또한 온라인

토론이나 전자투표를 통해 보다 직접적으로 정부의 의사결정에 참여할 수 있게 된다. 이와 같은 정보통신망을 이용한 직접민주주의를 총괄해서 표현하는 용어가 바로 전자민주주의이다. 전자민주주의는 컴퓨터로 매개된 의사소통을 통해 이루어지는 공론의 장으로서 사이버공간 안의 민주주의이기에 '사이버민주주의'라고하기도 한다.[17] 이러한 사이버민주주의는 다양한 통로를 통하여 다양한 사회적 주체들이 개성을 가지고 참여하게 되면서 더욱 발전된 민주주의 체제를 창출할 것이라는 기대를 갖게 한다. 단순히 정치적 결정과정에 전자기술을 적극적으로 사용하는 것뿐만 아니라 정치과정에 대한 시민들의 적극적 참여가 하나의 중요한 요소로서 고려되는 것이다.

사이버민주주의, 즉 전자민주주의는 대의제 민주주의를 위협할 정도로 변화를 가져올 것인가? 전자민주주의는 기존의 대의제 민주주의를 대체하기보다 대의제의 개선과 개혁에 초점을 맞추어 접근하고 있다. 전자민주주의는 사이버공간을 통해 대표와 유권자들에게 손쉬운 의사소통 채널을 만들고 더 많은 정보를 주고받게 해주며, 대표자는 유권자의 요구를 더 잘 파악하여 그 요구에 적합한 정치를 실현시키며, 그렇지 못할 경우 책임을 물을 수 있는 장치를 제공한다. 나아가 전자민주주의는 시민들의 정치투입과 산출을 강화 확대시키는 결사체 민주주의associative democracy와 대화, 토론, 심의를 통해 집단적 의사를 형성해 나가는 숙의 민주주의deliberative democracy가 결합하면서 새로운 민주주의의 대안을 만들어 낼 수 있다.[18] 그렇게 되면 전자민주주의는 민주주의의 지평을 더욱 확대하고, 직접참여가 현실로 나타나서 대의민주주의가 가졌던 문제들을 해결하게 된다.

정치과정에 적극 개입하고 직접적으로 참여한다는 것만으로 대의제를 대체할 수 있을 것인가. 또한 기술이 근본적으로 민주주의를 변혁시켜서 이상적인 정치를 완성시킬 수 있을 것인가. 사이버민주주의에 대한 가능성과 장래에 대해서는 의견이 낙관론과 비관론으로 엇갈리고 있다. 낙관론자들은 첨단정보통신기술의 활용이 대의민주주의의 결함을 해결하고 이상적인 민주주의를 실현할 수 있는 수단을 제공한다고 보고 있다. 이들은 사이버민주주의가 갖는 직접민주주의의 특징을 통해 정치에 대한 불신, 정치에 대한 냉소주의적 태도를 종식시킬 수 있다는 것이다. 예컨대 인터넷이나 통신망에 정치적 쟁점사항에 직접 개입하여 다양한 정책대안을 제시하고 의사표시를 함으로써 그들은 주권행사는 물론 참여민주주의를 이루려는 태도를 포기하지 않게 된다.

이러한 낙관론의 입장은 인터넷이 주도하는 민주주의가 갖는 장점으로 볼 수 있다. 그 내용은 다음을 통해 쉽게 이해될 수 있다.[19] ① 사이버민주주의는 '정보를 가진 시민'informed citizen에 의해 이루어지는 이상적 민주주의에 접근하게 한다. 즉 정보를 시민들이 많이 가짐으로써 최선의 합리적 선택을 할 수 있게 된다. ② 정치인에 대한 정보를 정보광장에 공개함으로써 정치의 투명화에 획기적인 진전을 이룰 수 있다. 사이버민주주의는 정보의 접근, 공개, 유통에 있어서 개선을 가져와 정치의 투명성을 높여 준다. ③ 고비용 저효율 정치의 문제점을 해결할 수 있다. 사이버민주주의는 사이버공간을 이용하여 정치인들이 유권자들에게 자신을 홍보할 수 있어 돈이 적게 들고, 인터넷에서 유권자와 쌍방향 의사소통도 가능해 홍보도 효율적일 수 있다. ④ 고객만족의 정치를 실현시킬 수 있다. 인터넷상의 유권자와의 접촉에서 그들의 요구를 재빨리 정확히 파악해서 정치과정에 즉각 반영함으로써 국민의 요구에 빠르게 응답하는 정치를 실현한다. ⑤ 대표의 유권자에 대한 책임성을 강화할 수 있다. 사이버공간을 통해 유권자는 항시적으로 대표와 직접 접촉하고 의사소통을 함으로써 압력을 행사할 수 있고, 동시에 대화를 통한 정책 이슈에 대한 폭넓고 깊은 이해를 가능하게 한다.

위의 내용은 사이버민주주의가 갖는 좋은 의미를 정리한 것이다. 그렇지만 이것은 어디까지나 대의민주주의가 갖는 문제점에 대한 개선과 보완이라고 할 수 있다. 대표와 유권자 간의 의사소통을 원할하게 하면서 정치인에게는 책임감을 유권자들에게는 참여와 이해를 도모하게 한다. 이러한 것은 주어진 대안정책이나 후보자에 대해 하나를 선택하는 대의제 민주주의와 달리, 대화 토론 심의를 통해 집단적 의사를 형성해 나가는 민주주의이다. 한마디로 사이버민주주의는 인간이 스스로 다스린다고 하는 민주적인 꿈을 기술이 가져다준 직접 참여라는 형태로 더욱 현실화되는 민주주의이다.

한편 비관론자들은 사이버민주주의가 직접민주주의의 위험요소를 오히려 증폭할 것으로 본다. 인터넷을 통하여 정치과정에서 일반국민에게 너무 쉽게 즉각적으로 의견을 물을 수 있게 되면서 즉흥적이고 비윤리적인 유권자들은 특정 이익을 주장하거나 감정적으로 의사결정을 하게 된다는 것이다. 사이버민주주의는 독단적이고 무책임한 다수의 횡포로 전락할 가능성과 불필요한 소모적 쟁점에 지나치게 집착할 가능성을 배제할 수 없다. 이렇게 된다면 사이버민주주의는 무책임한 다수의 횡포로 오히려 정치발전에 역행하는 결과를 가져오게 된다.[20]

이와 같은 사이버민주주의의 부정적 측면은 다음의 내용에서 잘 파악할 수 있다.[21] ① 사이버공간을 통한 정치는 대중의 기호를 만족시키는 정치가 만연하여 진정한 공익을 추구하기 어려울 수 있다. 참된 정책적 논쟁과 정치가들의 식견, 비전, 토론이 무시되고 정치가들의 외양과 스타일이 부각되는 경향이 있다. ② 사이버공간의 정치문제점은 정보의 부족이 아니라 정보의 양적 과잉이다. 정보의 홍수 속에서 상호 모순된 정보를 일반대중은 소화할 능력이 부족하며, 여과되지 않는 정보의 홍수는 무책임한 다수의 횡포로 이어지는 과다민주주의hyper democracy를 초래할 수 있다. ③ 사이버민주주의는 사이버 전제정치로 역전될 위험성이 있다. 사이버 혁명은 정보관리와 통제의 고도화를 가져올 수 있는데, 지배 엘리트들이 중앙 컴퓨터에 의해 시민생활을 원격조종하고 가정생활을 탐색하며 사생활의 정보를 획득하여 그들에게 공급되는 정보마저 조작할 가능성이 있다. ④ 사이버 혁명은 여론조사 민주주의를 가져오기보다는 국민투표제적인 다중 전제정치를 초래할 위험이 있다. 다중의 의견은 감정적이고 충동적이어서 안전장치가 없는 사이버공간에서 독단적이고 무책임한 다중의 횡포가 일어날 가능성이 높다. ⑤ 사이버 혁명은 정보의 편중화, 소유, 이용능력에 따른 새로운 형태의 불평등을 낳는다. 자본과 노동에 따라 형성되었던 전통적인 계급 균열라인이 약해지는 대신 지식과 정보의 접속, 이용의 격차에 따른 지배적 균열라인이 부상함으로써 정치인과 정당은 표를 구하기 위해 디지털 행위자와 반디지털 행위자를 조직하게 될 것이다.

이처럼 사이버민주주의는 직접민주주의와 참여민주주의의 새로운 가능성을 열어줄 수도 있지만, 다수의 횡포로 인한 정치의 희화화, 주변화라는 역기능도 염두에 두지 않을 수 없다. 또한 기술의 발달로 특수 이익집단들이 쉽게 조작할 수 있는 위험도 있다. 하지만 무엇보다 중요한 문제는 라이언의

지적처럼 사이버민주주의는 정치참여의 익명성이 거의 보장되지 않는다는 점이다.[22] 투표를 하든 아니면 정치적 소신을 밝히든 간에 항상 컴퓨터의 기억장치는 이들의 신분을 메모리에 담고 있어 정치적 주류 의견과 배치되면 감시의 대상이 되기도 하고 불이익의 위험도 있다. 정보기술이 가져다 준 민주적 가능성에 대한 호의적인 평가가 '감시 가능성'을 인식함으로써 억제되는 것이다.

모든 기술은 대가를 요구하고, 모든 기술의 발전은 문제의 해결보다는 문제의 제기를 더 많이 낳을 수 있다는 맹점을 우리는 되새겨 봐야 한다. 더구나 전자민주주의는 자유주의적 정치관의 기본 틀을 고수한 채, 민주주의의 활성화를 기대하고 있어서 근본적인 개혁이 단순히 기술로 가능하다는 기술결정론적 입장의 한계를 벗지 못하고 있다. 특수 이익집단에 의한 조작 가능성, 컴퓨터의 매체로 전달되는 과정에 있을 수 있는 감시 가능성, 그리고 자유주의적 틀 속에서의 정치변화는 민주주의를 개선할 수는 있으나 근본적 권력의 변혁을 이상적으로 완성하지 못하기 때문에 민주주의의 실천에서 보수적 맥락에서 벗어나지 못할 수 있다. 그런 면에서 모바일 환경으로 쉽게 접하는 정치라고 하더라도 정치의 변혁보다는 정치의 희화화가 더 앞설 수 있다는 우려를 떨칠 수 없다.

읽고 생각하기 7

전자민주주의를 민주주의의 이상형으로 생각하는 것은 또 다른 신화이다

하나의 새로운 정치적 절차를 제도화하기 위해서는 정치적인 투쟁이 필요하다. 그러나 민주적이고 보편적인 이익을 추구하는 권력자가 어느 날 문득 나타나 이러한 절차를 제도화한다거나 정보사회의 기술 발전 경향이 이러한 방향으로 나아갈 것이라는 막연한 주장은 직접민주주의를 신비화시키고 전자민주주의를 이상화시킬 뿐이다. 역사적으로 권력이 배타적으로 작용해왔다는 점을 감안한다면, 그리고 한 사람이 자유를 누리면 이와 직접 관련된 다른 사람의 자유는 침해될 수 있으며 평등도 마찬가지라는 점을 감안한다면 그러한 권력이 보편적인 이익을 실현할 수 있다는 생각은 환상임을 쉽게 알 수 있다. 소수가 권력을 독점하여 정치를 수행해온 지난 세기의 정치사 전반에서 확인할 수 있는 사실이다. 정보사회의 기술 발전 방향을 믿는 입장은 탈중앙집권적 경향을 논리적 근거로 제시한다. 즉 사회의 작동 원리로 정보라는 새로운 요소가 등장함에 따라 나타나는 다양한 관계 변화를 중심으로 논술하는 것이다. 그러나 이 논의는 대부분 수평적 분석에 그침으로써 사회적 관계의 수직적이고 역동적인 관계 변화를 분석하지 못하는 한계를 가지고 있다.

(박동진, 『전자민주주의가 오고 있다』, 책세상, 2005: 33-34)

국가의 권위는 약화되고 대중의 가장 완성된 형태는 소집단들의 네트워크 구축이다.

성적 취향, 학연, 친밀한 관계, 철학적 혹은 종교적 선호에 따라, 과거 사회망을 구성했던 인맥, 연줄, 그밖의 여러 형태의 상호부조가 자리를 잡는다. …… 그것은 여러 형태의 정서, 감정, 감흥이 다양한 형태로 본질적 역할을 수행하는 '네트워크들의 네트워크'이다. 그것이 좋은 것인지 나쁜 것인지는 중요하지 않다. 그보다는 다음과 같은 점을 인정하는 것이 좋다. 즉 합리적으로 사유되고 조직된 사회적인 것과는 반대로, 사회성은 그럭저럭 서로 어울리고 적응하고 조화를 이루려 애쓰는 작은 부족들의 집결에 지나지 않는다.

(미셸 마페졸리, 『부족의 시대: 포스트모던 사회에서 개인주의의 쇠퇴』, 박정호 · 신지은 옮김, 문학동네, 2017: 23)

1. 인터넷으로 손쉽게 정치를 접하게 되면서 갖게 되는 정치의 희화화 현상은 어떤 것이 있는가?
2. 신부족주의에서 개인들이 지향하는 집단주의는 어떤 모습인가?

제8장

불평등과 뉴파워의 탄생

불평등은 억세스의 권한에서

세계의 모든 곳에서 불평등은 급속도로 증가하고 있다. 부자들 특히 최상위 부자들은 더 부유해지고 있지만, 최하위 빈자들은 더 가난해지고 있다. 이러한 것은 상대적으로 너무 분명한 사실이지만, 절대적으로 늘어나고 있는 사례들을 통해 확인할 수 있다. 영국의 자선단체 옥스팜에서 조사한 보고서에 따르면 2009년에서 2014년까지 억만장자의 수가 두 배로 증가했으며, 2014년 초에 조사한 내용에서는 전세계 85명의 억만장자가 가진 재산이 세계 인구의 절반이나 되는 가난한 사람들의 부와 같다고 밝혔다.[1] 불평등 문제에 있어서 개인의 이윤추구가 공익을 위한 최선의 메커니즘을 제공한다는 자유시장 경제학은 그 정당성을 잃고 있으며 부자들은 더욱 부유해지고 있다.[2] 이러한 불평등은 격차gap, 집중concentration, 양극화bi-polarization의 개념적 논의로 접근하지만, 인터넷 시대에는 억세스access, 즉 접속의 권한이 부의 축적을 위해 중요하다.

산업사회에서 주도한 시장지배 경제체제를 통한 부의 축적과 달리 인터넷으로 인한 새로운 네트워크 경제체제의 등장은 불평등의 차원을 다르게 한다. 리프킨은 〈소유의 종말〉이란 저서에서 부의 축적이 더 이상 '물리적 자산의 소유'를 통해 이루어지는 것이 아니라 '네트워크 접속의 권한'을 통해 이루어진다고 했다.[3] 시장경제체제에서는 판매자와 구매자가 시장에서 거래를 하고 기업은 거기서 이윤을 남겼다. 부의 축적은 생산수단의 소유에 따른 이윤의 배분으로 자산의 소유인 재산의 형태로 이루어졌다. 네트워크 경제체제에서는 판매자와 구매자는 없고, 공급자서버와 사용자고객만 있을 뿐이다. 물론 네트워크에서도 물리적, 지적 자산은 존재하지만 그 자산은 접속의 권한을 위한 것이다. 네트워크의 자산을 공급자가 보유하더라도 소비자는 일정 시간의 '접속'을 구매하며 접속의 권한이 곧 부의 중심축이 된다. 접속을 구매하는 능력만이 아니라 접속을 할 수 있는 기술적 능력도 이제 부를 이루는 중요한 요소가 되었다.

컴퓨터의 사이버공간이 시장지배 경제체제를 네트워크 경제체제로 대체하는 것은 시대적 흐름이다. 시장경제체제는 재화를 상품화한다. 그러나 네트워크 경제체제는 시간을 상품화한다. 시장에서의 거래는 일정한 장소를 통해 일어나기 때문에 불연속적이고 일시적이다. 그러나 네트워크를 통한 거래는 '24/7 접속'24시간 일주일 내내의 의미로 항상 접속되어 있다는 용어으로 시간의 구애를 받지 않는다. 그래서 시장경제체제는 네트워크 경제체제에 비해 이윤 면에서 따라 잡을 수가 없다. 소셜커머스를 통한 거래의 핵심도 가격경쟁보다는 시간경쟁에 우선한다. 네이버 데이터랩의 검색순위2016년2월~2019년2월에 의하면 온라인 쇼핑몰의 순위는 '쿠팡', 'G마켓', '위메프', '11번가', '옥션' 순으로 나타났다. 쿠팡의 배송을 위한 시간경쟁에서의 우위가 결국 네트워크 경제체제의 우위를 보인다. 접속의 권한을 시간경쟁으로 보장하는 e-커머스가 이윤을 극대화할 수 있는 것이다.

여기서 중요한 것은 과거에는 물리적 자산이 경제적 부富의 척도였지만 이제는 그렇지 않다는 점이다. 네트워크 경제체제에서는 경제적 부가 물리적 자산이 아니라 '접속의 질'이라는 것이다. 소유와 달리 접속의 시대로 들어가면 새로운 가능성을 열어주는 기회를 보장하는 것이며, 사장에서 교환할 수 있는 사유 재산의 관념은 후퇴할 것이다. 정보와 지식이 물리적 자산보다 더 높게 평가받게 되고, 정보와 지식을 무한 복제의 공간인 인터넷에서 독점하지 못하게 되면서 자산의 의미인 소유로 생각한다는 것은 쉽지 않게 되었다. 인터넷에 널린 무한 정보는 공기와도 같아 누구라도 독점할 수 없다는 '카피레프트'copyleft운동의 논지에 맞춰 존 페리 발로는 이미 20년 전 정보 · 지식 자체는 소유를 주장할 수 있는 재산이 아니라고 하면서 정보나 지식이 다른 사람들에게 배포되어도 전혀 손상이 되는 것이 아니기 때문에 대가를 요구하는 자산의 가치가 되어서는 안 된다고 했다.[4]

정보나 지식이 자산이 될 수 없다면 리프킨의 주장처럼 접속이 자산이며, 접속의 권한이 어떻게 다르냐 하는 것이 부의 불평등을 만드는 축이 된다. 리프킨의 저서 〈소유의 종말〉은 원제가 '접속의 시대'The Age of Access이다. 그는 네트워크 시대의 자본주의 특징을 접속을 통해 설명하고자 한 것이다. 소유에서 접속의 시대로 변하면서 자본주의도 이윤의 추구라는 목표 속에서 빠르게 적응하고 그 방법을 바꾸고 있다. 소셜커머스인 온라인 쇼핑몰의 이용을 보면 접속을 어떻게 보장하느냐가 중요한 전략이다. 이러한 세계경제에 대한 변화는 마르크스도 이미 자신의 〈공산당선언〉에서 지적했다. "부르주아는 생산도구를 끊임없이 혁신시키지 않고서는 존재할 수가 없으며 그리고 생산관계 및 아울러 모든 사회관계를 끊임없이 변혁시키지 않고서도 존재할 수 없다."[5] 이윤확보를 위해서 자본주의는 변한다는 뜻이다.

오늘날 이윤확보를 위한 가장 큰 힘은 인터넷과 관련한 정보기술이다. 이 때문에 '인터넷 자본주의'라고 하기도 한다.[6] 산업자본주의가 '소유의 시대'였다면, 인터넷 자본주의는 인터넷의 가치 있는 정보에 접속해야 이윤을 만들 수 있기에 '접속의 시대'이다. 인터넷 자본주의에서 기업은 물리적 자산의 보유보다 지적 자산을 더 중요하게 여기고 있다. 지식과 정보의 생산은 기업에 있어서 중요하다. 정보생산에 담기는 것으로 인간의 경험과 체험도 포함한다. 인터넷을 통해 많은 소비자들이 이용하는 것도 서로의 체험이고 지식정보에 근거한다. 그리고 이를 이용해서 삶의 질을 개선하게 된다. 인터넷에서 보내는 시간이 많은 사람들과 새롭고 강력한 존재의 영역에 결코 접속하지 못하는 사람들 사이에는 거대한 골이 파일 것이라고 리프킨은 보았다.[7] 사람들 사이에 삶의 질이 차별적이라면 지식정보를 구매하는 채널을 갖지 못하기 때문일 것이다. 결과적으로 삶의 질을 개선하는 것은 유형의 자산이 아니라 접속할 수 있는 권한이다. 불평등이란 희소한 재원의 불평등한 배분이 아니라 접속할 수 있는 권한에 대한 차이에서 온다.

가상 계급

'불평등이 왜 생기는가?'라는 고전적인 질문으로 되돌아가 보자. 희소한 자원을 균등하게 배분하지 못하는 데서 불평등이 생긴다고 했다. 만약 자원이 풍부하다면 불평등은 발생하지 않을까? 공기는 인간이 사용하고도 충분히 남기 때문에 공기를 둘러싼 불평등은 발생하지 않는다. 공기처럼 자원이 충분하면 불평등은 발생하지 않을 수 있다. 문제는 자원이 어떤 자원이냐에 따라 달라진다. 자원이 충분해도 특정한 사람들이 다 갖겠다면 불평등은 여전할 것이다. 렌스키는 인간의 불평등은 자원이 부족하기 때문에 발생하는 것이 아니라 잉여자원을 공평하게 나누지 못하는데서 불평등이 나타난다고 했다.[8] 그래서 불평등 구조는 잉여자원을 어떻게 나누는가 하는 데서 발생한다. 지배계급과 피지배계급의 구조화는 바로 자원의 배분방식에 있는 것이다.

마르크스는 생산수단의 소유여부에 따라 배분방식에 유리한 유산자 계급과 불리한 무산자 계급으로 나누었다. 마르크스는 생산과정에 필요한 경제적 재화를 소유한 사람이 유리한 위치에 있다고 하였다. 그러나 경제적 수준이 아닌 다른 수준도 함께 고려한 학자는 베버였다. 그는 생산수단의 소유경제적 측면만이 아니라, 권력정치적 측면과 위신·명예사회적 측면 등도 불평등 구조에 중요하다고 보았다. 인터넷의 네트워크 시대에는 마르크스의 일원론적 주장과 베버의 다원론적 주장을 넘어 다양하게 확대되어 전개된다. 개인의 심리적 만족, 체험, 정보 등도 중요한 불평등의 자원이 된다. 인터넷 콘텐츠 하나만 잘 만들어도 돈방석에 앉는 오늘의 현실을 보면 잘 알 수 있다. 자원을 획득하는 방식이 군사적 무력도 아니고 물리적 힘도 아니다. 기술에 의한 지식과 정보가 자원을 획득하는 중요한 소스가 된다.

사이버 세상은 '위대한 평등자'라는 말은 이제 신기루가 되고 말았다. 지식과 정보라는 자원에 대한 차별적 접근이 일어난다. 사회에서 소외된 계층은 컴퓨터 사용과 인터넷 접근에 불리하게 되면서 소득 불균형을 드러내고 있다. 같은 직종에 종사하더라도 컴퓨터를 자유자재로 사용하는 사람들은 그렇지 못한 사람들과 비교했을 때 더 높은 소득을 올린다는 통계수치를 보인다. 이미 30년 전부터 미국은 15퍼센트 정도 높게 소득을 올린다는 조사가 보고되었다.[9] 산업혁명의 모멘텀이 된 증기기관의 발명은 자본주의 계급유산자와 무산자을 주었다. 그렇다면 인터넷기술은 우리에게 무엇을 줄 것인가? 정보기술의 출현은 계급과 권력에 어떤 의미가 있는가? 인터넷으로 인해 계급의 변화가 어떻게 전개될 것인가는 사회에서 중요한 문제이다. 라이온은 인터넷이라는 기술로 인해 변화하는 계급을 세 가지로 보았다. '계급 부정', '계급 재생성', '계급개념의 재구성'이다.[10]

'계급 부정'은 인터넷 기술로 인해 사회혁신이 아닌 기술혁신으로 무계급 사회를 바라는데서 나온 개념이다. 인터넷 네트워크는 그 자체 지배의 구도가 아닌 참여로 인해 자유롭고 평등한 인터넷 이용이 무계급을 낳게 될 것이라는 전망을 갖는다. 이는 지식 엘리트에 의해 키워진 인류 평등주의의 성장이라는 희망에서 나온 것이다. 그러나 인터넷은 계급을 타파하는 도구가 아니란 점에서 계급을 재생성하거나 재구성한다는 주장이 주목을 끈다. '계급 재생성'은 이미 강력해진 자본주의 계급에게 엄밀한 사회통제를 위한 보다 광범위한 영역과 도구를 줌으로써 계급을 보다 강력하게 만든다는 개념이다. 예를 들어, 기술우위의 지식 엘리트들도 자본가 계급의 이익에 힘을 빌려주고 그 지배권에 대한 도전을 제거하는데 도움을 주어 오히려 자본주의의 모순을 강화하게 된다. '계급개념의 재구성'은 인터넷 기술로 인해 새로운 사회가 되었다고 마르크스가 쇠퇴하듯 계급이 없어지는 것이 아니라, 새로운 계급이 형성된다는 입장이다. 새로운 지배계급으로 테크노크라트technocrat와 같은 계급의 역할에 주목하는 경우이다.

인터넷은 계급과 전통적인 네트워크를 타파함으로써 평등을 가져올 것으로 예상됐지만, 유산계급의 발판이 되면서 새로운 계급이 등장하는 '계급개념의 재구성' 관점에서 들여다보게 된다. 인터넷으로 성공한 사람들은 새로운 파워 엘리트로 급부상한다. 자신의 지식과 창의력을 부와 권력의 창출로 연결시켜 새롭게 성공한 계급으로 부상하면서 나름의 별칭을 통해 알려지고 있다. 브록만의 경우, 이들을 '디제라티'라고 칭한다.[11] 디제라티는 디지털digital과 지식계급을 뜻하는 리테라티literati의 합성어로 정보지식을 기반으로 하는 사회의 파워 엘리트를 의미한다. 세계 최고의 인터넷 귀족, 빌 게이츠는 디제라티의 대표적 인물이다. 하지만 이들 파워 엘리트들 못지않게 새롭게 자신들의 영역을 넓혀 가는 지식산업 종사자 그룹들이 등장한다. 이들은 '블루 칼라'blue collar도 아니고 '화이트 칼라'white collar도 아닌 '골드 칼라'gold collar로 불리는 지식 인력들이다. 초기 산업사회에서 공장노동자를 뜻하는 블루 칼라 그리고 흰색 와이셔츠를 입고 정신노동을 하는 사무직 근로자인 화이트 칼라의 뒤를 이은 골드 칼라는 미국의 경제전문지 〈포천〉지에 소개된 용어로 자신들의 창의성과 유연한 사고를 통해 고부가 가치를 창출하면서 정보사회를 주도하는 새로운 직업집단이다. 이들 집단의 특징은 무형의 지식과 정보가 중요한 자산이다.[12]

한국의 경우도 정보와 지식을 무기로 한 첨단 기술력을 바탕으로 사업성만 있으면 언제든 벤처창업에 뛰어드는 강남 테헤란로의 실력자들을 빗대어 '테헤란 칼라'로 지칭한 적이 있다. 판교 테크노밸리로 옮겨간 이들은 역시 나름대로의 유산계급을 꿈꾸며 낮과 밤, 사무실과 음식점, 찻집 등 가리지 않고 일하는 한국의 특징에 비추어 화이트 칼라도 아닌 새로운 지식 유산자 계급으로 마치 미국의 골드칼라처럼 부상하고 있다. 이들은 화이트 칼라나 블루 칼라와 같은 이분법적 사고를 거부하는 새로운 형태의 21세기형 고급노동자로 스스로 '르네상스 칼라'라고 부르기도 한다. 즉 인터넷 네트워크 시대에 컴퓨터뿐만 아니라 인문학 자연과학 그리고 예술에 이르기까지 모든 것을 꿰뚫고, 자신들의 꿈을 위해 음식과 잠도 노동자와 같게 하면서 다양한 경험을 가진 레오나르도 다빈치와 같은 르네상스 시대의 인간형이란 뜻이다.

인터넷 기술을 바탕으로 지식과 정보를 근간으로 한 테크노크라트의 새로운 계급들은 지식노동자란 측면에서 어떻게 보면 블루 칼라이면서 동시에 화이트 칼라이기도 하다. 이들은 자유정신을 추구하는 보헤미안 특성을 가지면서 인터넷 비즈니스로 자신의 영역을 능력으로 지켜나가는 부르조아적 성격도 갖는다. 그래서 이들을 야망과 성공을 추구하는 부르조아bourgeois 형태와 자유와 반항을 지향하는 보헤미안bohemian 가치가 합쳐진 21세기형 새로운 계층인 '보보'Bobo라고 불리기도 한다.[13] 보보는 능력주의를 철저히 신봉한다. 기존의 엘리트주의와 달리 연고주의에 의존하지 않고 실력으로 승부하는 네트워크 사회의 주역이다. 보보는 엘리트 교육을 받은 청장년층으로 주로 닷컴 기업의 백만장자나, 경영컨설턴트, 문화산업 종사자 등으로 이루어져 있으며 경제적인 면은 부르조아 성향이지만, 감수성 면에서는 보헤미안의 성향을 보여주고 있다.

디제라티, 골드 칼라, 테헤란 칼라, 르네상스 칼라, 보보 등 모두가 새로운 지식계급을 지칭하는 말이다. 이들 계급의 공통적인 특징은 물리력 또는 토지나 자본과 같은 물질적 요소를 이용해서 자신의 영향력이나 자산을 모으는 것이 아니라 무형과 지식과 정보를 이용한다는 점이다. 전통의 산업사회에서는 결코 환영받지 못했을 이들 계급들은 인터넷 네트워크 시대에 개인을 연결하는 네트워크의 의미를 알고, 창의력과 개성을 적극적으로 이끌어내는 사람들이라고 할 수 있다. 그러나 물질적 조건에서 벗어날 수 없는 것이 이들의 한계이다. 따라서 물질적 요소를 중심으로 이루어지는 구지배층에 대한 저항은 약화되고 구지배층과 타협할 수밖에 없는 태생적 한계를 가진다. 이런 점에서 이들은 지나치게 지식과 정보에만 매여 있는 계급이란 의미에서 크로커가 말한 '가상계급'virtual class일 수밖에 없다.[14] 그렇지만 시간이 지나면서 기술자원의 무한 확대는 더 이상 물질적 자원을 토대로 한 구지배층에 의존하지 않는 엄청난 자원을 갖는 세계 갑부의 반열에 오르는 사람들이 생겨나고 있다.

□ 가상 계급(virtual class)
캐나다의 미디어 연구자인 크로커(Kroker)는 '가상계급'(virtual class)이란 용어를 사이버 스페이스의 지배계급으로 설정하고 있다. 기술에 과도하게 집착하는 하이테크 의존적 부르주아와 쁘티부르주아로 구성되는 가상계급은 하이테크 산업에 종사하는 프로그래머를 비롯한 새로운 계층이다. 네트워크 발전에 가장 영향력을 미치는 집단이라고 할 수 있다.

인터넷 귀족

인터넷 기업 아마존은 미국인의 삶에서 빼놓을 수 없는 기업이다. 인터넷 서점에서 출발한 아마존은 사업영역을 확장하면서 '에브리싱 스토어'로 만들고 있다. 아마존은 온라인에서 판매하는 소매점으로 전통적인 오프라인 소매점의 고객과 수익을 블랙홀처럼 빨아들이면서 '아마존 당하다'to be amazoned 혹은 '아마조니피케이션'이라는 신조어를 만들어냈다. 아마존의 창업자 제프 베조스는 창업 선언문에서 사람들이 원하는 것은 무엇이든지 온라인에서 제공한다고 밝혔다.

2018년 미국 〈포브스〉가 발표한 세계 최고의 부자는 아마존의 창업자 베조스이다. 인터넷을 기반으로 한 사업의 확장은 그를 최고의 부자로 만들었다. 불과 20년 전만 해도 〈포브스〉가 발표한 부자의 순위에 들지도 못한 아마존의 창업자는 이제 명실상부한 최고의 부자가 되었다.

〈표 8-1〉에서 보듯 최고 갑부의 순위는 제프 베조스아마존 창업자, 빌 게이츠마이크로소프트 회장, 워렌 버핏투자자, 베르나르 아르노루이비통 그룹 회장, 카를로스 슬림아메리카 모바일 회장, 아만시오 오르테가인디텍스 회장, 래리 엘리슨오라클 CEO, 마크 저커버그페이스북 CEO, 마이클 블룸버그전 뉴욕시장, 래리 페이지구글 창업자 순이다. 24년간 연속 1위를 차지한 빌 게이츠가 2위로 밀려난 것은 인터넷 기업의 확장이라는 도전을 앞세운 아마존이 같은 인터넷 기업인 마이크로소프트사를 앞서게 되었다는 사실을 확인할 수 있다. 20년 전만 해도 알 왈리드투자가, 사우디 왕자와 월마트 상속자인 짐 월튼, 존 월튼, 롭슨 월튼, 앨리스 월튼이 〈포브스〉 잡지의 세계부자 반열에 올랐으나, 이제 인터넷과 관련한 전문 기술자의 영역에서 출발한 기업과 창업자가 세계의 부자에 오르면서 10위권에서 사라진지 오래되었다.

〈표 8-1〉 글로벌 부자 순위 Top10 (2018년 기준)

순위	이름	재산 (억달러)	직업
1	제프 베조스	1,310	아마존 CEO
2	빌 게이츠	965	마이크로소프트 창업자
3	워렌 버핏	825	버크셔 해서웨이 회장
4	베르나르 아르노(프랑스)	760	루이뷔통 그룹 CEO
5	카를로스 슬림(멕시코)	640	아메리카 모바일 회장
6	아만시오 오르테가(스페인)	627	인디텍스 회장
7	래리 엘리슨	625	오라클 CEO
8	마크 저커버그	623	페이스북 CEO
9	마이클 블룸버그	555	전 뉴욕 시장
10	래리 페이지	508	구글 창립자

출처: 포브스, 국가 표시 없는 사람은 모두 미국

이들 부자들의 자산은 세계인들의 열망과 달리 빈부격차와 불평등 문제를 더 심화시키고 악화하는 방향으로 진행되고 있다. 세계불평등데이터베이스WID에 따르면 상위 1% 계층의 소득이 전체 소득에서 차지하는 비중은 2008년 21.76%에서 2016년 20.44%로 줄어든 반면, 하위 50%가 차지하는 비중은 같은 기간 9.24%에서 9.67%로 늘었다. 자료를 보면 소득 분배가 다소 개선된 것처럼 보이지만, 부의 편중 현상은 오히려 더 심각해졌다. 영국 〈가디언〉의 2018년 4월7일자에 따르면, 세계에서 가장 부유한 1%의 부자들이 2030년에 세계의 부의 64%를 독식한다고 전망했다.[15] 2008년 세계 금융위기 이후 상위 1% 부자의 부는 연평균 6% 늘어나고 있는데

반해 세계 인구 99%의 부는 연평균 3%에 증가하는 것에 그쳐 사실 부자들은 더 부를 늘리는 추세에 있다. 이러한 추세로 간다면 2030년엔 상위 1%의 부자가 보유한 자산이 지금의 140조 달러보다 2배 이상 늘어난 305조 달러가 될 것으로 예측했다.

이처럼 부가 쏠리는 현상으로 사회적 불평등은 심화되고, 기술을 가진 사람이 갖지 않은 사람에 대해 모든 것을 가지는 '싹쓸이 사회'winner-take-all society로 갈 가능성이 커진다. 리프킨은 오래 전에 소수 전문 인력과 다수 단순 노동자 간의 소득 격차는 엄청나게 커질 것으로 예견한 적이 있다. 특히 미숙련 노동자의 임금이 크게 하락하고 구매력에 있어서도 1973년에서 1993년 사이 이미 15% 상실한 것으로 밝히면서 빈부 격차가 심화되는 구조 속에서 중산층이 자연스럽게 몰락하게 된다고 지적 했다.[16] 일자리의 형태는 결국 전문지식 직업과 그렇지 않는 서비스직으로 양분되고, 전자를 전문 기술을 바탕으로 하는 마이크로소프트 형으로 후자를 단순노동의 맥도날드 형으로 구분하게 된다.

지식노동자들은 인터넷에서 새로운 사업을 확장하여 전문적인 직업의 영역을 굳히며 부의 축적에 순탄한 길을 걷게 된다. 기업은 더 이상 지식 노동자 없이는 생존할 수 없게 되며, 단순 노동자들은 로봇이나 전세계에 대기하고 있는 저임금 노동자들에 떠밀려 경쟁력을 잃고 부의 가치를 생산하지 못하는 위치로 전락하게 된다. 기업은 과도한 비용을 들여 서비스 노동력을 유지할 이유가 없다. 따라서 그들은 필요량 보다 과잉 상태가 된다.[17] 인류가 필요한 재화나 서비스에 절대적인 영향력을 행사하는 사람들은 마이크로소프트 형의 전문 지식 노동자이지만 극소수이고, 나머지 파트타임식 맥도날드 형인 비전문직 저임금의 서비스 노동자들은 크게 늘어날 것이다. 마이크소프트 형의 기술 전문 지식인은 인터넷을 기반으로 하고 있으며 세계 갑부의 반열에서 보듯 대부분 인터넷 기술을 근간으로 한다. 21세기형 귀족 계급은 인터넷에서 출발하고 있다.

사이버 권력에서 뉴파워로

권력은 일반적으로 집합적인 관념을 포함하고 있다. 최소한의 개인화된 권력도 집합적으로 구성된 구조에 필연적으로 의존하기 때문이다. 권력은 반복적으로 확인되는 집합적 지식에 의존한다. 예를 들어, 빨간불에 멈추는 경우, 그 힘은 빨간불에 멈춰야 한다는 공통의 관념이 작용하기 때문이지, 빨간불 자체가 갖는 힘은 아닌 것이다. 일상적 차원에서 경험하는 권력을 비록 한 사람이 따르더라도 그 배경에는 집합적 관념의 작용, 즉 빨간불에 멈춰야 한다는 공통의 지식에서 나온다는 의미에서 사실 집합적이다. 권력은 베버에 따르면 "사회적 관계에서 한 행위자의 저항에도 불구하고 자기의 의지를 관철하는 위치에 있게 되는 개연성을 의미 한다"고 했다.[18] 그냥 쉽게 '개인이 의도한 결과를 얻는 능력'이 권력이다. 그러나 그러기 위해서는 특정 내용을 가진 어떤 명령에 의해 특정한 사람들을 복종하게 해야 한다. 이는 일정한 명령을 특정한 인간 집단이 복종하는 가망성을 전제한다는 점에서 상호성을 보이는 집합적 구조에서 구현된다.

인터넷은 상대적으로 개인주의적 자율성의 특성을 가진다. 집합적 속성에 의한 권력 설명은 어려울 수 있다. 그냥 쉽게 의도한 결과를 얻는 능력이 권력이다. 그런 곳에서 권력은 어떻게 작동하게 되는 것인가? 사이버권력은 인터넷에 의해 행사하는 권력 또는 인터넷 상에서 행사하는 권력이긴 하지만, 사이버공간 내에서만 국한하는 것이 아니라, 오프라인과 연결되어 영향력의 측면에서 새로운 모습을 보여준다.[19] 팀 조단은 인터넷에서의 권력은 사이버권력을 '개인적 수준', '사회적 수준', '상상적 수준'으로 세 가지 차원에서 설명하고 있다.[20] 우선 '개인적 수준'에서 설명하면 인터넷을 이용하는 사람들은 자신의 네트워크 접속에서 자신의 개별성을 반복적으로 맞닥뜨리게 된다. 여기서 수많은 개인으로 구성된 인터넷 네트워크에서 어떻게 권력이 드러나게 되는지 조단은 설명한다. 그는 개인적 수준의 권력은 세 가지 요소인 유동적 정체성, 반위계성, 정보공간에 의해 사이버권력이 드러나는 것으로 보았다. 아바타의 형성, 프라이버시, 암호화, 저작권 주장 등은 개인적 수준의 사이버권력을 만드는 방식이다. 사이버공간에 대한 배타적 접근과 권리가 곧 권력으로 작동한다.

개인적 수준의 권력에서 인터넷 이용자들은 공동체에 대한 책임감으로 '사회적 수준'으로 인식을 발전시키게 된다. 사회적 수준의 사이버권력은 두 부분으로 나누게 되는데 하나는 사이버공간의 **내부에서** 사이버권력을 검토하고 또 다른 하나는 온라인 삶과 오프라인 삶을 **연결하는 지점에서** 사이버권력을 보는 것이다. 사이버공간 내부에서는 더 많은 정보를 원하는 요구에 맞춰 지배 엘리트들이 갖는 힘을 권력으로 보고 있다. 온라인과 오프라인의 연결지점에서는 결국 사이버공간이 오프라인의 삶과 연결되어 오프라인의 자원관리와 통제가 힘으로 작동하는 것이 권력이다. '상상적 수준'의 권력은 사이버공간에서 일종의 몰입을 통한 상호작용이 일어나게 되는데서 나온다. 집합적 상상을 가정하고 동일한 상상의 공동체에 몰입하게 되는데서 갖는 권력이다. 일종의 기대나 희망 혹은 절망이나 두려움이 권력개념화 된 것이다.

사이버권력은 요약하면 '개인적 수준'은 **소유**로서의 권력으로 개인의 접근과 권리에 의해 권력이 작동한다. '사회적 수준'은 소유가 아닌 **지배**에 의한 권력으로 정보를 처리하는 엘리트의 지배를 권력으로 본다. '상상적 수준'은 **사회질서**로서의 권력으로 일정한 행위에 대해 집합적으로 상상된 인식 또는 지식을 개념화한 것이 권력이다. 결국 인터넷에서의 권력은 인터넷과 관련한 자원을 소유하거나 활용하는 형태로 작동한다. 여기에는 물질적인 자원뿐만 아니라, 인터넷을 통해 갖게 되는 영향력도 중요한 자원이 된다. 물론 인터넷에서의 접근이나 활용이 중요한 요소로 일차적 조건이긴 하지만, 여러 형태의 SNS에서 보이는 이용 형태도 중요한 권력의 자원이 된다. 과거에 베버 식의 권력은 정치, 경제, 사회의 틀 속에서 권력, 재산, 위신과 같은 것이었다. 그러나 새로운 자원을 인터넷에서는 동원할 수 있다. 가령 파워블러거의 힘이나, 트위터의 팔로워 수는 인터넷으로 인해 생겨난 온라인과 오프라인의 질서를 형성하는 권력이다.

〈표 8-2〉 한국 트위터 팔로우 순위 Top10 (2019년 5월 5일 기준)

순위	이름	팔로워 수	직업
1	방탄소년단	19,644,040명	가수
2	방탄소년단 오피셜 트위터	15,108,798명	가수
3	빅히트 엔터테인먼트	10,098,951명	연예 기획사
4	G-Dragon	8,867,476명	가수
5	SM 엔터테인먼트	7,482,204명	연예 기획사
6	최시원	6,591,113명	가수
7	GOT7	6,374,106명	가수
8	EXO	5,384,375명	가수
9	YG 엔터테인먼트	5,237,595명	연예 기획사
10	산다라 박	5,227,533명	가수

출처: 네이버 블로그[21]

〈표 8-2〉에서 한국의 트위터 팔로워 숫자를 순위로 살펴보면 직업이 대부분 가수이거나 연예기획사로 나타난다. 이는 과거의 영향력과 다른 새로운 인터넷에서의 권력으로 작동할 수 있다. 트위터가 미치는 영향력은 팔로워의 크기로 알 수 있으며 이는 스타와 팬 또는 팬과 팬을 연결하는 억세스의 힘으로 사이버권력의 한 형태이다. 인기 그룹을 지지하는 팬들의 규모를 팔로워 수를 통해 추측하면서 그 영향력이 무정형으로 미칠 수 있다는 점에서 권력으로 이해할 수 있다. 팔로워의 숫자가 일정한 명령에 의해 복종하는 가망성을 보이는 집단 규모로서 권력의 크기를 의미하는 것은 아니다. 그러나 인터넷 권력은 사람들이 갖는 관념, 신념, 가치체계, 정체성을 구성하는데 영향력을 미치는 세력으로 특정인을 중심으로 연결된 망은 공동의 감정체계를 이루며 팔로워 상호간 집단적 힘을 공유할 개연성을 갖고 있다. 즉 특정인의 추종을 통해 특정정보를 공유하면서 자신들만의 상호작용을 통한 질서를 만드는 것이다. 특정 연예인을 중심으로 상징적 상호주의 전통 속에서 행위의 틀과 한계를 정하여 팬들의 집단들이 뭉치는 것도 일종의 사회질서로서의 권력을 개념화한 것이다.

인터넷의 이러한 모습은 소유나 지배를 위한 권력이라기보다 조던의 '상상적 수준'의 권력처럼 신념과 가치를 위한 희망과 기대 속에서 몰입을 통한 공동체의 질서에서 나오는 권력이다. 팔로워를 이끄는 트위터, 구독자를 확보하는 유튜브,

특정 내용으로 인기를 모으는 파워 블로그는 인터넷에서 권력으로 볼 수 있다. 권력은 행위자와 수용자의 구조적 위상에서 상호구성적 관계로 상대방의 행위에 영향을 미친다. 그래서 권력은 집합적 관념으로 접근한다. 그러나 수용자인 집단들 스스로가 정형화된 패턴으로 반응을 보이면서 하나의 세력으로서 간주되는 것들이 인터넷에는 많이 있다. 상호구성적이지 않고 스스로 개별적인 집단의 패턴으로서 갖는 영향력이다. 팬덤 현상, 오타쿠, 플래쉬몹처럼 의도적으로 굳이 발휘되지 않더라도 특정 질서를 이익으로 보고 자신들의 이익에 배치되었을 때 여러 메커니즘으로 관철시키려고 하면서 힘을 행사하는 경우를 인터넷에서 볼 수 있다. 이러한 것은 거리는 떨어져 있어도 '초연결된 대중'이 만들어낸 하이먼즈J. Heimans와 팀스H. Timms가 말한 뉴파워 즉, 신권력이다.[22]

뉴파워는 우리의 일상을 변모시킨다. 특정 순간에 사회나 정치에 미칠 수 있는 직접적인 영향력이 될 수 있는 사람들이 자신들의 방식으로 질서를 만들고 있다. 개인들의 작은 움직임에서 시작해 세계를 뒤흔드는 초연결된 대중의 힘이다. 아랍의 자스민 혁명도 같은 논리이다. 구권력은 통제 중심의 소수 지도자가 주도하는 폐쇄형 권력이라면, 뉴파워인 신권력은 협력을 통한 공유의 형태로 다수가 참여하는 개방형 권력이다. 모두가 의사결정에 참여하며 철저한 투명성을 가지는 권력으로 인터넷을 기반으로 한다. 페이스북과 우버 같은 거대 플랫폼의 부상, 수많은 팔로워를 거느린 트위터, SNS소통으로 힘을 얻는 미투 운동, 아이스 버킷 챌린지로 주목받는 자선활동 등 이들은 인터넷 공간에서 보이지 않는 게임의 규칙으로 권력의 형태로 작동한다. 2014년 여름에 시작된 아이스 버킷 챌린지는 페이스북에만 3개월 동안 관련 동영상이 1,700개가 공유되고 4억 4천만 명의 이용자가 100억 회 이상 조회하여 기부금은 1억 1,500만 달러를 조성했다. 그 힘은 뉴파워이다. 초연결된 대중의 힘이 인터넷으로 자리잡고 있다. 하이먼즈와 팀스에 따르면 뉴파워는 행동으로 옮기고Actionable, 연결되어 있으며Connected, 확장 가능한Extensible 특징을 보인다. 따라서 인터넷에서는 권력의 성격과 내용이 달라졌으며 그 힘은 거대 연결망 속에서 자발적 참여를 통한 협력을 바탕으로 하고 있다. 뉴파워의 기반은 인터넷이다.

읽고 생각하기 8

부의 불평등은 소유에서 접속으로

시장은 네트워크에게 자리를 내주며 소유는 접속으로 바뀌는 추세다. 기업과 소비자는 판매자와 구매자로서 시장에서 재산을 교환하던 근대 경제의 기본 구도를 포기하기 시작했다. 그렇다고 해서 재산이 사라진다는 뜻은 아니다. 천만의 말씀이다. 재산은 엄존한다. 하지만 재산이 시장에서 교환되는 빈도는 크게 줄어들 것이다. 새로운 경제에서 재산을 장악한 공급자는 재산을 빌려주거나 사용료를 물린다. 또는 입장료, 가입비, 회비를 받고 단기간 사용할 수 있는 권리를 준다. 근대 경제의 중요한 특성이었던 판매자와 구매자의 재산 교환은 네트워크 관계로 이루어지는 서버와 클라이언트의 단기 접속으로 바뀐다.

(제레미 리프킨, 『소유의 종말』, 이희재 옮김, 민음사, 2001: 11)

권력이란?

권력이 무엇인지는 우리 모두가 직관적으로 이해하고 있다. 우리는 우리의 삶을 설명하고 이해하기 위해 '권력'이라는 말을 사용하기 때문이다. 클린턴 대통령은 강한 권력을 가지고 있다. 어린 아이에게는 힘이 없다, 저 자동차는 이 차보다 훨씬 힘이 좋다, 이 광고가 저 광고보다 훨씬 강력하다 등등 예를 나열하자면 끝이 없다. 이렇게 권력이라는 말은 일상적으로 사람이나 사물이 '무엇을 할' 수 있는, 즉 행위를 할 수 있는 능력을 상이하게 가질 때 사용된다. 클린턴 대통령은 미연방군에게 공격 명령을 내릴 수 있으므로 나보다 권력이 강하다. 그러나 나는 학생들의 시험 점수를 매기기 때문에 학생들보다 강하다. 권력은 일상적인 상호작용에서 행위를 할 수 있는 차별적 능력을 파악하기 위해 사용되는 신념 혹은 이론이다.

(팀 조단, 『사이버 파워』, 사이버문화연구소 옮김, 현실문화연구, 2000: 18)

1. 부자가 되기 위해 달라져야할 행위 패턴이 있다면 무엇인가?
2. 인터넷에서의 차별적 능력으로 들 수 있는 것은 어떤 것이 있는가?

제9장

사이버 섹스와 가족 없는 가족

친밀함의 변화

인터넷은 사람들의 '관계맺기'를 다양하게 한다. 인터넷은 상호의존성을 필요 이상 극대화시켰고, 그 결과 예측 불가능한 사회를 낳고 있다. 연결성이 강화되는 과잉연결시대에 사람들이 대처 못하는 문제들이 있을 수 있다.[1] 불특정 다수의 사람들을 거리낌 없이 만나게 해주는 곳이 인터넷이다. 인터넷에서 번거로운 데이트의 미로를 헤매지 않고 자신이 찾고자 하는 배필을 골라내는 인터넷 짝짓기가 흔하게 일어난다. 여기서도 적응의 문제가 생긴다. 상대의 소개가 믿을 만한가? 사진은 스마트폰 어플로 마술을 부린 것은 아닐까? 익명에 가까운 상호 연결성의 세계 속에서 사랑의 파트너를 찾는 일상은 신뢰의 문제뿐 아니라 남녀 간 친밀함의 구조도 변화시킨다. 인터넷으로 인한 친밀함은 관계의 깊이가 아니라 접촉의 빈도로 가늠될 정도로 남녀의 관계는 약한 유대에 대한 반응에서 시작한다. 인터넷, 특히 스마트폰은 남녀를 그렇게 만들어버렸다. 기든스는 감정의 보편적 요소로 생각한 성, 사랑, 결혼이 사회의 변화에 따라 그 특성과 관계가 변한다고 했다.[2] 개인적 감정의 문제로 여겨졌던 성, 사랑, 결혼이 사회의 영향에서 벗어날 수 없다는 점을 분명히 한 것이다.

개인의 애정관계를 지배했던 전통 사회의 규율과 안내 지침들은 더 이상 효율적 기능을 발휘하지 못한다. 개인들은 상대방과 구축한 기본적 삶의 관계를 재구성하고 적응하면서 기존의 방식을 해체하고 새롭게 개선하는 끊임없는 선택의 상황에 놓여 있다. 기든스는 근대 이전의 사회에서는 결혼의 기본 조건은 성적 매력이나 감정적 사랑이 아닌 신분과 경제적 조건에 의한 것이라고 보았다. 적어도 우리가 '낭만적인 사랑'romantic love라고 하는 것은 18세기 후반 들어서 가능한 것이었다. 낭만적인 사랑은 평등한 남녀 관계를 구축하게 보였지만 역시 여성에 대한 남성의 지배라는 프레임을 크게 벗어나게 하진 못하였다. 성, 사랑, 결혼을 하나로 묶어서 보는 것에서 사랑을 하나의 선택적 상황으로 만들었다는 점에서 분명한 진전이었다.

서구에서 낭만적 사랑의 정신이 자유주의와 함께 근대적 가치로 발생하면서 일어난 일련의 사회변화, 즉 신분사회의 붕괴와 산업화는 사랑이라는 개념을 변화시켰다. 직장과 가정의 분리, 사적인 친밀성 공간의 발생으로 사랑을 내면화하고, 성과 사랑에 대한 관심이 크게 증폭되었다. 성에 대한 자율성이 확보되면서 성과 출산은 분리되었다. 낭만적인 사랑은 파편화되었고 플라스틱 섹슈얼리티plastic sexuality가 등장하여 사랑의 본질에 변화가 일어났다. 플라스틱 섹슈얼리티는 여성들이 성적 쾌락을 주장하고 제도적 성역할에서 벗어나 상호 평등한 관계를 앞세운다. 따라서 여성은 낭만적인 사랑에 근거한 성, 사랑, 결혼에서 탈피하고 사랑을 사회보다는 개인적이고 자기중심적인 선택으로 접근하였다. 플라스틱 섹슈얼리티의 등장은 결혼에서 벗어난 그야말로 성적으로 순수한 관계에 근거한 사랑으로 전환하게 되는데 이를 기든스는 '융합적 사랑'confluent love으로 보았다. 낭만적 사랑의 자리에 융합적 사랑이 등장하게 되었다.

사람들이 이제 낭만적 열정보다는 그야말로 제도적 결혼에서 벗어난 자율 의지에 의한 상대 선택과, 순수한 관계 즉 평등한 관계로서의 상대와의 삶을 통해 자신들의 생의 의미를 찾게 된다. 이것은 능동적이고 우발적인 사랑으로 감정을 교환하게 되지만 그 배경은 평등에서 나온 것이다. 이혼을 행동으로 옮기는 것이 어려웠던 것과 달리 손쉽게 생각하는 이유는 친밀함을 다르게 생각하기 때문이다. 뿐만 아니라 결혼도 반드시 성과 사랑과 연결해서 생각하는 제도적 제약에서 크게 달라졌다. 이혼율의 증가, 싱글족의 확산, 혼밥, 혼술은 사랑의 양식이 변해서 생겨난 것들이다. 바우만은 이를 '액체 사랑'liquid love이라고 했다.[3] 이는 관계 맺기를 부담으로 여기고 어떠한 형태로 고정된 연대를 맺지 않는 사람들의 인간관계로 보았다. 모바일 휴대폰에서 많은 메시지를 주고받지만 그 내용보다는 의사소통 자체를 더 의미 있게 보는 연결성에 주목하는 관계로 친밀함보다는 접속 자체를 중요시한다.

인터넷은 능동적이고 우발적인 사랑으로서 감정적 교환의 평등을 추구하는 플라스틱 섹슈얼리티에 크게 기여하면서 친밀함의 본질에 변화를 주고 있다. 인터넷이 매개하는 섹스는 인터넷 이용자들로부터 열렬히 환영을 받지만, 낭만적인 모험의 여정을 잃게 했다고 바우만은 지적한다. 그렇지만 바우만은 인터넷을 통한 섹슈얼리티에서 얻게 되는 것은 '편리함', '스피드', '결과에 대한 보험'이라고 했다.[4] 노력을 최소한 줄여주고, 욕망과 욕망 사이의 만족스런 거리를 줄여주며, 발생할지도 모를 결과를 미리 알 수 있게 해준다는 점에서 이득이라는 것이다. 그러나 데이비드 버스는 〈인터넷 짝짓기 전략〉에서 남녀 간의 사랑에 있어 인터넷에서 요구하는 서로의 조건의 경우, 바탕에 깔린 성적 심리는 변한 게 없다고 보았다.[5] 남자는 여전히 여성의 외모를 중시하고, 여자는 여전히 야심, 지위, 돈을 으뜸으로 여긴다. 성과 사랑을 순수한 관계, 즉 평등하고 형평성의 원칙에서 접근하는데 있어 인터넷은 기회의 측면에서 평등하지만, 욕구의 방향에는 차이가 있을 수 있다. 분명한 것은 인터넷에는 낭만적 사랑은 없다는 사실이다.

포르노에 안성맞춤, 인터넷

포르노는 인류의 역사에서 보듯 항상 새로운 매체를 이용한다. 포르노는 포르노그라피를 일컫는 말로 책, 그림, 조각 영화 등에서 성적 흥분을 일으킬 목적으로 성행위를 상세하게 묘사하는 것이다. 이 말은 희랍어 '포르노'porno 매춘부와 '그라포스'graphos 쓰기에서 유래한 것으로 원래 매춘부의 생활을 묘사한 모든 예술 또는 문학작품을 가리키는 것으로 알려져 왔다.[6] 인쇄술의 발달로 책 잡지를 이용했으며, 사진은 음화를 생산했고, 전자미디어는 비디오테이프를 찍어 복사를 통한 포르노의 확대 재생산에 기여했다. 컴퓨터는 급기야 네트워크를 통한 쌍방형 통신으로 새로운 포르노의 경지에 이르게 했으며, 인터넷 네트워크 기술은 구글글래스와 3D를 이용한 현실감 있는 콘텐츠로 포르노, 섹스 로봇 등을 등장시켜 실감 있게 만들 것이다.

인터넷은 그 출발부터 포르노 세상이었다. 인터넷 포르노의 심각성을 〈타임〉지는 1995년 7월 3일자 커버스토리, '사이버포르노'란 제목으로 다루었다. "유즈넷 뉴스그룹에 저장된 사진 가운데 83.5퍼센트가 포르노 사진이다." 펜실버니아, 피츠버그에 있는 카네기 멜론 대학의 연구조사를 도대로 쓴 이 기사는 사이버포르노가 인터넷의 대중화와 함께 확산되고 있음을 지적했다. 24년 전 당시 포르노사이트를 이용하는데 드는 비용은 한 달에 10달러에서 30달러, 이용객의 98.9퍼센트가 남자들로 밝혀졌다. 포르노가 새로운 매체인 컴퓨터를 이용해 성을 상품화하는 도구로 이용되고 있다는 최초의 분석적인 기사였다. 포르노 잡지인 〈플레이보이〉지가 웹사이트를 개설한 것은 1994년 8월이었으며, 웹 사이트의 개설은 포르노 관련 서비스를 제공하는데 장애가 된 걸림돌을 없애주었다. 더 이상 남의 시선을 피해 몰래 잡지를 구매하는 것이 아니라, 조바심 없이 혼자만의 공간에서 손쉽게 이용가능하게 된 것이다. 이보다 늦은 1995년 3월 〈펜트하우스〉가 웹 사이트를 개설했을 때 첫날 방문자 수가 80만 2천명이었

다. 인터넷은 군사적 목적에 시작했지만, 포로노에 안성맞춤이었으며 포르노의 확산을 부추겼다.[7]

인터넷 네트워크는 포르노를 단순한 나체나 선정적인 모습으로 묘사하는 '소프트코어'softcore뿐만 아니라 실제적인 성교를 나타내고 유도하기도 하는 '하드코어'hardcore의 수준까지 높여주었다. 컴퓨터는 포르노를 단순히 수동적으로 보고 만족하는 관음증에서 탈피, 적극적인 섹스파트너로 기여한다는 의미이다. 인터넷에 올라오는 사이버포르노의 종류는 다양하다. 여기서 사이버포르노를 크게 네 가지로 구분할 수 있다: ① 인터넷에 접속된 사설 BBS - 인터넷의 음란화와 상품화를 선도하며 월간 일정한 사용료를 지불. ② 성인잡지 및 성인물 업체의 온라인 광고홈페이지 - 〈플레이보이〉지, 〈펜트하우스〉지의 구매충동을 위한 맛보기 정도. ③ 성과 관련된 유즈넷이나 뉴스그룹 - 성에 관한 질문과 대답 등 여러 가지 의견이 게재되며 쌍방향구조로 동호회 회원처럼 자유롭게 의사개진. ④ 채팅이나 온라인 게임 - 사진이나 이미지를 전달하는 수준에서 스스로 섹스에 참여하는 수준으로 발전하여 성의 유희를 즐기며 궁극적으로 사이버섹스를 실현.

사이버포르노에서 논쟁이 되는 것은 사실상 인터넷에 접속하는 사설 BBS와 관련한 것이다. 성인잡지와 관련된 문제점은 현실세계와 고려할 때 명분이 맞지 않다. 길거리에서 팔리는 잡지내용이 '왜 인터넷에서 불법인가'라는 문제제기가 일어날 수 있다. 성 관련 유즈넷이나 뉴스그룹의 경우 표현의 자유와 맞물려 규제가 쉽지 않다. 채팅과 온라인 게임의 경우는 이제 우리 주변에서 본격적으로 여러 가지 사회적 쟁점을 이끌 수 있는 부분이다.[8] 사이버포르노는 정말 문제인가? 사이버공간의 기본적인 전제는 누구나 자신의 의견을 개진할 수 있는 자유로움이다. 즉 사이버공간은 그것이 성적 담론이든 도덕적 담론이든 구별 없이 인간의 의식하부에 잠재된 본능적 자아인 이드id를 얼마든지 표출해서 자유롭게 펼칠 수 있는 공간이다. 그렇다면 사이버공간에서의 포르노가 문제될 이유는 없다.

□ 이드(id)

에고(ego), 수퍼에고(super-ego)와 함께 자아(self)를 구성하는 요소. 이드는 본능적인 자아로 공격적이고 쾌락적이며, 도덕도 선악도 없으며 논리적 사고도 작용하지 않는다. 프로이트는 이드가 사회화되면 의식하부에 잠재된다고 했다.

그러나 사이버에서의 포르노그라피가 현실공간의 사회적 금기와 경계를 이루는 도덕적 윤리적 장치에 위협적인 실체로 인식되면서 상황은 달라졌다. 사이버공간에서의 포르노그라피가 적극적인 규제활동을 받기 시작한 것은 1996년 2월 미국의 '통신품위법'Communication Decency Act이었다. '통신품위법'은 네트상의 음란물을 규제하려고 한 법안이었다. 인터넷의 성 상품화는 돈을 겨냥한 사이버공간의 위협적인 존재로 보고 국가가 이를 규제하겠다고 나선 것이다.[9] 미국의 '통신품위법'은 "컴퓨터통신에도 인쇄매체와 같은 표현의 자유가 주어져야 한다"며 미 연방법원이 무효화 결정을 당시에 내림으로써 사실 국가의 간섭도 포르노와 같은 표현의 자유를 막지 못하게 된 셈이다. 그 이후 사이버공간에서의 사이버 포르노는 상업화와 맞물리면서 급속하게 진행되었다. 인간의 억압적인 욕망이 이제 상품화되어 사이버공간에서 거래되고 있는 것이다.

□ 미국의 '통신품위법' 논쟁

'통신품위법'(Communication Decency Act)을 둘러싼 논쟁은 온라인상의 폭력·외설 등 불건전한 내용을 규제하기 위한 법안으로 1995년 7월 민주당 제임스 엑슨 의원이 연방의회에 상정하고 그 이듬해 2월 8일 클린턴 대통령이 '1996년 연방통신법'에 서명함으로써 발효되었다. 그러나 당시 온라인 서비스 업체와 전자프런티어재단(EFF: Electronic Frontier Foundation), 전자개인정보센터(EPIC: Electronic Privacy Information Center), 미국자유시민연대(ACLU: American Civil Liberties Union) 등에서 이 법안이 미국 헌법에서 보장하는 사상과 표현의 자유를 제약한다는 이유로 무효화소송을 제기해서 필라델피아 연방지구 법원의 판사 세 명 전원으로부터 위헌판정을 받게 된다. 인터넷의 내용이 비록 폭력적이고 외설적이라고 하더라도 정부의 간섭으로부터 보호받아야 한다는 판결문은 인터넷에서의 표현의 자유는 어떠한 형태로든 간섭을 받아서는 안 된다는 의미로 받아들여졌다.

한국의 경우도 인터넷에서 성인물 보는 것을 막기 위해 https 차단 정책을 한 것에 반대하는 의견을 2019년 2월 11일

청와대 게시판에 등록하자 1주일도 되지 않아 20만 명 이상이 동의하면서 규탄 시위가 서울역 광장에서 일어났다.[10] 인터넷에서 성인물 보는 것이 죄가 아니라는 주장은 공공연하게 되었다. 개인의 문제를 국가가 간섭하는 것에 반대하는 가운데 포르노는 인터넷에서 일상화되는 것을 당연시 받아들이게 된다. 노버트 엘리아스는 그의 저서 〈문명화 과정〉에서 문명화는 사회적 제약에서 개인적 제약으로 이행하는 것이라고 했다.[11] 사이버포르노는 이제 누구의 판단도 아닌 개인의 판단에 넘겨진 것이다. 더구나 스마트폰이 일상화된 모바일 환경의 익숙함은 장소와 시간에 구애받지 않고 포르노를 자유롭게 이용하게 되었다. 소위, 아무도 몰래 꼭 숨어보던 포르노가 아니라서 거리 밖으로 나온 포르노가 되었다. 이제 기술의 발달로 사이버포르노는 성 담론뿐만 아니라 가상의 섹스인 사이버섹스로 이어지면서 섹슈얼리티의 다양한 모습으로 인간 삶의 한 부분이 되어가고 있다.

섹슈얼리티와 사이버섹스

성sex, 젠더gender, 섹슈얼리티sexuality는 이제 사회학에서는 익숙한 개념이다. 성은 태어났을 때 원래 가지고 있던 생물학적 성으로 남녀의 성별을 의미한다. 남자의 생식기를 갖고 태어났지만 여성의 성향을 가지고 행동하더라도 성은 남성이다. 젠더는 생물학적 성과 달리 사회적 성 혹은 문화적 성이다. 남자아이가 여자기질을 보이면 사회적 성인 젠더로서 나중에 선택을 통해 여성성으로 살아가는 것이 충분히 가능하다. 사회적 성인 젠더에 대한 대중적 인식이 이제 높아지면서 태어난 성별과 달리 사회적, 문화적 성인 젠더를 원하는 취향에 맞추어 살수가 있다. '남자는 이렇다', '여자는 이렇다' 하는 것은 대체로 성별에 따라 부여하는 사회적 기준에 근거한 젠더인 경우가 많다. 한편 섹슈얼리티의 경우, 말 그대로 섹스, 성교에 관한 것이다. 여기에는 성행위, 성행위 방식, 성적 흥분의 대상 등 모두를 포함한다. 인터넷은 세 가지 개념 가운데 섹슈얼리티에 가장 영향을 미친다.

성적으로 흥분하는 대상이 누구인가 하는 것에 대체로 문명권 사회에서는 남성은 여성에게, 여성은 남성에게 관심을 두는 이성애heterosexuality가 대부분이며 가끔 동성애homosexuality도 있을 수 있다. 이외에도 실제 행동에 표출되는 성적 유형을 포함해서 성적 취향이 문명권 사회에 다양하게 나타날 수 있다. 이러한 다양한 성적 취향에 인터넷은 개입하게 된다. 인터넷은 성적 흥분의 대상을 기계기술을 통해 조작하여 사이버섹스를 가능하게 한다. 사이버섹스는 컴퓨터라는 매체를 통해 가상공간에서 일어나는 성적 충족의 행위이다. 라인골드는 〈가상현실〉Virtual Reality에서 사이버섹스의 장점은 멀리 떨어진 사람과도 유사 성행위를 할 수 있다는 점을 들고 있다.[12] 가상현실의 기술과 원격통신망의 결합을 통해 이전에 경험하지 못한 방법으로 손을 뻗어서 누군가를 또는 모든 사람을 만질 수 있게 된다고 라인골드는 전망한다. 그는 이것을 엄격하게 섹스기계에 의해 일어난다기보다 통신전달 장치라고 할 수 있는 '텔레딜도닉스'teledildonics 시스템이라고 부르고 있다. 이는 파트너가 성 경험을 원격으로 제어할 수 있게 하는 것이다.

성 규범은 낭만적 사랑과 가족 관계라는 가치와 연계되어 왔다. 그러한 규범이 사회마다 편차를 보이긴 하지만 기존 제도에 묶여 있었다. 섹스가 규범적 영역에서 분리되어 개인욕망의 실현이란 관점에서 접근한 것은 푸코였다. 성이 폭넓게 육체의 쾌락을 용인하는 생활방식으로 전개된 것은 근대의 출현과 관계가 있다고 주장한 그는 성욕이 역사적 존재의 형태를 취한다고 주장한다.[13] 다시 말해 성의 모습도 사회의 모습을 반영한다는 것이다. 따라서 사이버섹스는 사회적 상황의 변화가 만들어낸 결과일 수 있다. 사이버섹스에 대한 반응은 극단적으로 두 가지이다. 우선 부정적인 입장은 사이버섹스가 실제 성 관계만큼 만족을 줄 수 없으며 어떤 환상도 실제 경험에 근거하지 않고 존재하지 않는다는 점이다. 반면 긍정적인 입장은 사람마다 성욕에도 차이가 있듯이 성적 취향도 다르기 때문에 이를 인정해야 하며 죄악시하는 것은 잘못으로 보는 입장이다.

사이버섹스가 실제 섹스에 얼마나 근접할 수 있는가? 이에 대한 기술은 인터넷에서 계속 발전하고 있다. 2015년 중국의 기업은 무선 시스템을 통해 가상현실을 구현하면서 육체적 접촉 없이 현실 속에서 섹스가 가능한 기술을 개발하기도 했다.

대부분의 가상현실은 '시각'에 초점을 두지만, 이 기술은 감각신경somatosensory분야에 주안점을 두어서 보는 것이 아니라 직접 만지고 느낄 수 있는 촉감을 전달하는 강점이 있다는 것이다. 더구나 스마트폰 블루투스 기능으로 실제 섹스의 느낌을 그대로 전달한다고 발표했다.[14] 영화 '데몰리션맨'이나 '미이너리티 리포트'에 나오는 사이버섹스가 더 이상 영화가 아니라 현실이 될 전망이다. 구글의 카드보드나 헤드셋을 통해 멋진 이성과 사이버섹스가 가능해지는 것은 멀지 않았다.

미국의 웹진 와이어드는 2019년 사이버 섹스가 가능한 어플에 대한 경고를 알리면서 인터넷에서 파트너에게 발렌타인데이 기념으로 인터넷 섹스를 위한 어플을 다운받는 것에 대한 위험을 소개했다.[15] 성 경험을 원격제어하는 기술은 섹스에 대한 위험이 아니라 프라이버시와 관련한 정보유출에 대한 위험이었다. 이미 사이버 섹스가 손쉽게 이루어진다는 일상을 증명하고 있다. 사이버섹스가 보편화된다면 성 문화에 일대 혁명을 일으킬 것이다. 그 이유는 부담 없는 개인의 성적 욕망의 실현을 수월하게 이룰 수 있기 때문이다. 피임기구와 피임약이 필요 없으며, 임신의 짐도 덜어주고, 성병이나 에이즈의 위험과 육체관계에 따르는 부담도 없어서 성 문화에 큰 변화를 가져올 수 있다.

제도에 벗어난 개인의 선택권으로 순수한 관계로서의 플라스틱 섹슈얼리티가 인터넷으로 확산된다면 프라이버시 보다는 성애를 더 중요시하는 사회 환경이 만들어진다. 사이버섹스 역시 쉽게 퍼질 가능성이 있다. 더구나 사이버섹스는 '쿨리지효과'상대가 바뀌면 성행위 횟수와 수준이 높아지는 현상-가상공간에서는 이러한 효과를 극대화하기 위해 대상을 얼마든지 바꿀 수 있다를 일으켜 성적 만족에 더 효과적일 수 있다. 그래서 사이버섹스는 사이버섹스일 뿐 실제 섹스와 다르다는 주장은 이제 설득력을 잃고 있다. 감각에 몰입할 수 있는 사이버섹스가 미래 사회의 일이기는 하지만, 인터넷이 성욕 해결에 중요한 기여를 한다면 또한 인터넷이 성적 흥분의 대상을 쉽게 선택할 수 있다면 앞으로 결혼제도와 가족의 형태는 달라질 것이라는 주장을 그저 억측으로 보기는 어렵다.

가족 없는 가족

제도로서의 가족을 사회학에서는 기능적으로 보았다. 가족 없이 혼자 산다는 것을 대체로 정상적인 눈길로 보지 않았던 것이다. 이혼율이 증가하고 비혼을 주창하며 동거에 이르는 오늘날의 사회는 가족 없는 1인 가구가 크게 늘어나고 있다. 통계청 장기추계를 보면 2035년 1인 가구가 자녀 없는 부부가구나 자녀가 있는 부부가구와 같은 핵가족을 제치고 가장 많은 가족의 형태가 될 것으로 보았다. 혼자 산다는 것은 더 이상 문제적 시각으로 볼 수 없는 사회적 상황에 있다.[16] 가족과 가구가 다양하게 변하는 것에 인터넷은 결정적 역할을 한다. 1인 가구는 정통 가족의 관점에서는 비정상적이었다. 가족에 대해 가장 잘 알려진 정의를 내린 머독의 경우를 보더라도 가족을 기능적으로 보고 있다. '가족은 공동의 거주, 경제적 협동, 재생산 등으로 특징지을 수 있는 사회집단이다.'

사회에서 무엇인가를 담당하는 기능적 측면의 가족은 이제 근대에 들어오면서 달라지고 있다. 머독이 본 가족의 기능은 네 가지로 나눈다. ① 성적 기능 – 남녀 간의 성적 충족은 가족제도를 통해 이루어진다. ② 재생산 기능 - 자녀출산을 의미하는 것으로 부부의 재생산 행위가 가족을 통해 합법성을 갖는다. ③ 경제적 기능 - 가족은 생산의 주체이면서 동시에 소비기능을 담당한다. ④ 사회화 기능 - 자녀의 교육과 문화전승의 기능을 담당한다.[17] 경제적 기능과 사회화 기능은 이미 근대사회에 들어오면서 다른 제도들이 대신 떠맡게 되었고, 성적 충족과 자녀의 출산만이 여전히 가족의 기능에 중요한 것이었다. 그러나 인터넷을 매개로 하는 사이버섹스와 유전공학과 같은 과학기술의 발달은 가족의 나머지 기능마저 대체하고 있다. 사이버 섹스로 성적 충족이 가능하다면, 그리고 유전공학으로 자신의 피를 이어받는 자식을 낳을 수 있다면 가족이 갖는 기능은 모두 사라진다.

영국 에딘버러 인근 로슬린 연구소에서 1996년 7월 5일 어미의 똑같은 DNA를 가진 복제양 '돌리'를 탄생시킨 것은 충격이었다. 그러나 이제 동물복제만이 아니라 인간복제도 가능한 놀라운 기술이 현실화되고 있다. 이는 사회성원의 재생산이 결혼제도를 통하지 않아도 얼마든지 자기를 닮은 아기를 낳을 수 있는 기술적 수준이 확보된 셈이다. '결혼을 통한 가족 제도'가 아니어도 가족이 담당하던 기능은 다른 기술로 대체가능하게 되고 결국 가족 기능이 중요하지 않은 사회가 될 수 있다. 가족에서 기본적인 것은 성적 기능의 충족이었다. 결혼을 하고 가족을 이룬다는 것은 여러 가지 의미를 갖고 있지만, 무엇보다 중요한 것은 특정 파트너와 영속적인 성 관계를 갖도록 합법화하는 제도였다. 그러나 결혼을 통하지 않더라도 얼마든지 손쉽게 만족을 얻는 사이버섹스는 결혼제도를 회의적으로 만들 가능성이 있다.

미래사회에 가족형태는 여전히 오늘날의 모습을 유지할까? 픽션의 형태로 미래사회의 모습을 내다본 일부에서는 사이버 배우자를 예견하기도 한다. 갈등 없는 사이버 배우자가 더 편한지 모른다. 부부로 이루어지던 가족이 단독 1인 가족으로 변할 수 있다는 것은 먼 장래의 일이 아니다. 뒤르껨은 결혼에 기초한 부부가족이 '진화의 끝'이라고 했다. 진화의 과정에서 각 개인이 밀접한 관계를 맺고 있는 사회적 환경에 따라 가족은 축소되기 때문에 부부가족은 축소의 법칙에 따른 가족변화의 최종판이라고 했던 것이다.[18] 그러나 뒤르켐도 가상현실 속의 새로운 배우자를 생각했다면, 부부가족보다 더 축소된 '단독 가족'을 말했을 지도 모른다.

'단독 가족'single family이 가족이라 할 수 있는가에 대해서는 논란거리가 될 수 있다. '단독 가족'은 독신자와는 다른 형태이다. 독신자는 사전적 의미로 배우자 없이 홀로 지내는 사람을 말한다. 그렇지만 '단독 가족'은 성적 충족, 자녀의 생산과 양육 등과 같은 가족에서의 기능을 홀로 유지할 수 있는 가족으로 '가족 없는 가족'이다. 따라서 '돌리'의 복제나 사이버섹스는 단독 가족으로 가족형태를 진화하는데 기술적인 기반이 됨은 분명하다. 그렇게 되면 결혼을 하지 않고도 가족을 이루는 시대가 될 수 있다. 결혼은 거추장스러운 것이고 배우자를 갖는 것이 귀찮게 느껴지면 단독가족을 택할 수밖에 없다. 결혼이라는 절차를 밟아 배우자를 맞이하더라도 가족관계는 분명 변할 수 있다. 전통적인 가족 내에서의 역할, 즉 남편의 도구적 역할남편이 돈을 벌어서 부인과 자식을 부양해야 하는 역할과 부인의 표현적 역할부인이 가정에서 남편을 따뜻하게 맞이하는 역할은 곧 과거의 유물이 될 수 있다. 기능적 역할로서의 가족은 사라질 것이다.

가족 내의 관계와 역할에서 남녀는 보다 평등한 조건을 지향한다. 앞서 본 플라스틱 섹슈얼리티는 성 역할에서의 순수한 관계를 내세우며 보다 자유로운 성을 추구하고 있다. 피터 로리는 〈미래의 역사〉에서 '열린 가족제도'를 주장한다. 자녀들은 공동 양육하게 되고 과거의 아버지들은 '아저씨'가 되어 수많은 아이들에게 재정적 정서적 도움을 주고 어머니들은 보다 자유롭게 가사노동으로부터 해방되면서 남녀차별이 극복되는 가족 제도이다.[19] 기술을 기반으로 한 사회 환경의 변화는 현재 모습의 가족을 분명히 새롭게 재편할 것이다. 더구나 동거와 이혼에 대한 사회적 태도가 변하면서 결혼이라는 틀을 거추장스럽게 여기고, 배우자에 대한 기능적 역할을 부담으로 여기고, 낭만적 사랑에 기대어 온 성역할을 벗어나려 한다. 동거와 이혼을 쉽게 받아들이는 상황은 단독 가족, 즉 1인 가구를 확대하게 된다.

'2018년도 하반기 지역별고용조사 및 맞벌이 가구 및 1인 가구 고용현황'에 대해 통계청이 발표한 자료에 따르면 한국 사회에 1인 가구는 578만 8천 가구로 나타났다. KB금융경영연구소가 발표한 '한국 1인가구 보고서'에 따르면 전국 가구 중 1인 가구 비율이 2000년 15.5%에서 2016년 27.9%, 2017년 28.6%로 높아졌다. 전체 인구에서 차지하는 비율은 2000년 4.8%였으나 2017년에 10.9%로 상승했다. 인구 10당 1명은 혼자 사는 셈이다. 1인가구는 2045년엔 16.3%로 이를 것으로 전망하고 있다. 가족이 없어서 1인 가구가 되는 것이 아니라, 배우자가 있어도 떨어져 생활하는 가구도 생겨난다. 충분히 기능적으로 가능한 초현실적 감각의 성적 메시지의 전달을 인터넷으로 가능하다면 이러저러한 이유로 함께 살기보다 떨어져 사는 가족이 많아질 것이다. 더구나 인터넷의 증강현실과 AI의 등장으로 사이버부인이나 사이버남편을 두면

되고, 자식을 갖고 싶으면 원하는 모습을 주문해 자신의 유전인자를 담아 복제할 수 있는 시대는 이제 기술적으로 불가능하지 않다. 성가신 가족을 두기보다 자기가 원하는 가족만을 취하는 '맞춤가족'시대가 눈앞에 있다.

읽고 생각하기 9

인터넷 네트워크의 가상적 관계는 로맨스의 가능성을 빠른 속도로 기대하게 된다

'네트워크'는 연결하는 동시에 연결을 끊을 수 있는 망matrix을 나타낸다. 이 점에서 그것은 상호 관여됨을 부각시키는 '관계', '연대감', '파트너 관계'partnership 그리고 비슷한 개념들 – 이것들은 동시에 그와 정반대되는 것, 즉 관계의 단절은 배제하거나 잠자코 무시한다 –과 다르다. 네트워크는 이 두 가지 행위가 동시에 가능하다는 것 없이는 상상할 수 없다. 네트워크 속에서 연결하기와 연결을 끊기는 동등하게 적법한 선택이며, 동일한 지위를 누리고, 동일한 중요성을 가진다. 이 두 가지 상보적인 활동 중 어느 쪽이 네트워크 '본질'을 구성하는지를 묻는 것은 의미가 없다! '네트워크'는 자유롭게 떠돌아다니는 기간 사이사이에 '접속할 수' 있는 순간을 제공해준다. 네트워크 안에서 연결은 요청에 따라 이뤄지고 맘대로 끊을 수 있다. …… 연결은 '가상적 관계'이다. 구식 관계장기적 헌신은 두말할 필요도 없이 '헌신적'관계와 달리 이것은 유동적인 현대적 삶의 환경이라는 척도에 맞추어 맺어지는 것 같다. 여기서 '로맨스의 가능성들'단지 '로맨스'만이 아니다은 점점 더 빠른 속도로 그리고 결코 줄지 않는 군중 속에서 오가는 것으로 여겨지고 또 그런 것으로 기대된다.

(지그문트 바우만, 『리퀴드 러브: 현대의 우울과 고통의 원천에 대하여』, 권태우·조형준 옮김, 새물결, 2013: 24-25)

혼자 사는 미래가 다가온다

혼자 사는 사람의 증가는 결혼에 대한 부정과 직접적으로 연관되지 않는다. 세상의 모든 미혼이 당장 내일 결혼한다 하더라도 혼자 사는 사람들의 증가추세는 중단되지 않는다. 혼자 사는 사람들의 증가는 핵가족으로 진입하지 않는 사람미혼, 핵가족이 해체된 사람이혼 혹은 사별, 심지어 핵가족을 유지하고 있는 사람들에게도 모두 나타나는 현상이다. 1인 가구의 증가는 미혼의 증가로만 환원될 수 없는, 더 복합적인 요인들에 의해 규정되는 새로운 경향인 것이다.

미혼으로 인한 1인 가구는 점차 줄어든다. 1인 가구는 '미혼 집단'이라는 규정에서 벗어나 점차 다른 이름의 집단으로 확산되는 경향을 보이고 있다. 남성이라면 현재 배우자가 있는 결혼 상태라 하더라도 이혼으로 인해 1인 가구가 될 가능성을 무시하지 못한다. 반면 여성의 경우는 사별로 인해 1인 가구가 될 가능성이 압도적으로 많다. 평생을 함께 한다는 결혼 서약은 지키면 좋지만 지키지 못해도 비난하지 못할 약속으로 이미 바뀌었다. 결혼이 자동적으로 제공했던 삶의 안정은 이제 낯선 것이 되었을 정도로 가족이라는 다인가구의 삶 속에는 불안정 요인들이 침투하고 있다.

(노명우, 『혼자 산다는 것에 대하여』 사월의책, 2013: 51)

1. 인터넷에서 낭만적 사랑을 꿈꾸지 못하는 이유에 대해 토론해 보자.
2. 가족을 불안정하게 만드는 요인으로 어떤 것이 있는지 생각해 보자.

제10장

맞춤 종교 시대

가상현실과 종교

신이 있고 없고는 별개의 문제이다. 신이란 실험의 대상이 아니기 때문이다. 체험을 통해 실재를 경험하는 것이 종교이다. 무엇이 실재인가? 체험하는 것이 실재인가? 우리가 체험하는 그 너머에 실재가 있는 것인가? 우리가 체험하는 세상은 완전한 세상이 아닌 표상에 불과한 일종의 가상세계이다. 보드리야르가 말한 이미지의 재현이 오늘날 세상의 전형이다. 우리는 감각을 통해 체험하고 그 감각에 전달되는 것은 이미지를 통해 이루어진다. 따라서 감각을 통한 체험은 본질

체험이 아니며 감각을 매개로 한 일종의 가상체험인 것이다. 실재와 비실재 사이 혹은 현실과 비현실 사이를 이어주는 가상현실은 체험하지 않은 사회를 생생하게 보여준다. 가상현실을 통해 우리가 종교의 생생함을 전달 받을 수 있다면 과학기술이 종교의 신성성을 더 높여줄 것이다. 가상현실은 몰입적 상호작용immersive interactive과 가상현실 세계의 현전presence이다.[1] 몰입적 상호작용은 가상환경과 참여자간의 의미와 정보를 피드백으로 주고받으며 상호작용하는 것이고, 가상현실세계의 현전은 참여자가 가상세계를 현실세계처럼 생생하게 체험하는 것이다.

종교란 체험을 통해 신성성을 만나게 된다. 종교적 발전을 위해선 새로운 체험이 중요하다. 사이버상의 종교는 커뮤니케이션을 앞세워 체험을 시도한다. 그러나 의사소통을 위한 만남의 장은 되지만 종교성의 발달이 가능한 공간으로서는 제약이 있다. 단지 선교나 교리를 알 수 있는 정보제공의 공간은 가능하다. 지금으로선 선교 수단은 될지 모르나 종교적 체험이 가능 한 곳으로 보기에는 한계가 있다. 따라서 가상 세계에서의 종교활동이 그리 활발하지는 않지만 인터넷과 종교는 ① 포털사이트에서의 종교, ② 기존 종교의 온라인화, ③ 현실세계에선 실재하지 않고 온라인 종교만 있는 경우, 세 가지를 생각할 수 있다. 순수하게 인터넷만을 이용한 종교활동은 사실상 생각하기 어렵다. 현실세계의 종교에서 벗어난 대안 종교로서의 인터넷은 낙관적이지 않다. 그러나 이제 인터넷의 가상현실이 종교의 신성성을 높일 수 있을 만큼 증강현실augmented reality을 통한 가상현실의 실재감이 기술발전으로 크게 진전을 이루고 있다.

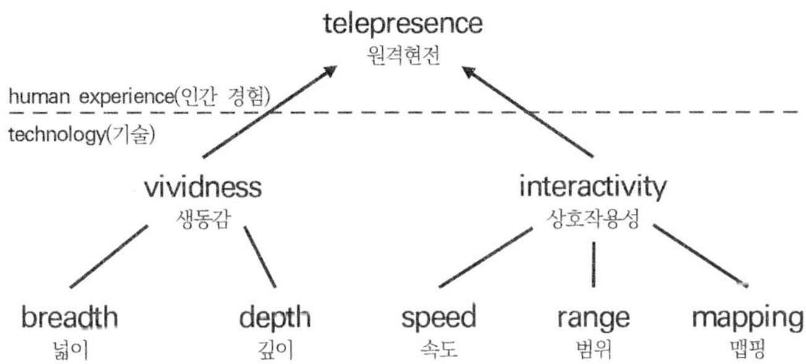

〈그림 10-1〉 원격현전에 미치는 기술변수 (Steuer, 1992: 81)

인터넷에서 가상현실이 추구하는 목표는 이용자들로 하여금 '원격현전'telepresence을 경험하게 하는 것이다. 원격현전은 어떤 환경 속에서 느끼는 실재감sense of being으로 커뮤니케이션 매체에 의해 어떤 환경 속에 실재하고 있음을 경험하게 하는 것이다. 환경에 의해 매개된 지각이 곧 원격현전이다. 인터넷이 아니어도 기존의 매체들도 이용자들이 느끼는 정도에 따라 원격현전이 일어날 수 있다. 스토이어는 원격현전을 결정하는 기술적 차원을 생동감vividness과 상호작용성interactivity으로 보고 있다.[2] 생동감은 넓이breadth와 깊이depth

로 나누는데 넓이는 동시에 전달되는 감각의 수로 시각, 청각, 촉각, 후각을 말하며, 깊이는 감각을 위한 해상도나 사운드의 질을 말한다. 상호작용성은 속도speed, 범위range, 맵핑mapping으로 나누는데 속도는 상호작용의 반응시간으로 동시성과 현재성이며, 범위는 매개환경을 수정할 수 있는 정도로서 시간순서나 공간조직을 정하는 것이고, 맵핑은 인간행동이 매개환경에 어떻게 연결되어 있는지를 나타내는 것으로 소리나 텍스트로 매체에 전달되는 방식을 말한다.

원격현전의 기술은 발전하면 할수록 높은 현전감을 경험하게 하고 생동감과 상호작용의 정도에 따라 인간의 경험을 더 실재감 있도록 만든다. 시간과 공간적으로 멀리 떨어져 있어도 함께 있다는 느낌을 갖게 할 수 있다. 따라서 종교의 신성성을 원격현전을 통해 체험하게 되면 종교적 정당화가 일어날 수 있다. 종교를 신성한 질서를 위한 인간행위라고 본다면 종교적 정당화는 증강현실을 통해 가능할 수 있다. 초사회적 의미를 갖게 하는, 즉 초사회적 의미의 질서화를 가능하게 하는 증강현실은 종교를 정당화하는데 충분히 이용될 수 있다. 증강현실은 현실세계와 가상세계의 혼합, 즉 혼합현실mixed reality을 만든다. 종교가 증강현실을 통해 정당화가 일어나는 것은 사회적 실재에 초사회적, 초자연적 가상실재로 덧입혀 사회적 실재의 의미 존재론적 위상을 크게 높여주기 때문이다.[3] 종교의 정당화를 생생함과 상호작용성이라는 기술적 요소로 확인하는 원격현전은 당장 실현가능한 것으로 보이진 않지만 20년 전 묘사한 21세기 미래종교의 모습을 보면 흥미롭다.[4]

> 샐러리맨 김씨는 오랜만에 책상에 앉아, 그 동안 바빠서 빼먹었던 교회를 가기 위해 컴퓨터를 켰다. 마음속으로 기도를 하는 순간 예수를 떠올렸다. 신기하게도 잠시 후에 자신의 방에 예수가 나타났다. 그는 예수와 함께 여기저기를 거닐면서, 자신의 고민을 의논하고 문제를 풀어갔다. 교회도 둘러보고 굶주린 사람에게 빵도 예수와 함께 나눠줬다. 병든 사람을 고쳐주는 예수의 모습에 그는 자신의 모습이 얼마나 행복한 지 깨닫고 마음의 평안을 얻었다. 예수를 만날 수 있는 건 김씨뿐만 아니다. 누구나 만날 수 있다. 컴퓨터의 3차원 기술은 이제 언제든지 예수를 만나게 해준다. 뿐만 아니라 부처도 만나게 해주며 고행의 길을 함께 체험하면서 삶의 의미를 되짚어 볼 수 있다.

인터넷은 통신 기술분야의 혁신이며, 그 사용에 있어서 반기술주의자들의 반대를 제외하고는 모든 사람들이 인정하는 강력한 도구이다. 종교에 있어서도 인터넷 없이 새로운 신앙을 확산하기 어렵다는 주장은 이제 상당한 설득력이 있다.[5] 인터넷으로 인해 갖게 되는 실재감이 사람들로 하여금 종교를 가까이 하게 만들고, 자료나 정보를 통해 갖는 신뢰감도 신앙의 도구로서 인터넷 숭배를 하는 충분한 이유가 된다.

인터넷이 여러 가치의 세계에서 나온 요소들을 표출하고 그것을 더욱 실감 있게 만들어 휴머니즘과 결합하게 되면 새로운 신앙을 받아들이기에 적합한 배경을 이루게 될 것이다.

세속화

과학을 전폭적으로 지지하며 종교적 신앙의 열정을 과학으로 돌린 것은 19세기 사람들이었다. 과학으로 세계를 완벽하게 이해하고, 거기에 맞춰 도덕적으로 탁월한 사회질서를 구축하는 방법을 찾을 것으로 여겼다. 사회의 질서가 종교의 원리에서 찾는 것이 아니라 경험과학에서 찾는 것으로 탈바꿈하고 있었던 것이다. 과학 지식이 확산되면서 종교적 신앙에 토대한 사회적 기반이 허물어지는 것이 다른 말로 세속화이다. 버거는 '세속화 이론'을 20세기 들어 수립된 종교사회학의 관점에서 근대를 종교 쇠퇴의 시기로 보려는 시각에서 나온 것으로 보았다.[6] 사회와 개인의 의식에서 종교가 차지하는 비중이 줄어드는 것은 당연한 것이었다. 과학은 종교를 세속화하는데 결정적인 요인으로 작용한다. 과학은 크게 발전하고 있으며 앞으로도 기술을 앞세워 진전할 것이다. 세속화는 종교의 권위를 과학의 논리로 무너뜨리는 것이다.

인간의 유전자 지도를 완성한 인간게놈 연구는 사실상 전통적인 종교적 믿음에 대한 유례없는 도전이다. 유전자가 인간의 신체구조 뿐만 아니라 성적 선호도, 공격성, 심지어 종교의 성향까지 결정한다. 유전자가 모든 것을 결정하는 유전자 결정론은 인간의 자유의지와 종교의 필요성 그리고 신의 존재를 다시 생각하게 하는 위협이 될 수 있다. 과학과 종교는 모두 진리를 위한 것이다. 과학은 구체적인 세계상에 대한 규명이고 종교는 관념의 세계상에 대한 규명이다. 과학과 종교의 관계는 역사적으로 대개 '투쟁사'적 관점에서 접근한다.[7] 다윈의 〈종의 기원〉만 해도 당시의 기독교인들에게는 커다란 충격이었다. 신에 의해 인간과 자연이 창조되었다는 〈성경〉에 배치될 뿐만 아니라, 자연세계의 진화론으로 인간의 위치와 신의 역할을 이어주는 관계를 끊게 만들었다.

과학과 기술의 발달은 신神 존재에 대해 더 이상 신비하고 경외하는 자세를 보이지 않게 된다. 신성한 것에 대한 감각이 무뎌진다. 뿐만 아니라 인간은 예언에 대한 기대마저 상실하고 현실에 대한 우연성을 줄이기 위해 과학과 기술에 더욱 의존하게 된다. 베버는 과학과 기술의 진보로 인간은 정신과 악마도 믿지 않으려 하며, 또한 신성한 것을 더 이상 신성하게 생각하지 않는다고 했다.[8] 기술적인 운영과 합리적인 계획이 지배하는 과학 우위의 사회에서 종교는 힘을 잃을 것이라고 베버는 보았다. 원래 세속화는 종교의 통제로부터 벗어나는 현상을 지칭하기 위해 사용되었다. 로마 교회법에서는 인간의 질서 있는 세계로의 복귀를 의미한다. 세속화는 두 가지 입장에서 볼 수 있다. 하나는 진보적인 입장으로 세속화가 종교적 지배로부터 근대인의 해방을 가져오게 했다는 것이고 다른 하나는 전통적인 교회의 입장에서 세속화를 탈기독교화로 본다.[9]

종교사회학자 윌슨은 세속화를 설명하면서 사람들은 초자연적인 것, 특히 기독교적인 공식에 의해 관습적으로 수용된 것에 대해 점차 신뢰를 하지 않고, 나아가 종교가 사회질서면에서도 중요성을 상실해 가고 있다는 강한 확신을 갖게 되었다고 했다.[10] 베버나 윌슨의 주장처럼 종교는 정말 과학이나 기술에 떠밀려 쇠퇴하는 것인가? 미래학자 나이스비트는 반대의 입장을 보인다. 그는 인간은 테크놀로지에 둘러싸여 생활하면 할수록 정신적인 것을 추구하게 되고, 기술은 우리의 세계를 넓히도록 도와주었지만 기술 자체는 인류가 가진 불멸의 물음에 답할 수 없다고 보았다. 과학의 생활이 모든 면에 침투하면 종교에 대한 동경은 더욱 강렬해져서 일상생활에 종교가 갖는 원래의 의미는 강해지게 되고, 이에 부응해서 교회도 종교적인 면을 부각해야 성장할 수 있다고 주장한 것이다.[11]

전통종교가 쇠퇴하는 것은 틀림없다. 그러나 신앙과 믿음은 증가하고 있어서 종교의 영향력이 줄었다고 할 수 없다고 버거는 주장한다. 그는 "우리가 세속화된 세계에서 살고 있다는 가정은 잘못된 것이다. 오늘날의 세상도 이전 세계만큼이나 상당할 정도로 종교적이며, 몇몇 지역들은 그 어느 때보다 더욱 종교적이다"라고 보았다.[12] 종교는 여전히 중요하다는 입장인 것이다. 루크만 역시 그의 저서 〈보이지 않는 종교〉The Invisible Religion에서 오늘날 세속화와 다원화의 사회로 되면서 제도화된 종교의 권위는 잃어버릴지 모르지만 종교는 개인의 내면으로 사사화privatization된다고 했다.[13] 루크만의 말대로라면 종교가 사사화의 길로 가지만 종교적인 정신에 맞추어 종교가 더욱 영향력을 강화하는 방향으로 향한다는 것이다.

세속화의 생각이 어떻든 간에 종교는 변화를 경험하고 있다. 과학과 기술의 발전으로 제도화된 종교는 권위를 잃고 있지만, 새로운 형태의 종교가 계속 나타나고 있다. 30년 전 〈미국종교사전〉을 편집한 멜톤 박사는 미국에만 400개의 신흥종교가 생겨났다고 추정하였다. 종교는 과학이 발전하더라도 새로운 형태로 늘어나고 있다. 사회적 환경은 제도화된 종교를 변화시키기도 하지만 새로운 종교를 만들어내기도 한다. 사회적 환경의 결정적인 변화는 기술이다. 데이빗 노블D. Nobel은 과학기술이 필연적으로 종교의 확산으로 이어진다고 보고, "근대의 기술과 종교는 함께 발전해 왔다"고 주장한다.[14] 따라서 인터넷이라는 새로운 환경은 제도종교의 변용을 가져올 뿐만 아니라 종교가 다양한 모습의 다원주의 형태로 우리에게 다가올 것이다.

사이버 의례

종교의 다원성을 인정한다는 것은 한 개인의 입장에서 종교적 선호religious preference를 표현하는 것이다. 종교제도를 신념, 규범, 정체성으로 하나로 묶어 개인들이 선택에 시달리지 않도록 자동적으로 종교행위를 할 수 있게 했던 이전과 달리 선택할 수 있게 되었다. 종교적 선호는 마치 소비사회처럼 소비자의 선택이 좌우하는 세계를 종교에 반영한 것이다. 종교의 다원성은 개인이 여러 세계관 안에서 그리고 그 사이에서 선택할 수 있도록 여지를 넓혀준다. 버거는 세속화 이론의 틀린 부분은 그런 선택의 대상에 종교적인 것도 있음에도 불구하고 세속적인 것으로만 예측했던 것이라고 했다.[15] 실제로 종교는 선택된다. 그러나 선택된 종교는 주어진 종교보다 덜 안정적이고, 더 얄팍하다. 여기서 얄팍하다는 것은 마치 마트에서 소비자를 꼬드기듯이 온갖 기교나 술수를 쓴다는 의미이다.

종교의 다원성은 종교의 본질을 바꾸는 것이 아니라 종교에 대한 접근방식을 바꾸는 것이다. 다만 그 방식이 종교적 취향을 자유롭게 선택할 수 있도록 하는 것이며 개인은 종교에서 부과하는 공식 교리와 행동 방식을 각자 좋을 대로 고쳐 쓸 기회를 여럿 갖는다는 의미이다. 그렇게 되면 종교의 접근방식만이 바뀌는 것이 아니라 종교의 본질도 바꿀 수 있게 된다. 인터넷은 이러한 종교에 대한 접근방식을 다양하게 하고 있다. 뒤르켐은 종교를 이렇게 정의한다. "종교는 성스러운 것들 즉 따로 보관되고 금지된 것들에 대한 믿음과 실행의 통일된 체계이다. 그 믿음과 실행은 그것을 믿는 모든 사람들을 교회라 불리는 하나의 공동체로 규합시킨다."[16] 종교에는 세 가지 보편적 요소가 동원되는데, 믿음체계, 의식체계, 사회체계이다. 이는 다르게 말해서 성스러운 존재sacred being, 절차인 의례ritual, 사람들 모임인 회중congregation을 중요한 요소로 보는 것이다. 종교의 다원성은 세 가지 요소를 종교적 선호에 의해 정해진 방식이 아닌 다르게 접근하는 것을 실천하는데서 나온다. 인터넷은 이러한 종교 다원성에 효율적 수단이다.

인터넷에는 수많은 종교 관련 커뮤니티를 비롯하여 사이버교회, 인터넷 교회, 사이버 법당, 사이버 교당 등이 개설되어 운영되고 있다. 나아가 개인적이고 광범위한 종교적 실천 행위들로 인터넷에서는 예배, 예불, 기도, 봉헌, 명상, 성지순례 등을 찾아볼 수 있다. 사실 종교체험이 구체적으로 인터넷에서 어떻게 일어나는가 하는 것은 극히 제한적이다. 하지만 사이버 순례를 경험하게 하는 사이트의 경우를 보면, 영적 여행을 위한 쌍방향 온라인 프로그램으로 종교의 신성성을 갖게 하면서 인터넷의 종교적 의례를 새로운 방식으로 제공해준다. 영국 런던의 '세인트폴' 성당에 설치된 미로가 대중들에게 호응을 얻자 사이버공간에 미로 순례를 재구축한 사이트이다.[17] 일종의 '미로 걷기'인 이 사이트는 버림정화 -> 받음신과의 합일 -> 돌아옴재탄생의 진행단계로 인터넷에서의 성지순례를 경험하는 컨셉으로 만들어졌다.[18]

사이버 순례가 인터넷에 만들어져 새로운 종교성을 경험하게 하지만 기존의 성지 순례와 차이나는 점이 있다면 터너가 이론화한 커뮤니타스communitas도 없고 리미노이드liminoid 상태도 갖지 못하는 것이다. 커뮤니타스는 순간적인 탈구조적 공동체로서 참가자들이 집합의식과 공동체적 연대감을 갖지만 참가자들 사이의 사회적 위계를 파기하고 평등한 공동체를 지향하는 것이며, 리미노이드는 전이현상으로 의례

속에서 흥분상태로 완전히 몰입하여 반사회적 구조가 되는 현상을 말한다.[19] 인터넷의 사이버순례는 사람들의 감각적, 경험적, 인식적 차원에서의 종교체험을 실재감으로 접근하지만, 철저히 개인주의적이다. 따라서 오프라인의 성지 순례와 같은 커뮤니타스와 리미노이드는 찾아보기 어렵다. 개인의 의식으로 성스러움을 체험하는 테크놀로지에 접근하는 것이어서, 집합적인 것이 아닌 오직 인지하는 자아cognitive self만으로 성스러움을 경험하는 결과를 갖는다.

사이버순례에서 보듯이 사이버공간은 개인의 문제를 종교적으로 해결할 수 있도록 하는 통로가 된다. 이러한 사이버공간을 본질적인 실체가 아니라 무아無我 무상無想의 공간으로 보기도 한다. "사이버공간은 무아 무상의 교의를 바탕으로 한 법계개념, 다시 말해 자신을 포함해서 우리가 엄연히 살고 있는 현실이 '실체성 없는 실재'라는 불교의 시각에 대한 좋은 비유가 될 수 있다."[20] 컴퓨터 통신망인 네트워크의 세계를 화엄경 사상의 법계연기法界緣起로 비유했다. 법계연기는 한 사물이 개별적인 존재가 아니라 그대로 우주라는 뜻이다. 따라서 사이버공간이 우주의 근원을 통일하는 한다는 종교적 해석의 시도로 어떻게 보면 인터넷을 종교를 위한 수단적 장치나 도구로 이용하는 정도가 아니라, 인간의 주체적 개입의 장치로 상호 의존하는 조화로 보는 것이다. 인터넷이 종교를 위한 선택에서 본질로 바뀔 수 있다.

사이버공간에서 예수를 따르고 부처의 설법을 듣게 되면 인터넷 역시 신성한 장소가 된다. 사이버공간을 만들어내는 인터넷은 단순히 도구가 아닌 신성을 찾는 공간으로 탈바꿈할 수도 있다. 사이버순례를 찾아 인터넷에 접속하는 사회를 상상해 보라. 새로운 형태의 종교는 인터넷에서 쉽게 만들 수 있다. 종교의 제도적 틀이 무너지기 시작하면 인간은 '종교의 신성성'을 체감하는 직접적인 경험을 찾게 되고 그것이 인터넷에서 경쟁적으로 생겨날 수 있다. 인터넷은 교회보다 작고 배타적이며 자발적 가입으로 구성되는 종파sect들이 많이 생길 것이다. 그렇게 되면 버거의 우려처럼 종교의 다원성이 도덕의 다원성이 되는 심각한 문제가 일어난다.[21] 도덕의 근간이 되는 가치의 다원화는 종교의 다원화보다 다루기 더 어렵다. 도덕 판단의 문제는 확실한 수단과 결부되어야하기 때문이다.

종교의 다원성과 마케팅

종교는 어떤 방식으로 접하는가에 따라 행복할 수도 불행할 수도 있다는 인과론적 접근은 맞지 않다. 과학적으로 설명 가능한 것만 믿는 합리적 회의주의가 많아지거나, 현실에 충실한 이상적인 세속자가 많아지거나, 이상적인 현실을 만들기 위해 애쓰는 공동체를 지향하는 개인주의자들 많아져 '신 없는 사회'[22]를 가정하는 것은 종교의 힘이 강하지 않음을 보여주는 것이지 종교가 사라진다는 것을 의미하지는 않는다. '신은 죽었다.' 니체의 말이다. 이런 말을 내뱉은 용감한 니체는 종교가 가지는 추잡함을 모른 채 하고 점잔빼는 사람들의 위선을 꼬집었다. 현실을 증오한 니체는 신의 모든 것을 타파하고 초월하려고 했다. 벨은 이런 니체에 반대하면서 미래에 과학이 발전하더라도 종교의 신성함은 쉽게 덜하지 않을 것으로 보았다. 인간이 신을 부인하고 신의 능력을 가질 수 있다는 니체의 충동에 대해 인정하지 않으려고 애쓰고 있다. 니체가 가진 인간의 근본적인 충동신을 극복하려는 충동에 대해 벨은 거부한 것이다.[23] 여기에 종교를 보는 두 입장이 맞서고 있다. 과학문명의 발달로 종교의 세속화가 급속히 진행되지만 종교는 결코 세속화의 길만 가지는 않을 것이라는 주장과 반대로 세속화가 더욱 가속화 될 것이라는 주장이다.

사이버공간 내에서 새로운 종교 커뮤니티가 만들어지고 사이버 순례를 통해 종교 체험을 하는 것이 세속화인지 아니면 재성화再聖化인지 쉽게 판단할 순 없지만, 인터넷에서의 종교는 근본적으로 다음과 같은 점에서 기존의 제도 종교와 차이를 보인다. ① 사이버 종교는 형식이나 절차에 있어서 강제성이 없다. 예배나 예불의 절차나 형식에 크게 구애받지 않는다. 원하는 시간과 원하는 방식으로 참가할 수 있는 가능성을 열어놓는다. ② 사이버 종교에서의 종교활동은 철저히 개인의 독자성을 인정한다. 사이버공간 속에 구축된 절, 교회, 성당에 찾아 들어가는 것은 개별적 행동에서 이루어진다. 설교나 강론도 본인이 듣고 싶지 않으면 그만둘 수 있다. ③ 사이버 종교는 자신의 욕구실현을 추구하고 영원한 가치를 갈구하기보다 인간의 불안감을 달래려는 자기 위안의 장치이다. 소원을 들어주고 그것이 이루어지길 기원하는 기복신앙이 아니다. ④ 사이버 종교에서는 신의 절대성 앞에 무조건적 굴복을 하거나 신권에 대해 맹목적인 복종을 하는 모습을 사그라질 것이다. 가령 교황청의 교황을 멀리서 보기만 해도 영감을 느꼈던 시절이 있었다. 지금은 인터넷에서 얼마든지 교황의 활동 모습을 볼 수 있고, 메일도 보낼 수 있으며 답신도 기대하게 된다. 교황은 가까이 있는 할아버지처럼 친근한 존재로 만들어 주는 세 인터넷이다.

사이버 종교는 과연 종교제도로 우리가 받아들일 수 있는가? 뒤르켐의 종교 정의를 그대로 따른다면 사이버 종교의 모습에서는 사실 그러한 것을 찾을 수 없다. 성스러운 존재에 대한 신비감이 많이 사라지게 되고, 의례도 자기중심적으로 바뀔 가능성이 있으며, 사이버공간 내에 종교공동체가 만들어지긴 하지만 개인중심의 종교 활동이어서 사람들과 함께 하는 회중을 끌어들일 수 없다. 따라서 사이버시대의 종교는 현실의 제도종교와는 분명 차이가 있다. 사이버 종교는 신자의 울타리를 중요시하는 것이 아니라 열린 종교가 될 것이다. 누구나 참여하게 되는 일종의 생활 종교로 발전한다. 생활 종교로 발전한다는 건 제도화된 종교가 갖는 권위의 붕괴를 의미한다. 왜냐하면 정보가 개방되고 신속하게 유통될수록 정보에 대한 통제는 어렵게 되기 때문이다. 사이버공간에서 갖는 종교에 대한 정보도 마찬가지로 통제는 어렵다. 따라서 종교가 가진 전통적인 담론, 특히 형식과 내용 면에서 새로운 견해들이 쏟아지게 된다. 사이버공간에서 신종교가 많아지는 이유도 이 때문이다.

종교는 다양한 형태로 나타난다. 종교는 다원적인 상황에 들어가게 된다. 이러한 종교의 다원적 상황은 사이버공간에서 더욱 활발하다. 그래서 사이버 시대는 다종교 사회가 된다. 다종교 사회인 21세기의 종교상은 '신자의 울타리를 벗는 열린 종교', '하나의 해답이 아닌 인간존재의 깊이와 다양성을 탐구하는 종교', '종교적 세계에 일상구조를 끌어들이는 종교'라는 주장은 설득력이 있다.[24] 새로운 종교는 예언 그리고 전통의 사슬을 끊고 낡은 제도의 벽을 허무는 카리스마적 인간이 있어야 나타난다는 베버의 주장은 인터넷에서는 맞지 않게 되었다. 오히려 벨의 말처럼 '기억의 부활'이 새로운 종교를 만들 것이다. 그것은 '도덕화의 종교', '속죄적 종교', '신화적 종교'이다. 인간의 궁극적인 문제를 종교에만 떠맡던 시대는 끝나고 있다. 대신 인터넷이 새로운 형태로 나서게 된다.

새로운 형태의 종교가 등장하는 종교의 다원성 시대에 종교의 지상 최대 과제는 신자수의 확보라고 하는 주장은 흥미롭다. 다시 말해 21세기의 종교가 다양한 형태로 나타나는 것은 신자의 수를 늘리기 위해 신자의 구미에 맞춘다는 의미일 것이다. 이렇게 되면 종교도 서로 경쟁하게 된다. 이제 종교도 시장논리 하에 마케팅이 중요하다. 종교가 공존하며 경쟁하는 상황에서 종교는 상품화되고 종교행위도 시장논리에 지배당하게 될지도 모른다.[25] 종교는 이제 상품성을 위해 전통적인 제도종교든 아니면 새로운 종교든 여러 형식을 찾게 되고 이를 위해 많은 노력을 기울이게 될 것이다. 사이버 시대의 종교는 팽창 부흥하겠지만, 상품성이라는 새로운 형식의 세속성에 몰두한다. 종교는 사라지는 것이 아니라, 사이버 공간이 만들어낸 문화에 호소하기 위한 종교의 복잡한 상품화로 치닫는다. 재성화냐 세속화냐의 문제를 떠나서 종교도 이제는 제조되거나 디자인되는 시대가 된다. 개인의 구미에 맞는 맞춤 종교의 시대를 조만간 맞게 될 것이다.

읽고 생각하기 10

종교의 다원화

다원화는 반드시 종교의 본질을 바꾸지는 않되, 종교에 대한 접근 방식을 바꾼다. 다만 다시 한 번 무리한 일반화를 피하기 위해, 종교적 취향을 자유롭게 선택할 수 있음은 해당 개인이 교회가 부과하는 공식 교리와 행동 방식을 각자 좋을 대로 고쳐 쓸 기회의 증가를 의미한다는 것, 따라서 종교의 **접근 방식**뿐 아니라 **본질**이 바뀔 수도 있음을 염두에 두어야 할 것이다. "나는 가톨릭이야. **하지만** ……" 이렇게 말하는 경우를 종종 듣는다. 여기서 '하지만'은 그 사람이 가령 교황무오설이나 성체변화설 등을 믿지 않음을, 또는 교회의 입장과 별개로 거리낌 없이 피임함을 뜻할 수 있다.

(피터 버거·안톤 지더벨트, 『의심에 대한 옹호』, 함규진 옮김, 2010: 37-38)

의례과정의 전이현상

의례과정의 전이현상liminality 혹은 한계상황에 있는 인간문턱을 넘는 사람들의 속성은 예외 없이 애매하다. 이런 존재 방식이나 이런 사람들은 평상시라면 어떤 상태나 지위를 문화적인 공간에 설정하는 분류의 관계망에서 벗어나거나 거기서 감춰져 있기 때문이다. 전이과정에 있는 사람들은 이쪽에도 없고 저쪽에도 없다. 그들은 법이나 전통이나 관습이나 의례에 따라 지정되고 배열된 지위 사이의 어느 쪽도 아닌 애매한 위치에 있다. 그런 이유로 그들의 애매하고도 불확정적인 속성은 사회적이고 문화적인 전이를 의례화하고 있는 많은 사회에서는 아주 다양한 상징으로 표현되고 있다. ……

전이과정에 있는 존재, 예컨대 입회의례나 성년의례의 수련자들은 무소유자로서 표상될 때도 있다. 그들은 한 가닥의 천을 걸치거나 알몸으로 괴물을 가장하고, 전이과정의 존재로서 지위도 재산도 직업도 표식도 그리고 친족체계에 있어서의 서열이나 역할이나 지위를 가리키는 세속적인 의복도 가지고 있지 않다는 것을 증명하고 있다. …… 그들은 마치 새로워지기 위해서 획일적인 조건으로 변화되기를 강요당하고 있는 것 같기도 하고, 또한 인생의 새로운 정황에 자신을 적응하게 하는 새로운 힘을 전수받고 있는 것 같기도 하다.

(빅토 터너, 『의례의 과정』, 박근원 옮김, 한국심리치료연구소, 2005: 145-146)

1. '속세의 교묘한 기술이 종교를 정복할 것'이란 말처럼 인터넷은 종교에 변화를 주게 된다. 인터넷은 종교의 다원화에 어떻게 기여하는가?
2. 인터넷의 사이버순례에서의 의례적 행위와 현실공간에서의 성지순례의 의례와 어떤 차이가 있다고 보는가?

제11장

전자감시, 사적 울타리의 상실

감시는 왜?

시계는 사람들의 노동을 추상적 시간의 단위로 팔도록 맞추는 도구이다. 자본주의 제도 하에서 노동자는 시간으로부터 구속당하면서도 사회생활의 모든 면이 시계에 맞춰진 것에 대해 적절한 것으로 여겨왔다. 그러나 시계는 시공간의 차원에서 자본주의 현장에 현대적 감시의 수법으로 이용되고, 시간으로부터 노동자는 소외를 경험하면서도 알지 못한 채 생활한다. 이러한 내용은 컴퓨터에서도 마찬가지이다. 신용카드로 구매한 기록들은 컴퓨터에 담겨져 고객관리에 이용된다. 데이터에 담겨진 구매 패턴을 통해 새로운 상품을 소개하고, 구매자의 소비생활에 맞는 정보를 제공하는 중요한 조정자의 역할을 한다. 포스터는 이러한 소비자 데이터베이스를 '수퍼파놉티콘'이라 불렀다. 벤담의 파놉티콘과 비교했을 때 수퍼파놉티콘은 피감시자의 자발적 협조에 의해 이루어지는 경우가 많다.

수퍼파놉티콘의 특징은 감시를 당하는 사람이 감시에 필요한 정보를 제공한다는 것이 특징이다. 수퍼파놉티콘의 경우 벤담의 파놉티콘과 달리 "주도면밀하게 설계된 건축물도 필요 없고, 범죄학과 같은 과학을 도입할 필요도 없고, 복잡한 행정 기구도 요청되지 않으며, 관료 조직도 있을 필요가 없다. 가게 점원이 추가되는 최소량의 데이터를 통해 개인의 행위가 전화선을 타고 전산화된 데이터베이스에 전달하기만 하더라도, 감시는 확실하게 일어난다. 그 감시의 정치적 힘은 희생자의 자발적인 참여와 맞물려 거대하고 매끄럽게 작동된다."[1] 신용카드의 사용으로 정보를 자동으로 전송하는 소비자의 자발성은 인터넷과 연결된 컴퓨터의 여러 이용에서도 이루어진다. 전자 메일과 포털사이트의 이용, 소셜커머스를 통한 소비행위, 온라인 금융서비스 등 이 모든 것은 쉽게 특정 기관이나 기업에 자신의 성향에 대한 정보를 넘기는 것이다.

정보를 수집한 기관은 데이터의 기록을 '필요한 사람을

선택'하거나 '필요 없는 사람을 배제'하는 두 가지 목적으로 이용된다. 사람들은 자신의 정보를 자발적으로 제공하면서 스스로가 배제될 것으로 생각하는 경우는 거의 없다. 오히려 더 많은 혜택을 기대하고 있다. 마일리지를 제공받고, 포인트를 쌓으면서, 카탈로그를 서비스 받고, 이벤트에 초청되는 기대 속에서 충실히 정보를 자발적으로 제공하도록 유도하는 기업의 정책에 호응을 한다. 정보 제공의 혜택은 직접적이고 실제적일수록 적극적으로 일어난다. 그러나 미래에 닥칠 불이익을 생각하는 경우는 거의 없다. 파놉티콘식의 속박과 감시를 통한 통제가 아니라 협력을 통한 교묘한 통제로 작동한다. 갑자기 걸려온 휴대폰의 광고전화와 컴퓨터의 불쑥 튀어나온 팝업광고는 자신이 제공한 정보로 인해 받게 되는 불편한 간섭들이다.

인터넷은 새로운 감시를 우리에게 던져주고 있다. 감시는 원래 선의이든 악의이든 특정한 의도를 가지고 상대를 관찰, 감독하는 것이다. '감시'라는 말이 사회학에서 익숙한 것은 그리 오래되지 않는다. 제임스 룰의 〈사적 생활과 공적 감시〉Private Lives and Public Surveillance라는 연구가 70년대 초 나왔지만, '감시'는 푸코가 내놓은 논문들이 주목받기 전까지는 관심 밖이었다. 감시 연구에 대한 출발은 역시 베버와 마르크스에서부터 시작한다.[2] 마르크스는 노동자와 자본가의 갈등에 초점을 두고, 감시란 자본가가 노동자를 감독하고 통제해서 자본을 더욱 확보하기 위한 통제유지의 수단이라고 본다. 베버는 관료조직의 능률적인 실천을 위해서 행정가들이 개인 정보를 간직한 데서 감시가 발전한 것이라고 보고 있다. 기든스의 경우는 마르크스와 베버의 양 입장을 모두 수용해서 자본주의 입장에서는 공장의 노동자를 감시하기 위한 것이고, 민족국가에서는 시민을 정부가 감시하기 위한 것으로 감시 자체가 권력을 만들어 낸다고 주장했다.[3]

전근대 사회에서는 권력이란 군주의 입장에서 왕권신수설에 근거해 부여된 것이었다. 신이 부여한 질서로 굳이 권력을 만들어내기 위한 장치에 신경 쓰지 않았다. 그러나 근대사회에서는 권력이 인간적 질서에 의해 새롭게 재편되면서, 국가나 국가의 수장은 권력의 정당성을 갖기 위한 노력과 함께 권력유지에 대한 장치가 절실했다. 군주라는 힘을 빌리지 않고 권력의 효율성을 높이기 위해서는 여러 관계에 의해 개인화되는 신체를 구속하는 것이다. 여기서 감시는 신체를 통제하는 것으로 권력을 만들어내는 중요한 장치 중의 하나였다. 푸코는 근대사회에서 권력에 순종하는 주체를 적극적으로 생산해 내는 기제는 규율을 심어주어 감시를 내면화하는 것이라고 했다.[4] 감시를 하는 이유는 권력에 순종하는 개인을 만들기 위해서이다. 푸코는 근대사회에서 권력 유지를 위한 감시가 어떻게 작용하는지 역사적인 증거를 가지고 체계적인 연구를 한 학자이다. 그가 감시를 주목하는 이유는 감시가 근대사회의 본질이라고 생각하기 때문이다. 이러한 주장은 기든스 역시 동의하고 있다. 감시라는 것은 근대성의 제도적 차원으로서 자본주의, 산업주의, 군사적 힘과 더불어 기본적인 것이라고 주장한다.[5]

근대사회는 권력을 만들거나 그 권력을 유지하기 위해 감시를 필요로 하는 사회이다. 다시 말해, 감시는 사회적 요구에 부응한 결과로서 사회구성론적 입장에서 접근 할 수 있다. 그러나 동시에 이러한 감시는 과학기술과 맞물려 감시 기술이 놀랍도록 발전하면서 기술결정론과도 연관있다. 정보사회를 전자감시사회라고 하는 이유는 전자감시 기술과 사회적 요구에 부응한 결과로서 기술과 사회적 요구가 감시의 조건으로 작용하기 때문이다.[6] 감시사회라는 것은 새로운 상황의 유발이 아니라 정보기술에 의해 특정한 경향과 과정이 증폭되고 가속화된 결과로 볼 수 있다. 감시를 위한 전문화된 지식은 각 기관들의 권력을 강화시켜주며 그 권력이 힘을 모아 개인들의 프라이버시라고 하는 영역에 점점 침투해 들어오고 있다. 조지 오웰의 소설 〈1984년〉에서 감시당하는 사회를 충격적으로 받아들였던 내용과 비교하면, 지금의 감시는 수퍼파놉티콘에서 보는 것처럼 다른 차원에서 또 다른 수준으로 발전하고 있다. 감시는 왜 하는가? 권력을 위해 힘의 불균형을 깨고 싶지 않아서 하던 감시에서 이제 인터넷에서의 현란한 이미지를 동원하여 시선과 관심을 한 곳에 고정시켜 통제된 소비 유혹을 위한 감시로 변하고 있다. 그것도 자발적 참여를 통해서……

데이터에 갇힌 사람들

파놉티콘적인 제도들의 조건과 효과는 그 속에 있는 사람들을 모두 **고정화**시키는 것이다. 파놉티콘의 기능은 엄중하게 감시받는 공간을 아무도 탈출하지 못하게 하는 것이다. 근대사회의 감시는 전통적인 무자비한 방법보다는 사회질서를 내세우면서 부여하는 합리적인 수단인 파놉티콘을 발전시켰다. 이러한 합리적인 수단의 목적은 사람들을 정해진 유형에 적응할 수 있도록 일정한 훈련으로 고정하는 것이다. 근대사회에서는 삶이 **정해진 유형에 따라** 살아가도록 보장하기 위해 훈련수단을 사용한다고 푸코는 보았다. 그러한 훈련의 목적은 감시를 위한 것이다. 교도소, 군대, 학교, 작업장의 훈련에 이르기까지 모든 훈련은 감시를 수월하게하기 위해서이다. 왜냐하면 감시를 통해 권력이 나오기 때문이다. 푸코의 〈감시와 처벌〉이란 책도 감옥의 역사를 기술하려는 것이 아니라 권력의 정체를 밝히기 위한 것이었다.[7]

특히 그가 주목한 것은 감옥이었다. 감옥은 국가기관의 중요한 기구이자 장치였다. 근대에 들어 외형적으로 감옥이 현대화되고 형벌이 완화되었다고 죄수에 대한 처벌이 인간적이라고 해석해서는 안 된다. 단지 바뀐 것은 권력의 전략이다. 권력은 자기 모습을 내보이지 않으면서 모든 것을 보는 파놉티콘과 같은 구조 속에서 개인에 대한 감시와 통제를 완벽하게 실현한다. 전근대사회의 잔인한 처벌을 통한 방법보다는 근대사회의 감시를 통한 방법이 권력의 전략으로 더 유효하다. 근대사회에서 사회질서란 이름 속에 인간의 육체가 규율에 길들여지는 이유는 감시를 잘 하기 위한 것이고, 이러한 감시는 권력의 전략이다.

개인은 근대사회의 규율에 길들여지는 과정에서 개체화된다. 다시 말해 거대한 조직 속의 부품화가 된다. 푸코는 역사란 권력에 의한 주체의 개체화과정이라고 했다. 인간은 개인화되고 근대사회의 감시 장치 속에서 합리적인 예속화의 길로 빠져든다. 공동체의 연대의식은 와해되고, 타인과의 연결고리도 끊어지게 된다. 개인이 개체화되면서 국가는 전체주의적 권력 형태를 취하게 된다. 감옥 만이 아니라 근대사회의 여러 제도들도 감옥 아닌 감옥이다. 예를 들어, 학교, 병원, 군대의 조직은 바로 파놉티콘의 형태를 보인다. 수용자는 제복을 입고 있으며, 종적인 관계가 중요하며 횡적인 관계는 의미가 없으며, 그 장소를 떠나면 의미를 잃어버리며, 그곳의 규율에 맞추어 행동해야 하는 곳 바로 파놉티콘과 같다.

근대사회는 단순히 통제와 질서를 유지하고 시민들의 보호로 번영을 보장하는 것이 아니라, 인간의 무질서에 대한 충동과 욕구를 길들이고 순화시키는 것을 가치로 여겼다. 그래서 근대사회에서 감시는 중요하다. 그러나 통제와 권력의 근대화에 결정적인 측면에서 가장 완벽에 가까운 은유인 파놉티콘의 이미지는 사실 반생산적이다. 파놉티콘은 도전적이지도 않고 생동감도 없으며 정해진 규정에 따라야 하는 고정화의 이미지를 갖고 있기 때문이다. 파놉티콘의 가상 공간의 판본으로 컴퓨터의 데이터베이스에 주목한 마크 포스터는 오히려 감시를 생동감 있게 만들고 있다. 컴퓨터 네트워크에 걸쳐진 온갖 데이터들은 개별 사용자의 정보내용이 패턴별로 정리되어 감시망으로 작용할 수 있는 거대한 파놉티콘이다. 파놉티콘의 주요한 목적은 수용자들의 행위에 규율을 주입하고 동일한 패턴을 부과하는 것이다.

파놉티콘은 차이, 선택, 그리고 다양성을 파괴하는 중요한 무기였지만, 데이터베이스의 사용에는 그러한 목표가 존재하지 않는다. 데이터베이스는 선택과 분리 그리고 배제의 도구이다. 신용도 높은 사용자에게는 높은 점수를 주어 선택의 기회를 제공하고 그렇지 않은 사용자에게는 선택될 기회를 제한하는 신용도를 확인하는 것이 데이터베이스의 배후이다. 따라서 데이터베이스는 사람들을 한 곳에 묶어두는 족쇄와 다르다.[8] 파놉티콘에서 데이터베이스로의 감시는 개인에 대한 많은 자료의 수집과 저장을 용이하게 하는 감시 수단의 기술로 '데이터 이용 감시'dataveillance라는 용어가 생겼다. 데이터베이스는 주제에 따라 묶어지기도 하지만, 하나의 데이터베이스에서 나온 데이터는 다른 데이터베이스 속으로 쉽게 읽혀질 수 있고 통합될 수 있기 때문에 데이터의 상품화가 가능하다.

데이터는 필요한 수단에 따라 조합되고 링크되어 새로운 가치를 창출하는 정보를 생산한다. 신용카드를 사용하여 저장된 정보는 증폭되어 여기저기 이동하게 된다. 파놉티콘처럼 대상을 고정화시키는 것이 아니라 무수히 여기저기를 떠다니는 흐름의 감시로 바뀌게 된다. 데이터베이스에 담겨진 정보는 본인도 알지 못하는 상태에서 여기저기 유출되어 원치 않는 유혹에 동원되는 경우가 흔하게 일어난다. 일상을 방해하고 간섭하는 일에 데이터베이스의 개인정보가 이용될 뿐만 아니라, 국가는 이를 충분히 통제할 자원으로 이용할 개연성이 있는 것이다. 데이터베이스에 갇힌 개인의 정보를 11가지 범주로 구분해보면 다음과 같다.[9] ① 개인의 신분 정보 및 자격정보, ② 재정 정보, ③ 보험 정보, ④ 사회보장 정보, ⑤ 공익설비 정보, ⑥ 부동산 정보, ⑦ 오락/여가 정보, ⑧ 고객 정보, ⑨ 고용 정보, ⑩ 학력 정보, ⑪ 법률 정보.

데이터베이스의 힘이 점점 커지는 상황에서 컴퓨터의 감시 능력은 새로운 차원으로 진화하고 있다. 인터넷 브라우저를 통해 개인 컴퓨터에서 웹페이지로 전송되는 쿠키cookies 파일은 개인의 인터넷 서핑 습관이나 웹사이트에 대한 방문 정보를 담고 있어서 기업이 컴퓨터 이용자의 정보를 모으는 방편으로 쉽게 이용하고 있다. 단순히 신용카드의 사용이나 백화점 카드의 사용에서 제공하는 정보와 차원이 다른 사이버 감시cybersurveillance로의 진화이다.[10] 쿠키를 사용하더라도 웹사이트에서 다른 웹사이트로의 이동은 알 수 없지만, '더블클릭'DoubleClick과 같은 기업은 2007년 구글에 인수되어 다양한 기준의 데이터 수집으로 고객인 대행업체, 마켓 경영자, 출판업자 등에 소개한다. 여기에는 마이크로소프트, GE, 코카콜라, 모토로라 등이 포함되어 있다. 대부분의 사람들이 개인 정보를 기업체와 마케팅 담당자들에게 넘겨줌으로 인해 긍정적인 혜택이 있기 때문에 크게 의식하지 않는다.

인터넷을 통한 정보 생성, 수집, 분석 등이 이슈가 되고 있는 가운데 이용자가 방문하는 사이트에 자동으로 임시파일이 생겨나는 쿠키파일은 이용자가 열어본 사이트 내용, 상품 구매 명세서, 신용카드 번호, ID/IP 정보가 저장되어 웹 사용자들의 정보가 그대로 노출된다. 특히 모바일을 통한 앱의 접속은 개인의 입장에 따라 민감성 및 중요성을 판가름 하지 않은 채, 개인정보가 자연스럽게 노출되어 감시자의 입장, 즉 앱 제공자의 입장에서는 손쉽게 통제할 수 있는 환경이 만들어진다. 개인의 서비스 이용기록, 접속 로그, 쿠키, 결재 기록, 페이지뷰 내용, 이용시간대, 검색사항, 사이트 방문내역 등 개인을 둘러싼 정보는 데이터베이스에 고스란히 남아 있는 것이다. 하루 종일 스마트폰을 끼고 사는 우리는 사소한 행위들도 디지털 흔적으로 남긴다. 거대한 데이터베이스에 갇힌 사람들은 이제 자신의 정보를 희생으로 어떤 보상을 얻을까 기대하는 것 때문에 감시에서 벗어날 의지를 크게 보이지 않을 뿐만 아니라, 일상화된 정보노출을 노출로 의식하지 못하고 지내는 것에 익숙하게 되었다.

역감시에서 올리콥티콘으로

파놉티콘은 감시자를 신의 전지전능한 위치로 격상시키는 세속적인 힘을 부여하는 장치이다. 피감시자의 시선을 불균형시키고 불확실성을 느끼도록 하면서 복종하도록 한다. 즉, '자동화된 권력효과'를 발휘함으로써 스스로 규율을 지키도록 하는 도식을 가진다. 파놉티콘에서 권력은 소수가 다수를 관찰하는 상황에서 나온다. 그러나 인터넷 네트워크에서는 반대로 다수가 소수를 관찰하는 상황이 일어난다. 파놉티콘과 정반대로 새로운 기술이 인터넷으로 가능하게 되었다.

많은 다수가 소수를 관찰하며 관찰자들은 자신들이 어디에 존재하든, 어디로 가든 외적 그물망으로 묶어 늘 소수를 관찰하는 위치로 쉽게 올라설 수 있다. 이를 파놉티콘과 반대로 시놉티콘synopticon이라 부른다. 다수의 관찰은 어떤 강압에 의해 일어나는 것이 아니다. 소수는 엄격하게 선발되어 주목받는 사람들로 다수의 관찰자를 유혹한다.[11] 바우만은 이들 소수를 다음과 같이 기술한다.

> 많은 사람들이 소수를 보고 있다. 관찰되는 소수들은 명사이다. 그들은 정치, 스포츠, 과학 또는 오락 사업 출신들이거나 축복받은 정보 전문가들이다. 하지만 어디 출신이든 간에, 전시된 모든 명사들은 다수가 축복하는 세계(그러나 주요한 차별적 형태가 확실히 관찰되고 있는 세계)를 보여주고 있으며, 지구 곳곳에 존재하고 있다.[12]

시놉티콘은 다수가 소수를 감시하는 것으로 일종의 '역감시'이다. 시놉티콘은 대체로 일반적인 대중매체, 특히 텔레비전을 통해 대중의 의식을 방향 짓거나 통제하고 규율하는 상황으로 정의되기도 한다.[13] 예를 들어, 스포츠에서 다수의 관중이 소수의 선수나 감독을 보는 구조는 시놉티콘의 논리이다. 텔레비전에서 월드컵 축구와 같은 스포츠를 프로화해서 실시간 중계하는 것도 일종의 전지구적 시놉티콘을 가능하게 한다는 것을 보여준다.[14] 스포츠 스타의 일거수 일투족을 모니터링하고 관심을 두고 관찰을 하게 된다. 팬들의 집단적 반응인 팬덤에 영향을 받는 연예인들의 경우도 마찬가지이다. 인터넷은 미디어로서 더 세밀하게 유명인사, 정치인, 연예인, 스포츠 스타를 감시한다. 이를 감시가 아니라 대중매체에 '보이기 때문에' 그렇게 된다는 주장도 있지만,[15] 단순히 바라보는 것이 어느 순간 관찰로 그리고 감시로 변한다. 인터넷에 달린 댓글은 순식간에 감시로 바뀌면서 유명인들의 행동에 개입하고 통제하려 든다.

하지만 인터넷은 감시에 앞서 '보여주기'에 좋은 매체이다. 유명스타들은 인터넷의 1인 방송, 블로그, 인스타그램, 페이스북 등을 통해 '자기 보여주기'에 앞장서고 있다. 인터넷뿐만 아니라 텔레비전도 이에 함께 동조하고 있다. 유명 연예인들의 사적인 삶을 프로그램화 하여 보여주는 〈나혼자 산다〉, 〈마이 리틀 텔레비전〉이나, 유명 스타들의 아이들을 밀착카메라로 다가가는 〈수퍼맨이 돌아왔다〉 같은 방송은 전형적인 보여주기이다. 시선의 주체인 다수의 시청자소비자, 고객, 팬들 포함들이 시선의 대상에 갖는 관심은 때에 따라선 특정 결과물을 가져오게 된다. 리얼리티 TV에 나온 연예인의 살빼기 프로그램이 보여준 비만관리가 다수 시청자들의 의식을 사실 통제하는 경우가 있다. 연예인과 같은 음식을 먹거나 같은 방식으로 운동을 하도록 하는 의식의 통제가 일어난다는 것이다. 파놉티콘이 육체의 통제를 생산했다면, 시놉티콘은 의식의 통제를 생산한다는 논리이다. 인터넷에 팬클럽 카페나 블로그를 보면 많은 사람들이 동조하고 의견을 달고 연대감을 이루는 경우를 보면 감시를 통한 감시가 이루어지는 곳이다. 소수를 감시하면서 동시에 다수의 통제가 일어난다. 시놉티콘은 확장된 파놉티콘의 논리이며, 역감시의 감시이다. 그렇다고 시놉티콘을 파놉티콘의 대체물로 간주하지는 않는다.

인터넷은 유명연예인, 정치인, 스포츠 스타와 같은 명사만 관찰하는 것은 아니다. 모든 사람이 다른 모든 사람을 볼 수 있도록 만들었다. 인터넷과 연결된 영상 기술, 정보통신의 발달, 스마트폰 어플리케이션의 개발 등을 통한 상호감시의 맥락은 시놉티콘 감시의 순환과 연결된다. 모든 사람들이 모든 사람들을 감시하는 감시는 감시 자체를 투명하게 만들어 버린다. 사생활 보여주기와 훔쳐보기 형태로 방송되는 리얼리티 쇼는 인터넷에서 활개치고 있으며 인터넷방송 〈아프리카티비〉는 홈페이지 사이트에서 일반인들의 사생활 모습도 무료로 실시간 보여준다. 유명한 스타만이 아니라 일반인들도 자신의 사적 영역을 세밀하게 보여주면서 개인적인 행위 정보 등을 노출시키고 있다. 인터넷은 수많은 연결망이 존재하기 때문에 웹 데이터, 실시간 스트리밍 자료, 그 안에 존재하는 사람들의 개인 정보 등이 모여 얽혀 있다. 이는 새로운 올리곱티콘oligopticon이다. 올리곱티콘은 셀 수 없이 뻗어 갈

수 있는 선택 방향과 모든 분야의 사람들이 그 자료를 활용할 수 있도록 연결되어, 더욱 커지는 사회적 연결망 성격에서 일어나는 감시이다.

올리곱티콘은 부뤼노 라투르가 만든 개념으로 소수, 작다는 의미의 그리스어 'oligo'와 'opticon'을 합친 단어이다.[16] 파놉티콘이나 시놉티콘은 시선의 상호성을 인정하고 권력을 가진 쪽과 그렇지 않은 쪽 사이의 방향성을 가지고 있다. 그러나 올리곱티콘은 감시의 구조 안에서 행위자들이 서로 얽혀 있는 연결망의 형성에 주목한다. 기본적으로 행위자 연결망 이론act-network theory에 근거한다.[17] 올리곱티콘은 압도적으로 우월한 권력자가 존재하지 않으며 정보는 순환되거나 상황에 따라 항상 새롭게 구성하는 가변성을 가진다. 사회 체계에서 여러 시선과 정보망이 연결되어 있는 것이 올리곱티콘이다. 올리곱티콘은 한 눈에 그 현상을 판단할 수 없는 수많은 연결망이 존재하기 때문에 그 안에 존재하는 많은 사람들의 개인정보들이 서로 얽혀 있다는 데 초점이 있다.

□ **메트칼프의 법칙(Metcalfe's law)**

메트칼프의 법칙은 네트워크의 규모가 커지면 비용은 직선적으로 늘지만, 그 효과는 기하 급수적으로 증가하는 법칙이다. 미국의 쓰리콤(3com)의 창립자인 밥 메트칼프가 고안한 법칙으로 통신 네트워크가 커지면 구축비용은 이용자 수에 비례해 증가하지만, 네트워크의 가치는 이용자 수의 제곱에 비례해 늘어나는 효과이다. 예를 들어, 100명으로 구성된 네트워크에 100명이 늘어나면 비용은 두 배로 늘지만, 네트워크 참여 인원은 200명의 제곱인 4만 명으로 그 효과가 기하급수적으로 확산된다. 네트워크의 가치는 네트워크에 연결된 노드의 수를 제곱한 것과 같다는 메트칼프의 법칙은 소셜네트워크 서비스(SNS) 기업의 가치를 평가할 때 주로 사용된다. 메트칼프 법칙에 따르면 정보망에 얽힌 감시도 네트워크로 연결되어 기하급수적으로 확산된 집합적 감시망 속에 놓여 있게 된다.

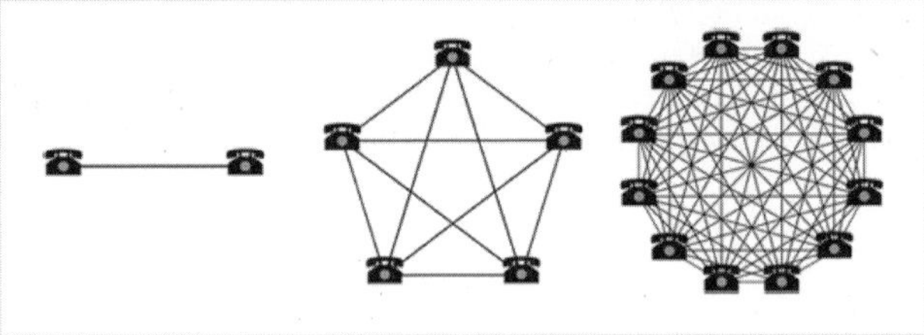

첨단 기술의 도입으로 관찰하는 기술이 크게 변화하면서 올리곱티콘의 감시체계는 전체 네트워크에 대해 넓은 시각을 가지고 정보를 노출시킴과 동시에 서로 다른 기기에도 연결되는 복잡한 연결망 구축으로 세분화된 분석으로 감시가 가능해진다. 네트워크의 확장 효과와 같은 맥락에서 메트칼프의 법칙처럼 전체 네트워크에 얽혀 더 효율적이면서 통제에 벗어난 복잡한 감시이다. 사회체계의 여러 곳에 작동하는

시선과 정보를 연결망을 이루며 곳곳을 들여다보게 되는 것이 올리곱티콘이다. 올리곱티콘은 마치 잔뿌리가 계속해서 뻗어나가며 지속되는 연결접속의 원리로 각각의 독립적 자료가 연결되는 이종성의 원리가 작동하며 하나의 성질로 환원되지 않는 다양체의 원리처럼 보이지 않은 곳까지 들여다보는 감시가 된다.[18] 지금 인터넷에는 본인도 모르는 수많은 정보가 여기 저기 떠다니며 원래의 성질로 환원할 수 없는 자료가 되어 감시되고 있다. 행위자-연결망은 올리곱티콘적으로 해석할 수 있으며 인간과 기계의 구분을 뛰어넘는 모든 연합된 개체로서 감시의 연결망 속에 유기체처럼 떠도는 것이다. 감시 대상을 타자화했던 파놉티콘과 시놉티콘과 달리 감시의 집합주의collectivism로 모든 사람이 모든 사람을 감시하는 상황에 노출되어 있다. 광범위한 인적 연결망, 소셜 미디어 연결망 등 네트워크로 연결된 모든 것들이 감시의 구성요소가 된다.

프라이버시 없는 빅데이터

모든 사람이 모든 사람을 감시하는 상황, 즉 감시를 감시하는 역감시의 상황은 프라이버시를 심각하게 침해한다. 원래 프라이버시의 문제는 국가가 개인의 사적인 정보에 관여하는 것에 대항하기 위해 법에 입각한 보호를 주장하면서 주목받기 시작했다. 국가는 개인의 행위, 통신, 정보 등을 타인의 호기심으로부터 간섭받는 것을 법으로 규제하면서 프라이버시를 보호하려고 노력한다. 그러나 역감시가 만연하면서 사람들은 프라이버시를 침해하는 감시를 당연하게 여기는 내성이 생겼다. 감시가 다방향적인 것으로 되면서 사람들은 프라이버시를 타인에 대해 알고 싶어 하는 권리에 대한 장벽 정도로만 생각하게 되었다.[19] 전자감시를 기능적인 면에서 반드시 은밀하고 부정적인 것으로 간주할 필요가 없다는 주장[20]은 감시를 정당화함으로써 프라이버시를 쉽게 지켜줄 수 없는 상황에 대한 옹호이다.

감시는 근대성의 논리에서 사회 질서와 규율을 따르도록 사회성원들을 통제하는데 필요로 하였다. 또한 감시는 국가나 기업에서 필요에 따라 사람들을 합리적으로 조정하는 기능을 수행하였다. 감시의 기능적 역할을 받아들이는 것은 프라이버시를 꼭 지켜야 하는 권리로 생각지 않게 한다. 프라이버시는 타인에 의해 인정되어야 한다. 타인의 비밀을 존중하지 않고 참견하고 간섭하는 사람들에 맞서 필사적으로 비밀을 지키려는 마음이 없으면 프라이버시는 위험에 처한다.[21] 타인에 대한 간섭은 국가나 기업과 같은 조직만이 아니라 이제는 만인에 의해 이루어진다. 스마트폰이 대중화되면서 언제든 자신의 행동 정보가 다른 사람의 휴대폰에 담길 수 있으며, 스마트폰 자체도 위치 정보 및 추적이 손쉽게 이루어져서 개인의 정보와 사생활 침해의 가능성은 언제나 열려있다. 고트립은 우리가 사는 세상은 더 이상 프라이버시가 존재하지 않는다고 했다.[22] 내가 어디에 있는지 누구나 알 수 있는 위치 정보 서비스에 대해 사회적 이슈가 된 적이 없는 것을 보면 사람들이 편리함을 위해 프라이버시를 쉽게 포기한 듯하다.

기술과 환경의 변화에 따라 개인이 느끼는 프라이버시의 인지개념은 달라졌다. 프라이버시는 "혼자 있을 수 있는 개인의 일반적인 권리"이다. 워렌과 브렌다이스S. D. Warren & L. D. Brandeis에 의해 1890년에 주장된 이 말은 문명의 발달로 세계가 복잡해지면서 이런 세계로부터 도피하고자 하는 것이 필요하다는 생각에서 나온 말이다.[23] 프라이버시에 대한 초기의 개념은 사실 자신의 사생활을 타인에게 알리거나 자신의 초상을 공개하지 않을 권리였다. 그러나 정보사회가 되면서 프라이버시는 소극적 의미와 적극적 의미로 나누어 생각할 수 있다. 소극적 의미는 사생활을 침해받지 않을 권리이지만, 적극적 의미는 자신에 관한 정보를 관리 통제할 수 있는 권리이다. 프라이버시는 이제 단순한 것이 아니라 복합적 구성체계로 이해할 필요성이 높아졌다.

프라이버시의 침해는 전자감시의 기술로 확대 재생산되고 있다. 개인에 대한 감시는 현재 상당부분은 소비 형태에서 발생한다. 카드결제나 자동이체는 자신의 정보가 그대로 드러나는 행위이다. 한 달간의 생활을 모두 카드로 결제한다면, 한 달에 무엇을 얼마나 먹었는지, 무엇을 입고 있는지, 심지어 속옷의 제품은 어떤 것인지, 크기는 얼마인지 그대로 노출된다. 자동결제도 마찬가지이다. 자신의 자산이 얼마인지 뿐만 아니라 그 자산이 어디에 어떻게 지출되는지 드러나게 된다. 이러한 정보 자료들이 상업적으로 이용되면서 자신도 모르게 이 회사 저 회사 유통되면서 자신의 사생활을 보여주고 만다. 우리는 영화 〈트루먼 쇼〉처럼 '유리병 안의 삶'을 살고 있다. 서른 살의 보험 세일즈맨 트루먼 버뱅크의 생활은 그저 행복한 삶 자체이다. 친절한 이웃과 예쁜 아내, 그리고 즐거운 직장생활. 어느 하나 부족한 게 없다. 그러나 그의 모든 행동은 TV로 생중계되고 있었다. 영화 〈트루먼 쇼〉는 곳곳에 감춰진 몰래카메라가 트루먼의 삶을 비추며 그를 속이는 내용이다.

실제로 우리는 이를 실험하기도 하고, 인터넷이나 TV로 자신의 24시간을 생중계하는 사람들을 볼 수 있다. 이들이 자신의 모습을 감시하도록 하는 이유는 돈과 스타가 되기 위한 욕구 때문이다. 이처럼 '동의된 감시'는 상업적 대중문화와 결탁하여 자신의 프라이버시를 스스로 팔아넘기기도 한다. 그러나 문제는 일상에서 '동의하지 않은' 감시가 주변에 쉽게 일어나고 있다는 점이다. 동의하지 않은 감시로 전형적인 것이 빅데이터이다. 이러한 빅데이터가 프라이버시 침해로 이어질 수 있다는 사실에 심각성이 있다.[24] 빅데이터는 어딜 가는지, 누구를 만나는지, 어떤 전자기기를 쓰는지, 무슨 음식을 먹는지, 어떤 콘텐츠를 시청하는지, 운동은 얼마나 하는지, 잠을 얼마나 자는지 등 방대한 데이터가 생성되고 저장된다. 상상할 수 없는 무수한 개인 정보가 동의되지 않는 채 빅데이터로 저장된다. 개인의 정보를 수집하고 그 정보를 어떻게 이용하는지에 대한 개인의 선택권은 찾아볼 수 없다.

빅데이터로 인해 프라이버시가 침해되는 사례는 크게 다섯 가지로 정리할 수 있다. 첫째, 차별이다. 목적에 따라 차별을 받는 경우가 생길 수 있다. 그러나 차별여부를 알아낼 수가 없다는 것이다. 둘째, 사생활의 노출이다. 여러 기관에서 수집된 자료로 인해 개인의 성격, 소비 취향, 병명 등 온갖 사생활이 노출된다. 셋째, 익명성의 실종이다. 빅데이터 분석에서 데이터 마스킹data masking이 효과적이 않을 때 데이터의 소유자를 쉽게 밝혀낼 수 있다. 넷째, 정부기관의 정보보호규정 이탈이다. 모든 정보는 정부기관 데이터베이스에 저장되어 정부는 사생활법에 규정된 것을 엄격히 따르기에서 예외로 될 수 있다. 다섯째, 개인정보의 매매이다. 고객의 정보를 수집 판매한다. 이처럼 기술력을 바탕으로 한 빅데이터는 하나의 온라인 감시로 우리가 모르는 사이 프라이버시의 침해로 이어지게 된다.

전자감시 사회는 두 가지 점에서 문제를 가지고 있다. 하나는 사회적 측면에서 전체주의 사회의 속성을 갖게 하는 것이고, 또 다른 하나는 개인적 측면에서 프라이버시의 침해이다. 감시의 강화는 전체주의 강화의 절대적인 요소이다. 독일이 전체주의를 강화하기 위해 2차 대전 중에 감시와 배제라는 홀로코스트를 자행하였다. 과학기술은 홀로코스트라는 만행을 도덕적 거리낌 없이 저지르는데 사용되었다. 과학기술의 발달은 도덕적 규범을 쉽게 와해시킬 수 있다. 과학기술 앞에 인간은 쉽게 비인간화된다. 과학은 앞서 지적했듯이 감시기술의 발전을 가져온다. 감시기술은 전체주의 사회로 이끌 수 있는 위협적 측면이 있다. 오웰의 〈1984년〉이 주목하는 것도 전체주의 사회에 대한 두려움이었다. 그러나 오웰의 문학적 접근이 두려움을 주긴 했지만, 이 책이 나온 1949년 당시에는 감시기술이 이렇게 발달할 것으로 생각지 못했다.

오웰의 전체주의와 오늘날의 전체주의의 차이라면 감시를 이제 사람들이 당연시 받아들이고 있어서 심리적 충격은 오웰의 소설이 나올 때와 비교해서 아주 덜하다는 것이다. 오웰이 본 전체주의가 가졌던 위험은 국민의 자유를 억압하고 통제하는 것이었다면, 오늘날의 전체주의는 사람들의 자유를 억압하는 것이 아니라 사적 생활의 울타리를 자유롭게 넘나들면서 인생의 뒷마당을 송두리째 보여주면서 갖게 되는 위험이다. 사적 영역인 공연무대의 뒷면을 고프만의 말대로 지각을 가로막는 울타리가 쳐진 장소라고 했을 때,[25] 사적 영역이라는 울타리로 빅데이터를 지각하는 경우는 없다. 프라이버시는 공적인 영역에서 남의 눈에 띄지 않거나 식별되지 않고 머물러 있는 익명성과 관련이 있다. 울타리 쳐진 익명성이 빅데이터로 인해 무너지면서 프라이버시라는 장소를 잃어버렸다. 프라이버시는 공개적으로 전시하여 만인의 공유

재산이 되고 말았다. 조지 오웰의 빅브라더의 자리를 빅데이터가 대신하면서 프라이버시는 더 이상 존재하지 않는다는 주장에 반박하기 어렵게 되었다.

파놉티콘에 대한 벤담의 꿈

벤담에게 중요한 것은 아마도 강력하고 교묘하게 만든 높은 탑이 중앙에 설치된 저 유명한 원형의 투명한 유리 속에 완벽한 규율장치를 투입하는 일일지 모른다. 그러나 중요한 것은 어떻게 하면 규율이라는 것을 울타리 속에 묶어 두지 않고, 사회 전체 속에 확산시키고 다양하게, 그리고 다양한 가치들로 기능시킬 수 있는가를 보여주는가의 문제이다. 고전주의 시대에 공들여 만들어진 규율은 분명하게 규정되고 비교적 폐쇄된 장소 – 병영, 학교, 대규모 작업장 –에 국한되어 있었고, 그 전면적인 적용은 단지 페스트에 감염된 도시라는 일시적이고 한정된 규모에서만 생각해 볼 수 있었다. 그러나 벤담은 이러한 규율을, 결함이나 중단 없이 사회를 관통하면서 도처에서 항상 경계를 게을리하지 않는 그물망의 장치로 만들기를 꿈꾼 것이다. 파놉티콘의 배치는 이러한 일반화의 방식을 제시한 것이다. 기초적이고 쉽게 이전될 수도 있는 메커니즘의 차원에서, 그러한 구성은 규율의 메커니즘이 사회의 구석구석까지 넘나들고 침투해 들어갈 수 있는 바탕이 되도록 기초적인 운용을 계획하는 것이다.

(미셸 푸코, 『감시와 처벌: 감옥의 탄생』, 오생근 옮김, 2016: 322-323)

디즈니월드 감시능력의 현대판

디즈니월드가 원형감옥식 감시 능력의 현대판 구현이라고 말한다. 많은 사람들이 디즈니월드를 찾는다. 가족들은 특별 전시관에 입장하기 위하여 종종 길게 줄을 서서 오랫동안 기다린다. 그러나 이 기다란 줄에는 눈에 보이는 강제성이 없으며 분명히 매끄럽고 소동 없이 평화스러운 행동이 유지된다. 이것이 가능한 이유는 디즈니 프로덕션의 관리자와 소비를 손쉽게 하고자 하는 소비자의 욕구가 맞아 떨어졌기 때문이다.

"디즈니월드는 통제 시설로 이루어졌지만, 그 통제는 예방적이어서 포착하기 힘들고 협력적이며, 외관상으로는 비강제적이며 합의에 의한 것 같이 보인다. …… 감시가 팽배하지만 오웰식 국가의 노골적인 통제와는 정반대이다. 그 근원이 정부가 아니며 그 수단도 독재자가 아니다. 통제의 수단이 되는 규율의 명령도 중앙 국가의 일원화된 명령이 아니라, 디즈니월드의 봉건 영주 방식의 관할 영역과 공동 관리지, 복합 상가 등을 책임지고 있는 사적인 관계자들이 규정한 분산되어 있는 별도의 명령들이다. 현대적인 규율 안에서 통제는 오웰이 상상했던 것만큼 순조롭지만 그 특징들은 아주 판이하다. …… 사람들은 오늘날 공동의 권력이 제공해야할 상품을 소비하는 즐거운 때문에 규율을 준수하게끔 유혹당하고 있다."

디즈니월드는 다양한 지형과 구조물을 이루고 있는 전시관과 행사 장소를 도입하려는 통일된 목적을 가지고 있는 단일 관리 체제로 운영되는 복합 단지이다. 이런 의미에서 디즈니월드는 오웰식 구조를 갖는다.

(렉 휘태커, 『개인의 죽음』, 이명균·노명현 옮김, 2001: 261-262)

1. 파놉티콘과 시놉티콘의 차이를 살펴보고, 우리주변의 파놉티콘과 시놉티콘에 비유할 수 있는 것들을 찾아보자.
2. 인터넷에 이용에서 '자발적 협조'가 통제로 작용하는 경우를 사례로 들어 토론해 보자.

제12장

나르시시즘에 빠진 소비

소비수단의 변화

온라인 쇼핑 시장을 평정한 아마존이 오프라인 매장을 확대하면서 미국 소매업 매장이 잇따라 폐업하는 사태가 벌어졌다. 전자 상거래 아마존은 2019년 초에 '아마존 4스타 매장'을 미국 사우스타코타주에 열었다. 온라인 쇼핑몰에서 별점 4점 이상5점 만점을 받은 상품을 살 수 있는 오프라인 매장이다. 온라인 매장과 크게 다르지 않아 소매점보다 싼 유통망은 지역의 소매점을 위협하였다. 쇼핑몰, 메가몰이나 슈퍼스토어들은 온라인 쇼핑 시장에 밀려난다. 인터넷은 새로운 소비수단으로 등장하고 있다. 인터넷에서 성공한 상품을 오프라인 매장에 진출한 실험적 매장이지만, 소비수단으로서의 온라인 매장은 소매업을 압도하고 있다. 소비수단은 마르크스의 생산수단과 짝을 이루는 개념이다. 생산을 가능하게 하는 생산수단과 달리 소비를 가능하게 하는 것이 소비수단이다. 소비를 가능하게 하는 것은 소비재 그 자체일 수도 있지만 소비 장소도 포함한다. 리처는 소비가 일어나는 장소를 특히 강하게 강조하면서 패스트푸드점의 햄버거와 패스트푸드 레스토랑은 구분되어야 하며 소비수단은 소비되는 것과 다르다고 주장한다.[1]

소비가 일어나는 소비 장소는 소비수단이다. 리처는 장소적 개념의 소비수단은 1950년대 이후 본격 등장하면서 수많은 재화와 서비스를 소비하도록 허용하고 자극했다고 보았다. 심지어 소비를 강요하도록 하는 장치들이 현란할 정도로 창출되어 소비는 증가되었다고 했다. 리처가 보는 소비수단을 가동된 연도와 함께 보면 프랜차이즈맥도날드, 1955 쇼핑몰미네소타 에디나, 1956 메가몰웨스트 에드먼턴 몰, 1981 슈퍼스토어토이즈러스, 1956 할인점 타깃, 1962 tv 홈쇼핑홈쇼핑 네트워크, 1985 사이버몰월마트, 1996 테마파크 디즈니랜드, 1955 호화유람선 선워드, 1966 카지노호텔플라밍고, 1946 엔터테인먼트하드락 카페, 1971 등 다양한 장소적 의미로 밝히고 있다.[2] 이러한 것들은 20세기 중반에 새로이 등장한 혁신적인 소비수단으로 소비의 혁명을 일으키며 소비의 성격을 완전히 변모시켰다.

소비수단의 핵심은 리처의 시각에서는 모두 고도의 맥도날드화였다. 소비의 과정에서 나타나는 원리는 **효율성, 계산가능성, 예측가능성, 통제**이다.[3] 맥도날드는 표면적으로 합리성을 추구하는 소비수단으로서 베버의 형식적 합리성에 근거한다. 이러한 소비수단 모두가 근대성 소비의 전형을 보여주는 것은 아니지만, 적어도 맥도날드의 소비형태와 소비문화가 근대성 소비원리로서 합리화에 맞춘 하나의 전형을 보여주는 것은 분명하다. 그러나 리처의 맥도날드화는 베버의 합리화 이론의 연장선상에서 바라본 합리적 체계의 불합리성을 밝혀낸 것으로 합리성을 기치로 내세운 관료제가 근대성의 쇠우리 감옥iron cage을 낳은 것처럼 합리적 소비수단의 맹점을 지적한 것이었다.

이러한 맥도날드화와 같은 근대성 소비의 특징은 동질화와 비가시성 그리고 각성이다. 동질화는 맥도날드와 같은 프랜차이즈 소비수단이 전세계에 파고들고 있다는 점이다. 리처는 "맥도날드화 되고 있지 않는 것은 무엇인가?"라는 물으면서 동네구멍가게, 아침식사를 제공하는 민박 그리고 포스트모던과 관련한 일부의 것만이 맥도날드화에서 벗어나 있을 뿐이라고 주장한다.[4] 세계 각국이 비슷한 소비문화의 원리 속에서 동질화되고 있다. 비가시성은 사람들이 재화와 서비스를 획득하는 과정에서 소비자로서 통제와 착취를 당한다는 것을 보이지 않게 하는 것이다. 즉 소비수단인 맥도날드가 통제와 착취의 장소라는 것을 알지 못하게 하는 것은 바로 합리성 논리에 가려진 비가시성 때문이다. 각성disenchantment은 베버의 합리성 주장처럼 예측가능하게 하는 인간의 인지 능력을 보장하는 것이다. 맥도날드와 같은 소비수단은 합리화를 실현가능토록 하며 이 자체가 미혹enchantment의 과거를 벗게 하는 각성이다.

□ **각성(disenchantment)과 미혹(enchantment)**[5]

각성과 미혹은 막스 베버가 서구사회의 합리화 과정을 설명하는 데 사용한 개념으로, 역사 속의 합리화란 깊은 미혹에 사로잡힌 과거를 벗고 각성된 미래를 향하는 과정으로 보았다. 즉 자연적 세계에서 주술적 속성의 의미를 벗는 과정이 각성이며, 이는 곧 미혹의 상실을 의미한다.

세계 어느 지역을 여행하더라도 맥도날드의 햄버거는 동일할 것이라는 기대에서 크게 벗어나지 않는다. 때로는 이러한 것이 여행객들에겐 안심이 될 수 있다. 합리성에 길들여진 근대성의 사람들에게 만족을 준다. 맥도날드화가 주는 장점이다. 만족의 이면에는 맥도날드의 원리가 주요하다. 이러한 이유 때문에 근대성의 사회에서 맥도날드화는 확대된다. 아웃백, 스타벅스, 이마트 등과 같은 소비수단의 등장은 길거리 식당, 아케이드, 재래시장과 같은 소비수단을 대체한다. 근대성의 소비수단은 물질과 장소에 기반하여 출현하였다. 그러나 소비수단은 이제 전화, 텔레비전, 컴퓨터, 스마트폰으로 옮겨 가면서 텔레마케팅, TV홈쇼핑, 온라인 쇼핑, 모바일 쇼핑 등으로 점차 다양화되고 있다. 소비수단의 결정적인 변화는 인터넷이다. 인터넷으로 인한 소비수단, 즉 온라인 쇼핑의 전형적인 모바일 쇼핑과 인터넷 쇼핑을 보면 맥도날드와 같은 물질적 소비수단과 차별을 보인다. TV홈 쇼핑도 다르지 않다.

이러한 소비수단의 변화에는 두 가지 면을 주목하게 된다. 하나는 소비수단의 탈물질화이며, 다른 하나는 소비수단의 원격화이다. 우선 소비수단의 탈물질화는 소비하는 장소나 소비하는 방식에 있어서 물질적인 실재에서 벗어난다. 물질적인 실재에서 벗어나는 것은 장소적 개념의 이탈이다. 소비하는 행위가 동시적인 장소에서 발생하지 않고 매개를 통해 일어난다. 전화, 텔레비전, 컴퓨터를 통해 가능하게 된다. 또한 물건을 결재하는 방식에도 전자코드의 변환을 이용한 은행거래가 발생한다. 뿐만 아니라 거래 품목에 있어서도 비물질적인 항목이 포함되기 시작한다. 네이버의 콩, 인터넷방송의 별풍선, 비트코인 등은 물질적인 소비수단에서는 발생할 수 없는 비물질적인 것으로 거래의 결제수단으로 사용되기도 한다.

소비수단의 또 다른 변화의 하나는 원격화이다. 원격화는 소비를 목적으로 하는 의사소통에서 판매자와 구매자가 물리적으로 떨어져있다는 사실이다. 홈쇼핑이나 인터넷 쇼핑을 보면 대면적이지 않고 공간적으로 떨어져 있다. 더구나 인터넷 쇼핑은 24시간 내내 오픈되어 있고, 홈쇼핑은 녹화로 반복 방송하면서 판매자와 구매자 모두 동일 시간대에 머물러 있지 않는다. 쇼핑하는 사람들이 시공간의 활용 면에서 응축적으로 가능하다는 점에서 이전과 다르다. 하비가 시간과 공간의 강렬한 응축이 탈근대 시대에 가속화된다고 한 것이 소비에 그대로 적용되고 있다.[6] 소비수단의 다양화로 맥도날드와 같은 소비 장소가 그 경계를 뛰어넘게 된다. 소비수단의 경계들이 소멸하는 일종의 내파implosion로 편의성이 확대되는 소비 장소가 된다.

인터넷으로 인한 소비수단의 변화는 물질적인 실재에서 벗어나고 원거리의 24시간 내내 소비가능하면서 소비하는 즐거움을 더욱 심화시킬 수 있다. 맥도날드화의 소비가 근대성의 소비로서 미혹의 가능성이 점점 줄어든다고 했지만, 소비를 통해 매혹적인 환상의 세계를 갖게 하는 온라인 쇼핑은 여러 유혹의 장치들로 미혹이 일어날 가능성이 높아진다. 소비주의는 물질적인 것이 아니라 욕망의 관점에서 나온다는 주장[7]은 인터넷으로 크게 확장된다. 얼리어답터를 온라인으로 유혹하고, 아마존닷컴의 수많은 상품들을 자판 몇 번의 검색으로 구매하는 것은 합리적인 매혹의 세계로 이끌 수 있는 소비를 부추기게 된다. 각성에서 미혹으로 다시 이끌 수 있는 소비의 세계는 인터넷이라는 소비수단의 등장으로 가능하게 된다. 전자그물에 걸려 쇼핑에 빠지는 '몰 좀비'가 될지도 모른다고 리처는 미래의 인간운명을 어둡게 그리고 있지만,[8] 스펙타클의 사회를 던져주는 즐거움이 확대되는 온라인 쇼핑에서 자기만의 소비여행으로 존재감을 느낀다면 오히려 인간에게 희망적일 수 있다.

스펙타클의 사회와 이미지 소비

'우리는 모두 살아있는 동안은 소비자이다' 바우만은 소비하기를 멈춘다면 우리는 죽을 것이라고 했다.[9] 생존을 위해 소비하는 것만으로 결코 충분치 않다. 우리가 소비지상주의라고 하는 것은 소비 그 이상을 요구한다. 인터넷에서의 소비는 하나의 경제적 행위가 아니라 인간의 다양한 행위를 포섭하는 공간으로 꾸미게 된다. 인터넷으로 인해 소비수단이 원격화되고 탈물질화되어 소비할 수 있는 상황적 맥락을 조장한다. 상황적 맥락은 소비의 장소에 재미나 이벤트를 만들어 소비행위 자체만으로 만족하지 않고 소비를 둘러싼 여러 환경을 탐닉하는 것이다. 바우만이 한 인터뷰에서 오고간 내용이다.

> 인위적으로 만들어진 우리의 소비자들은 잘 속는 사람일까요? 그럴 가능성이 높습니다. 그러나 어리석을까요? 반드시 그렇지 않습니다.[10]

소비라는 유혹에 인간들은 자발적인 노예가 될 수 있다. 스스로 선택하고 적극적인 실행으로 이루어지는 소비는 상황적 맥락에 같이 빠져들 수 있다. 드보르의 스펙타클의 사회가 바로 이러한 상황적 맥락을 조장한다.[11] 리처는 스펙타클을 끌어들여 이것을 근대성의 각성된 소비를 미혹시키는 좋은 기제라고 보았다.[12] 스펙타클은 새로운 소비수단의 선구자로 백화점의 성공에 기반하고 있다. 백화점의 이벤트, 장식, 전시, 문화행사 등은 소비만 일어나는 것이 아님을 보여준다. 우리가 상황적 맥락이라고 하는 것은 소비 장소에 소비만 일어나는 것이 아니라 여러 다양한 인간행위가 발생한다는 것이다. 이는 근대성 초기나 이전의 소비수단에서도 얼마든지 볼 수 있다. 예를 들어, 재래시장에서 소비행위만 발생하는 것이 아니라, 풍물패의 놀이도 있으며, 이웃마을과의 정보도 교환하며, 유행도 찾아내는 등 여러 재미들이 있었다. 우리사회의 재래시장은 소비행위가 일어나는 장소 이상이었다.

스펙타클한 사회는 인간 삶을 지배하는 소비에 대한 역동적인 모습을 보여준다. 이러한 상황이 소비를 유도하더라도 소비적 삶은 주권의 필수불가결한 속성, 즉 자율성과 진정성과 자기 주장을 최대한 표현하는 삶이다.[13] 소비자의 선택과 관련해서 바우만은 자유라는 개념과 연결해서 생각한다. 소비자의 선택을 가장 방해하는 것은 돈이다. 돈이 없으면 소비에서 배제 당하게 된다. 이를 바우먼은 '결함 있는 소비자'flawed consumers로 보았다.[14] 즉 소비시장의 유혹에 응할 수 없는 사람들이다. 소비의 유혹이라는 매력에 빠질 수 있는 사람은 결함 있는 소비자들보다 더 자유롭다. 소비는 결국 개별적인 자유의 실천이다. 자유가 더 개인화되는 것은 생산보다는 소비이다. 개인화된 자유 속에서 개별 인간들은 공동체적인 모임이나 활동의 측면이 약화되고 있다.

따라서 각 개인들은 상상적 공동체에 의복을 맞춰 입거나 표식을 함으로써 보다 안전감을 느끼고 공허함과 외로움을 덜 느끼게 된다. 일종의 테마화에 적극적이다. 월드컵 경기 때 서울 시청에 모인 붉은 악마가 붉은 티셔츠를 입고 모인 것은 테마화이다. 사람들은 스타일, 명성, 이미지에 맞추어 동일시하기를 좋아한다. 디즈니랜드의 테마화와 같은 것이다.[15] 자유로운 개별화된 소비행위자들이 지향하는 것은 테마화에 맞춘 스타일이나 이미지이다. 이러한 점은 이미 보드리야르가 잘 나타내고 있다. 그는 상품생산을 위한 기존 체계가 이미지에 따르는 기호의 생산으로 대체된다고 했다. 보드리야르의 이론은 소비가 기호의 적극적인 조작을 수반하고 있음을 보이려고 기호학을 강조하고 있다. 보드리야르의 생산은 이미지 기호 시뮬레이션의 반복적인 재생산이다.[16] 나아가 보드리야르는 이미지에 의해 지배되는 세계를 묘사한다. 이런 이미지는 그 영향력이 너무 강력해서 '현실'이라는 것마저도 규명할 수 없게 되었다.

이미지는 이같이 현실보다 더 현실적이다. 보드리야르의 하이퍼 리얼, 즉 초현실이라는 것은 영화가 현실이 되고 텔레비전이 현실이 되는 사회이다.[17] 그가 본 디즈니랜드는 비현실unreal이 아니라 초현실hyper-real이다. 디즈니랜드가 하나의 동화 속 나라처럼 여기는 것에서 자칫 우리 마음 속 어딘가에 실제로 머물러 있는 진정한 세계라는 믿음을 갖게끔 한다. 초현실은 모의 조작된 것이지만 더 현실적이다. 소비행위는 경제적 교환에서 상징적 교환으로 바뀌게 된다. 이미지를 보다 극적으로 만들기 위해 상황 조작을 하게 되면서 구경거리를 만든다. 따라서 현실세계는 이미지를 통한 소비가치에 유혹당하게 된다. 명품소비에 열 올리며, 상표에 맞추어 소비행위가 일어나는 것은 바로 이미지를 쫒는 사회 그 자체이다. 우리는 커피를 소비하기 이전에 스타벅스를 소비한다. 자신만의 이미지가 아니라 사회가 만든 이미지를 소비하는 것으로 개인주의의 반작용으로 집단 분절화에 따른 개인의 재응집이 이미지 소비로 나타난다. 개인화된 자유 속에서 이미지 소비로 약화된 공동체적 활동을 대신한다. 소비적 삶의 주권이 이미지를 쫓는 소비가치에 압도당하는 것이다.

인터넷의 소비 행위에서 자기 결정권을 주장하는 주권에 앞서 다른 사람의 생각을 의식하게 되는 것을 흔히 볼 수 있다. 인터넷에서의 소비는 스펙타클한 모습이 다양하게 일어나고 상품에 대한 소비가 아닌 소비과정을 더 즐기는 새로운 소비적 삶이 충분히 발생한다. 인터넷 네트워크를 통해 네티즌의 자발적 반응을 이용한 소비가 일반화된다. 이러한 소비를 이용한 마케팅인 바이럴 마케팅은 바이러스의 형용어로 사람들 사이에 바이러스처럼 퍼져나간다는 의미로 인터넷 소비에 일상화되어 있다. 단편영화 형식으로 극화하기도 하고, 다큐멘터리, 플래쉬몹, 집단 해프닝, 몰래카메라를 이용한 바이럴 마케팅은 인터넷 소비를 유도하는 스펙타클한 모습이며, 블로그, 커뮤니티, SNS 등을 이용한 이미지의 연출은 상황 조작으로 구경거리를 만든다. 인터넷은 소비에 있어서 새로운 신비를 찾는 재再미혹re-enchantment을 위한 상황조작이 손쉬운 곳이며 소비자를 유혹하는 다양한 기제들이 활발한 곳이다.

인터넷 소비의 트렌드

개인들이 상품을 통해 만족을 추구하기보다 상품에 결부된 의미로부터 구성해낸 자기 환상적인 경험에서 나오는 쾌락을 추구하는 것이 근대 소비주의의 정신이었다. 캠펠은 소비의 본질적인 활동이 상품의 선택이나 구매 또는 사용이 아니라 상품의 이미지에 부여하는 상상적인 쾌락의 추구라고 보았다.[18] 현실의 소비라는 것이 정신적 쾌락주의의 결과인 것이다. 우리는 현실에 불만족하고 소비가 주는 쾌락을 맛보려고 한다. 또한 실현되지 않는 동경심을 간직하면서 물질적 욕구의 충족을 위한 소비보다 실제로 소비를 통해 환상을 충족시켜줄 수 있다는 믿음을 갖는다. 소비라는 것이 우리의 꿈을 구성하는 데 도움을 주기 때문에 소비한다. 소비사회 그 자체는 우리를 좌절한 상태에 있게 한다.[19] 우리는 그래서 충동적으로 구매하고 더 이상 매력적이지 않은 물건은 갖다 버리고 그 자리에 더 매력적인 물건을 채워 넣으며 가장 살아있는 감정을 느낀다. 쇼핑몰을 따라 걷는 것이 순례이듯, 소비자는 즐거움과 삶의 충만을 위해 쇼핑한다.

소비한다는 것이 상품의 구매에서 갖는 만족보다는 자기 환상적인 욕구의 만족을 위한 것이라면 상황 조작으로 그 욕구를 충족할 수 있다. 미디어는 기호의 재현이며 상황의 조작에 기여한다. 미디어는 눈에 띄는 것을 그대로 보여주는 것이 아니라 현실로부터 멀어진 기호로 환원할 수 있다. 보드리야르는 소비의 대상이 되는 것은 사용가치가 아니라 기호가치라고 주장한다. 인터넷은 이제 우리의 소비에 있어서 상품에 대한 욕구를 지탱하고 구성하는데 필수적인 역할을 수행한다. 인터넷은 기호를 맛깔스럽게 욕구에 맞게 재현할 수 있다. 인터넷에서의 소비는 마우스 몇 번의 클릭으로 인터넷 쇼핑몰에서 물건을 살 수도 있으며, 사이버 카지노에서 도박을 하기도 하고, 사이버 놀이동산에서 가상관광과 게임도 즐기는 등 다양하게 전개된다. 소비보다는 소비과정을 더 탐닉하는 것이 인터넷의 소비이다.

인터넷에서 소비자가 추구하는 바는 상품을 손에 넣는 것을 뛰어넘어 소비과정 그 자체를 위한 소비에 의해 움직인다는 사실이다. 인터넷 소비는 이제 일상의 문화현상으로 사람들이 사이버공간이라는 광활한 소비 장소에 일단 방문하게 되면 좀처럼 거기서 떠나기 힘들게 되어 있다. 어떤 방식이든 사이버공간에서의 인터넷 쇼핑은 소비수단이 인터넷 속으로 들어온 것이다. 인터넷 쇼핑은 인터넷 쇼핑몰에서 소비재를 매개로 판매자와 소비자가 상호작용을 통해 일련의 목적을 이루는 과정을 말한다. 인터넷 쇼핑몰은 가상점포virtual storefront 또는 온라인점포online storefront나 혹은 사이비 쇼핑몰cyber shopping mall 등으로 불린다. 전자거래 기본법에 의하면 인터넷 쇼핑몰은 컴퓨터와 정보통신 설비를 이용하여 재화 또는 용역을 거래할 수 있도록 설정된 가상의 영업장이다. 인터넷 쇼핑몰은 여러 정보들을 미디어를 통해 제공하는 것이 우선적이다. 소비수단이 인터넷 속에 펼쳐지면서 탈물질화의 장으로서 인터넷은 이전과 다른 상황조작이 가능한 새로운 소비시장의 개척이 이루어진 셈이다.

인터넷에서의 소비는 원격화를 통한 소비수단을 소비자가 확보한 것이고 물질적 소비와 함께 탈물질적 소비도 다양하게 가능케 한다. 소비수단 자체가 탈물질적일 뿐아니라, 소비품목도 이미지와 상징을 앞세운 소비가 일어난다. 한 때 열풍을 일으킨 아바타의 경우 사이버캐릭터를 위한 거리낌 없는 소비로 1천억 시장을 추산하기도 했다.[20] 욕구 충족을 위한 아바타 꾸미기는 아바타 명함, 의류, 제휴광고 등 다양하게 펼쳐졌다. 음악시장의 경우 소유music ownership와 접근music access 방식으로 분리되면서 온라인 시장을 중심으로 음원의 판매를 통한 수익모델이 시장의 규모를 키우며 탈물질적 소비로 주목을 받고 있다. 눈에 띄는 물건이 아닌 호기심과 기호가 중심이 된 탈물질적 소비가 인터넷에서는 자연스러운 것이 되었다.

실제로 〈표12-1〉에서처럼 2018년 인터넷 쇼핑의 구매품목을 보면 '의류, 신발, 스포츠용품, 액세서리'87.7% 또는 '영화, 문화공연'54.6%을 구매하는 경우가 가장 많았으며 그 다음 '도서, 잡지, 신문'48.9%, '화장품'42.1%, '생활/주방용품'40.1%의 순이다. 인터넷 쇼핑의 구매품목에서 보듯이 음악, 영화, 동영상, 이미지, 휴대폰 연결음, 이모티콘, 컴퓨터 게임 등이 주요 품목에 올라있다는 것은 단순히 물질의 소비가 아닌 탈물질적 소비로서 인터넷에서만 가능한 소비들인 것이다. 2018년 한 해의 조사이긴 하지만 인터넷 쇼핑 구매품목에서 물질과 탈물질이 혼재한 가운데 오프라인의 매장 못지 않게 온라인에서도 기존의 물질적 소비품목이 활발하게 거래되고 있다는 것은 주목을 끈다. 오프라인 매장이 인터넷으로 옮겨진 것으로 인터넷 쇼핑 구매 사이트와 소셜 커머스의 활약이 한 몫하고 있다.

〈표 12-1〉 인터넷 쇼핑 구매품목 (복수응답) - 인터넷 쇼핑 이용자

인터넷 쇼핑 구매품목	인터넷 쇼핑 이용자
의류, 신발, 스포츠용품, 액세서리	87.7
영화, 문화공연	54.6
도서, 잡지, 신문	48.9
화장품	42.1
생활/주방 용품	40.1
여행 상품	30.8
식재료, 음식	29.0
음악	25.5
교환권	24.4
영화, 동영상, 이미지	21.7
건강기능식품	20.2
휴대폰 통화 연결음, 이모티콘, 배경화면 등	16.8
컴퓨터 및 컴퓨터 주변기기	13.9
가구, 인테리어 용품	13.2
가전, 전자제품	13.0
유료 앱	10.0
금융 상품	10.2
유, 아동용품	9.9
컴퓨터 게임 또는 비디오 게임 SW	7.8
웹툰	6.1
게임아이템	5.9
컴퓨터 SW(게임제외)	5.6
교육	3.2
성인용 콘텐츠	0.8
기타	0.1

출처: 한국인터넷진흥원. 2018.『2018년 인터넷이용실태조사』. 한국인터넷진흥원.

인터넷 쇼핑의 구매 사이트로 옥션, G마켓, 11번가, 인터파크와 같은 전문 쇼핑몰도 있지만, 여기에 소셜커머스 업체로 쿠팡, 위메프, 티몬이 온라인 쇼핑에 뛰어 들면서 활발한 인터넷 소비가 일어나고 있다. 더구나 포털사이트 네이버, 구글, 다음, 네이트 등도 쇼핑몰을 운영하면서 원하는 쇼핑을 검색창을 통해 할 수 있도록 만들어졌으며, 오프라인의 백화점 업계도 소위 '한국의 아마존 프로젝트'에 뛰어 들어 E커머스 시장인 온라인 소비시장에 적극적이다. 더구나 품목에 따라 전문 쇼핑몰로 연결할 수 있도록 한 링크는 소비자들의 구미에 맞는 소비정보를 제공한다. 인터넷 소비는 철저히 개인적인 형태로 북적대는 사람도 없고 참견하는 안내원도 없다. 방문자의 의도에 맞춰 테마화되어 있는 사이트는 얼마든지 발견할 수 있다. 정형화된 소비와 달리 여러 형태의 소비를 경험하게 한다. 남들보다 먼저 구매해서 경험을 전하는 얼리어답터 사이트, 연예인 아이템 따라잡는 쇼핑몰 사이트, 자신만이 갖고 싶어 하는 물건을 다이어리에 적어서 쇼핑몰에 게재하여 구매하는 사이트 등 다양한 상황조작이 가능한 곳이 인터넷이다.

이처럼 사이버공간은 환상적인 이미지를 만들어 새로운 꿈을 심어주는 인터넷 쇼핑을 가능하게 한다. 인터넷 쇼핑은 철저히 개별적이고 자유로운 소비행위를 만든다. 특히 모바일 형태의 이용이 크게 늘면서 스마트폰을 이용한 쇼핑이 크게 늘고 있다. 인터넷 이용의 99.9%2018년 기준21가 이동 중에 일어나는 것으로 조사되었다. 따라서 미혹의 세계를 벗고 합리화를 통해 각성된 세계를 지향한 맥도날드화의 사회의 모습을 인터넷의 소비에서는 찾기 어렵다. 오히려 사이버공간은 새로운 유혹만이 가득한 미혹의 세계인 디즈니화의 사회에서 보이는 소비문화를 더 잘 드러내고 있다. 인터넷 소비의 또다른 특징은 오프라인과 달리 소비상품에 대한 정보를 서로 주고받는 공간으로 활용되고 있다는 점이다. 구매 후기를 통해 상품에 대한 정보를 다양하게 올려 합리적 소비를 유도하며, 각자가 갖는 소비의 즐거움을 공유한다는 점이다. 사이버공간에서의 쇼핑은 사실 소비자와 판매자의 뚜렷한 구분도 없는 탈분화, 즉 내파가 발생하는 곳이기도 하다.

소비행위의 테마화

소셜커머스를 이용한 소비가 일상화되었다. 인터넷의 소비활동이 현실세계인 오프라인의 소비활동과 다른 점은 앞서보았듯이 원격화와 탈물질화이다. 원격화는 소비자와 생산자간의 상호작용이 시공간적으로 떨어져 있는 것을 말한다. 이는 물리적으로 분리되어 사실 소비자에 대한 통제가 어렵다. 사이버공간에서는 소비가 통제적 측면보다는 자기실현의 완성을 위해 이루어진다. 탈물질화는 사이버공간의 소비행위에서 소비수단의 탈물질화 뿐만 아니라 소비행위도 탈물질화된 소비재를 중심으로 한 소비 비중이 크다는 사실이다. 음악파일, 휴대폰 연결음, 이모티콘, 배경화면, 컴퓨터게임 아이템 등이 인터넷 구매품목에서 당당히 자리를 차지하고 있다. 〈그림 12-1〉에서처럼 현실세계와 사이버공간에는 서로 소비행위가 혼재되어 발생하고 있다. 소비수단의 새로운 등장은 합리적 소비를 유도하기 위한 소비 장소의 출발에서 시작되었다. 소비자를 유혹하면서 통제하고 제어하는 소비 장소의 출현은 맥도날드화와 같은 소비현상을 보인다. 그러나 소비수단이 인터넷으로 확장되면서 상품 구매에서 얻는 만족보다는 욕구충족이라는 상황조작이 가능한 테마화로 소비과정을 더 중요시하며 즐기는 디즈니화의 사회와 같은 개별화된 소비적 삶이 나타난다.

근대성의 원리가 작용한 맥도날드의 사회에서 소비가 생산중심적이었다면 디즈니화의 사회는 소비중심적인 소비이다. 생산중심은 소비행위를 생산의 틀 속에 가두어 일정한 형식에 매이게 한다. 합리성이 비합리적으로 되는 부작용이 여기서 나온다. 원리에 포함되지 않는 양식들은 주변화 된다. 예를 들어, 일정한 모양의 감자가 필요한 프랜차이즈에서 그 크기나 모양이 아닌 감자를 재배하지 못하도록 통제하게 되는 것은 소비에 맞춘 것이 아닌 생산에 맞춘 소비이다. 그러나 디즈니화 사회에서는 개별적인 소비를 지향하기 때문에 소비중심의 소비이다. 따라서 남을 의식하지 않는 더욱 자유로운 소비가 가능한 사회이다. 근대성의 맥도날드는 합리화를 미혹에서 깨어난 각성으로 보고 있지만, 디즈니화의 사회는 각성된 세계가 무미건조하기에 새로운 유혹을 위한 미혹 만들기가 나타난다. 비합리적인 것도 개인의 정당성만 확보되면 크게 문제될 것이 없다.

〈그림 12-1〉 인터넷 소비수단의 등장으로 인한 소비적 삶의 변화[22]

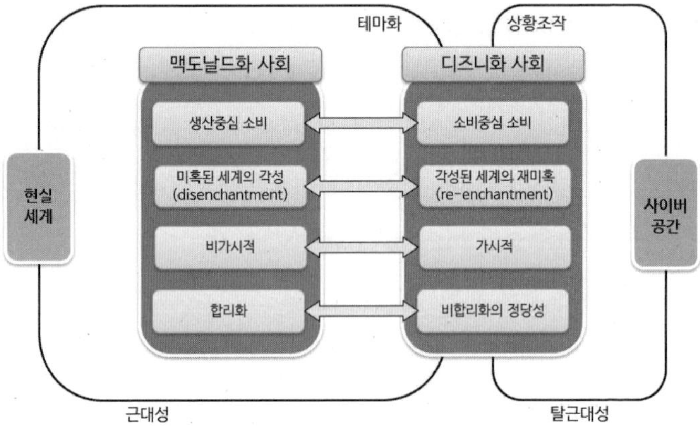

따라서 맥도날드에서는 합리적인 것 이외의 것은 모두 가리게 되어 비가시적이지만, 디즈니화의 사회에서는 굳이 장면의 뒷배경을 알려고 하지도 않을뿐더러 알더라도 그 자체를 인정함으로써 외양적으로 가시적이다. 문제는 디즈니화는 개인을 미혹하기 위해 얼마든지 무대를 꾸미고 상황을 조

작하게 된다. 개인의 욕망에 따른 테마화가 만들어지는 곳이다. 인스타그램, 페이스북, 카카오톡과 같은 소셜미디어에 자신이 여행한 장소, 자신이 산 물건, 자신이 먹은 음식을 사진으로 올리는 것도 일종의 테마화이다. 인터넷에서의 소비는 사람들이 원하는 욕구에 맞추어 다양한 방식으로 수많은 테마화가 만들어져 스펙타클한 소비적 삶을 가능하게 한다. 소비행위의 테마화이다. 얼리어답터, 연예인 따라하기, 명품 구매하기, 소비목록 만들어 실천하기 등 사이버공간의 소비는 다양한 구성요소를 만들고 상황을 사람들의 상상력에 맞추어 소비를 하게 되면서 맥락적 틀에서 벗어난 개인 중심의 소비가 발전한다. 타인에게 과시하거나 스스로를 즐겁게 하는 소비자 나르시시즘이 인터넷에서 흔한 현상이다.

읽고 생각하기 12

소비수단으로서의 인터넷

사이버공간은 그 속의 다양한 구성요소들을 만들어내고 살펴보는 사람들의 상상력만큼이나 커질 수가 있다. 물론 사이버장소와 사이버공간이 커지면 커질수록 둘러보기는 점점 더 힘들어질 것이다. 그러나 거기서는 검색엔진과 그 밖의 다른 기술들이 도입되어 소비자들을 위해 작동한다. 그런 기술을 보다 구체적으로 보여주는 것이 '샵봇'shop bot이다. 이것은 여러 전자상점을 돌아다니며 특정한 아이템을 탐색한다. 그래서 소비자는 특정한 책을 찾기 위해 반스앤노블 닷컴에서 아마존 닷컴으로 옮겨다닐 필요가 없다. 인터넷의 구성요소 수가 더 많아지고 다양해짐에 따라, 소비자들은 자신들이 원하는 것을 찾는 데 시간이 많이 걸리거나 다른 문제들이 생기는 것 때문에 짜증이 날 수도 있다. 그러나 그런 과정에서 헉헉대는 사람들은 거의 없다.

새로운 것이건 낡은 것이건 많은 소비수단이 어떤 방식으로든 인터넷 속으로 휩쓸려 들어가고 있다. 마우스를 살짝 누르는 것으로 사이버몰에서 쇼핑을 하다가 사이버커지노에서 도박을 하고 디즈니월드에서 가상관광을 할 수 있다는 것은 가히 기막힌 스펙터클이다.

(조지 리처, 『소비사회학의 탐색: 패스트푸드, 신용카드, 카지노』,
정헌주·정용찬·김정로·이유선 옮김, 일신사, 2007: 244-245)

나르시시즘과 소비신호

나르시시스트는 공적 지위 추구와 사적 즐거움 추구 사이를 오가는 경향이 있다. 나르시시즘의 이 두 가지 면은 소비주의 사고방식의 두 가지 핵심 요소이기도 하다. 우리는 지위나 쾌락을 위해 물건을 사서, 타인에게 과시하거나 스스로를 즐겁게 한다. 즉 타인에게 가짜 적응도 지표를 내보이거나, 본인에게 가짜 적응도 단서를 보내는 것이다. 적응도 지표는 한 개인의 형질이나 자질좋은 유전자, 건강, 사회 지능 등을 보여주는 타인이 지각할 수 있는 신호임을 기억할 것이다. 공작의 꼬리, 정자새의 정자, 소비자의 아이팟이 그런 신호이다.

(제프리 밀러, 『스펜트-섹스, 진화 그리고 소비주의의 비밀』, 김명주 옮김, 동녘사이언스, 2010: 89)

1. 소비수단으로서의 인터넷은 현실세계의 소비수단과 어떻게 다른가?
2. 인터넷에서 남에게 보이기 위한 신호로 소비하는 것은 어떤 것들이 있는가?

제13장

네트 속의 일탈

인터넷 중독, 질병인가?

세계보건기구WHO에서 게임중독을 마약, 알코올, 담배 중독처럼 질병대상으로 삼아야 한다는 안건이 2019년 5월 24일 통과되었다. 중독성 행위 장애Disorders due to addictive behaviors 항목에 '게임이용장애'게임중독를 질병코드에 등록했다. 게임시장 매출 규모가 14조원대로 성장한 한국의 업계에서는 긴장하지 않을 수 없게 되었다. 2022년부터 최소 과도기 5년에 걸쳐 각 회원국들은 게임중독을 질병으로 치료하도록 권고하기로 하였다.[1] WHO에 따르면 게임중독이란 다른 생활보다 게임을 우선시해 부정적인 결과가 발생하더라도 게임을 지속하는 행위를 뜻한다. 게임중독의 유해성이 충분히 입증되었다고 판단하고 적어도 게임중독진단의 기준을 세 가지로 제시한다. ① 게임에 대한 통제 기능 손상, ② 일상생활보다 게임을 우선시, ③ 부정적 결과임에도 불구 12개월 이상 지속. 게임중독을 질병으로 분류하면 예방과 치료를 위한 예산을 각국은 세워야 한다. 한국은 표준질병분류 개정이 이루어지는 2025년 이후에 적용할 것으로 예상된다. 업계에서는 이에 대해 과학적 근거가 부족한 질병 적용에 적극 반대하고 있으나, 찬성하는 쪽은 알코올이나 마약 중독자와 유사하게 뇌회로의 이상이 있음을 근거로 질환의 하나로 보아야 한다는 입장이다.

우리사회도 인터넷 중독증이 심심찮게 뉴스로 보도되고 있다. 게임중독에 빠진 중학생이 야단치는 어머니를 살해하고 스스로 목숨을 끊는 사건도 있었고, 인터넷 게임에 빠져 생후 3개월 된 갓난아이를 방치해서 죽게 한 20대 부부도 있었다. 인터넷 중독증은 인터넷의 등장으로 생겨난 전반적인 새로운 현상으로 인터넷 증후군Internet Syndrome으로 불리었다. 그러다가 인터넷 중독을 자처한 사람들이 스스로 웨바홀릭Webaholic 또는 인터홀릭Interholic으로 부르며 인터넷상의 모임을 통해 치료적 목적 또는 정보교환의 목적으로 활동하면서 인터넷 사용에 따른 장애를 주목하기 시작했다.[2] 인터넷 중독은 다른 중독과 같이 금단증상과 함께 개인적, 사회적 문제를 만들 수 있다. 미국 피츠버그대학의 영Kimberly S. Young이 '병적 인터넷 사용장애'라는 개념으로 다른 중독과 같이 병적 양상으로 생활에 부정적 영향을 미치는 경우 질병으로 보았다.[3] 영은 인터넷 중독으로 그 하위 유형에 사이버 섹스 중독, 사이버 관계 중독, 네트워크 강박증, 정보 과몰입, 컴퓨터 중독과 같이 다섯 가지로 분류하였다. 인터넷 중독에 대한 보고들이 잇따르면서 이러한 것들이 일종의 질병인지 사회문화 현상인지 의견일치를 보지 못하고 있다. 그러나 알콜중독자를 알코홀릭alcoholic이라고 부르듯이 일종의 인터넷 중독자들을 인터홀릭으로 보는 것은 정상에서 벗어난 일탈의 의미를 담고 있다.

인터넷을 병적으로 사용하는 것에 대한 경계심으로 사회학에서 건강, 질병, 일탈의 관점에서 생각하게 된다. 건강과 질병은 반대의 개념이다. 건강은 질병 없음이며, 질병은 정상에 벗어난 것으로 전문가가 살펴보고 병이라고 인정하는 것을 필요로 한다. 통상적으로 건강이라고 하는 것은 개인들이 좋은 생활, 만족스러운 사회생활과 즐거운 여가 시간을 가능하게 하는 활동이다. 이러한 것은 기능으로서의 건강이다.[4] 인터넷 중독은 개인들이 만족스럽고 즐기는 활동이 된다면 질병이 될 이유가 없다. WHO는 건강을 육체적, 정신적, 사회적 웰빙 상태로 보았다.[5] 그렇지 못하게 된다면 정상에서 벗어난 일탈로의 질병이다. 일탈은 공동체나 사회에서 많은 사람들에 의해 받아들여지는 규범에 순응하지 않는 행위이다. 일탈자는 바로 사회에서 받아들여지는 규범에 벗어난 사람을 가리킨다. 규범에 따르는 사람과 규범에 따르지 않는 사람을 구별할 기준은 사회마다 다르고, 상황마다 다르기 때문에 그리 간단하지 않다. 인터넷 중독은 우리가 흔히 생각하는 인터넷상의 몰입정도가 통상적인 수준을 넘어선 상태로 정상은 아닌 것이다. 그렇다고 정도의 문제이긴 하지만 생물학적 불편을 주는 질병이라고 볼 수도 없다.

중독증의 정신의학적 진단은 단순히 어떤 대상을 탐닉하는 정도를 넘어서서 의존성, 내성, 금단현상을 동반한다.[6] 인터넷에 중독된 사람은 스스로 마음의 위안을 얻기 위해 인터넷에 의존하게 된다. 컴퓨터를 끄고 나오기가 힘들어지고 더 많은 시간을 소모해야 만족을 얻으며 인터넷에서 지속적으로 같은 시간을 들여도 효율이 점점 저하되는 내성을 보인다. 인터넷을 떠나 있으면 왠지 불안하고 무슨 일이 일어날 것 같은 생각으로 초조한 금단증상을 보인다. 인터넷 중독에 대해 생물학적 측면과 사회문화적 측면으로 나누어서 설명하기도 한다.[7] 그러나 인터넷 중독을 생물학적 반응으로 보는 것은 특정인의 생물학적 조건이 중독을 일으킨다는 것으로 설명될 가능성이 있기에 쉽게 받아들이기 어렵다. 이탈리아 의사 롬브로소C. Lombroso, 1836~1909가 범죄자는 태어날 때부터 범죄자라는 소위 생득적 범죄인설과 같다. 인터넷 중독자가 태어날 때부터 인터넷 중독자일수는 없다. 특정인이 생물학적 메카니즘이 달라 중독으로 빠진다는 것은 사회학적인 생각에서는 비판의 소지가 있다.

그러나 인터넷 중독을 사회문화적 측면에서 접근하게 되면 인터넷에서 벗어나지 못하게 한 사회적 상황에 주안점을 두게 된다. 인터넷 중독과 같은 일탈적 행위를 사이버 사회가 만들어낸 사회구성주의적 입장에서 볼 수 있다.[8] 또한 머톤의 아노미이론에서 보듯, 사회가 인정하는 문화적 목표와 그 목표에 이르기 위한 제도화 된 수단에 접근하지 못하거나 능력이 없으면 인간은 새로운 방법을 모색한다.[9] 인터넷은 그러한 새로운 방법의 돌파구이다. 게임을 통해 자기만족을 실현시키고, 자아존중감을 확대시킨다면 인터넷은 성취감을 높이는 도구가 된다. 사회에서 가질 수 없는 무언가를 인터넷은 우리에게 줄 수 있다. 유희적 요소에서 갖는 소망의 충족은 감정을 진화시킨다. 더구나 미지의 세계에서 자신을 마음껏 드러내고 표현하면서 다양한 존재양식으로의 체험은 신화를 잃은 현대인에게 매력적이다. 알콜중독자나 마약중독자들이 문화적 목표와 제도화된 수단을 모두 거부하는 패배주의자의 입장에 있었다면 인터넷 중독자는 그 양태가 오히려 도취주의에 선도된 희망적 입장에서 바라보게 된다.

인터넷이 가진 특성은 흥미롭고 사람들을 자극하는 마력

을 가지고 있다. 그러나 그것이 중독으로 유인할 수 있는지 쉽게 답할 순 없다. 알코올이 있다고 누구나 알콜중독자가 되는 것은 아니다. 물론 인터넷은 분명 알코올 중독과는 다른 측면이 있다. 알코올 중독자와 정상인과는 차이를 보이지만, 인터넷 중독자는 일상생활에서 정상인과 뚜렷한 차이가 없다. 또한 알코올 중독자와 달리 패배자들이 아니라 성취자들로 보이기도 한다. 그리고 인터넷은 중독의 형태도 다양하다. 뿐만 아니라 정상적인 사람도 얼마든지 중독될 수 있어 중독대상의 범위도 넓다. 컴퓨터라는 하찮은 기계덩어리가 만들어낸 사이버공간에 중독되는 게 왜 문제인가? 그것은 신화를 잃은 인간이 문제인지, 아니면 사이버공간으로 생긴 새로운 사회적 환경이 문제인지 아직 쉽게 말할 수 없는 풀어야 할 숙제이다. 인터넷 게임업체가 게임을 질병으로 본 WHO의 결정에 대해 게임 역시 영화, 음악과 같이 개인의 문화적 취향에 관한 영역인데 동성애 이슈처럼 국가개입으로 나서는 것은 지나치다는 지적에 대해 관용의 한계를 어떻게 설정하느냐에 따라 달라질 문제이다.

□ **게임 중독 증세 자기 진단표**

게임을 하고 있지 않는데도 게임을 하는 느낌이 들 때가 있다.
게임을 한 이후로 해야 할 일이나 물건을 잃어버리는 등 건망증이 늘었다.
반드시 해야 할 일이 있어도 게임을 그만둘 수 없다.
게임 때문에 시험(일)을 망친 적이 있다.
게임을 통해서는 내가 할 수 없는 일을 할 수 있다고 느낀다.
게임을 하지 않는 날이 거의 없다.
컴퓨터를 켠 후 가장 먼저 게임을 시작한다.
게임을 하지 못할 때면 짜증이 나거나 화가 난다.
게임하는 것 때문에 가족들과 다툰 적이 있다.
게임 때문에 밤을 새운 적이 많다.
게임을 하는 도중 주인공이 다치거나 죽으면 마치 내가 그러는 느낌이 든다.
게임을 하다가 고함을 치는 경우가 많다.
내가 현실생활보다 게임에서 더 유능하다는 느낌이 든다.
게임 시간을 줄이려고 노력하는데도 번번이 실패한다.

출처: 한국청소년상담센터[10]

사이버 마초와 집단 극화

2001년 부산대 여성주의 웹진 '월장'이 창간호를 내면서 예비역 대학생들의 문화를 정면으로 비판하고 나섰다가 '사나이'란 집단 연대감을 바탕으로 전국의 예비역들이 '월장' 게시판에 몰려들어 노골적인 공격을 하면서 커뮤니티 여성 회원들이 혼비백산하였다. '월장' 게시판에는 "죽일 년들... "로 시작하는 욕설이 쏟아지면서 오픈 사흘 만에 사이트 서버가 다운됐다. 이 사건으로 '월장' 회원들은 학교 수업가기도 두려웠고 귀가하는데도 위협을 느낄 만큼 심각한 상황으로 전개되었다. 사이버 마초들이 집단으로 벌인 최초의 사건이었다. 사이버 마초를 상대로 첫 집단고발은 2006년 여성포털사이트 마이클럽www.miclub.com의 여성누리꾼들이 한 남성이 해당 사이트에 올린 음란물과 여성비하 글에 대해 인터넷 성폭력으로 서울지방경찰청에 고발한 집단행동이었다.[11] 마초macho는 사전적 의미가 '건장한 남성'이란 의미를 담고 있다. 남성의 권위적이고 폭력적인 뜻을 담은 다분히 부정적 용어이다. 남성우월주의는 사이버공간에서 극대화되면서 자신들이 남성임을 드러내고 욕설과 폭언을 하는가 하면, 떼거리로 몰려다니면서 억지주장이나 여성비하 투의 용어를 서슴지 않는다. 이들이 사이버 마초이다.

사이버 마초이즘은 남성우월주의를 앞세운 사이버공간에서의 폭력이다. 인터넷은 자유롭고 익명적인 공간을 만들면서 성적인 그리고 폭력적인 글이 난무하게 되고 정상적인 사람들도 훨씬 대담해지는 곳이다. 남성들이 사이버공간에서 폭력적으로 되는 이유, 즉 마초들의 횡포에 여성들이 무방비로 노출되는 이유는 사이버공간의 특수성인 익명성과 비대면성 때문이다. 익명성과 비대면성은 양날을 가진 검이다. 한쪽은 권위주의에 도전해서 탈위계화, 탈중심화시키지만, 다른 쪽은 사회적으로 비난받는 행동을 서슴없이 하게 되는 탈억제의 마력을 갖는다. 또한 익명성과 비대면성은 실재감을 결여시키고 컴퓨터와의 대화를 기계박스와의 대화 정도로 생각해 비인격적이고 과장되고 과격해질 수 있다. 부산대 '월장' 사건 이전에 부산대 교지 '효원'에 예비역 문화를 비판하는 글이 실렸지만 이를 비판하는 사람은 없었다. 글쓴이가 남자라서 그렇다곤 하지만, 글의 매체가 컴퓨터일 때와 지면일 때는 반응이 다르다.

인터넷을 통한 가십과 비방의 피해자는 대부분 여성이라고 누스바움Martha C. Nussbaum은 보았다. 특히 인터넷의 게시물은 여성을 이용하고 학대하는 물건으로 취급한다는 뜻으로 대상화objectification로 부른다. 대상화는 어떤 단일한 세트의 필요충분 조건이 없는 군집개념으로 여성을 수단으로 취급하면서 지탄받을 인물로 그리고 있다. 공개적 대상화는 수치심을 주는 형벌의 일종이다.[12] 왜 남성만이 폭력의 주체이고 여성은 폭력의 대상이 되는가 하는 것은 쉽게 설명되지 않는다. 평등을 구가하는 사이버공간에서 대등하게 경쟁해야 하는 남성들이 기선을 제압하기 위한 것이 이유라면 산업사회의 논리이다. 리프킨은 〈노동의 종말〉에서 남성들이 더욱 경쟁하게 되는 것은 여성들의 사회진출에 대한 위기 때문이라고 한 바 있다. 남성들의 위기를 사이버공간의 특수성에 기대어 성차별적 언어와 관념을 확대 재생산시키고 있다는 것은 단순한 접근이다.

이제 대상화는 인터넷에서 여성에게만 일어나는 것이 아니라 남성을 대상화하면서 인터넷 속의 성대결인 집단 극화로 발전하였다. 집단 극화는 온라인 집단 내 의견이 동질화되면서 집단 간 차이를 부각시키고 상대를 비방하면서 자신이 속한 집단의 규범이나 정체성을 극화하여 동조를 얻는 경향을 말한다.[13] 집단 극화는 디지털 네이티브가 중심이 되어 인터넷 공간 속의 성별에 따른 집단화인 성대결로 이어지고 있다. '디지털 네이티브'는 텝스콧Don Tapscott이 〈Grown Up Digital〉 2008에서 쓴 용어로 디지털 갈등, 즉 젠더 갈등의 주체들이다.[14] 테크놀로지의 발달은 인간의 정신적 환경을 변화시킨다. 인간의 정신은 인간의 외적 환경과 밀접하게 관련이 있다. 뒤르켐의 아노미이론도 인간을 규제하는 외적 환경의 변화에서 오는 정신적 무질서이다. 사이버공간의 등장은 인간에게 주는 환경의 변화이다. 대부분의 생애를 인터넷 기술과 가까이 한 이들 세대는 이전과 다른 정신적 환경일 수 있다. 집단 극화를 이끈 '일간 베스트'일베도 초기에 디지털 네이티브를 통해 유머사이트로 인식하고 흥미로운 글들을 공유하고 소비하였다.

인터넷에서의 성 대결인 집단 극화가 본격 대중적으로 논의된 것은 2010년 초반부터이다. 커뮤니티 사이트 일베는 '김치녀', '된장녀' 등의 용어로 여성에 대해 비하적 표현을 사용하였고, 커뮤니티를 통해 만연된 여성 혐오적 글은 누적되기 시작했다. 이후 2015년 메르스 바이러스 확산 시점에 디시인사이드 사이트에 '메르스 갤러리'에서 여성 혐오적 표현에 대향하는 여성들의 미러링당한 만큼 똑같이 앙갚음한다는을 시작으로 메갈리아 사이트가 만들어졌다.[15] 지금은 폐쇄된 메갈리아에서 파생된 사이트 '워마드'가 남성혐오 사이트로 여성우월주의 주장에 앞서고 있다. 집단 극화의 대표적 남성 사이트와 여성 사이트가 된 '일베'와 '워마드'는 각각의 이용규칙이 있다. 두 사이트는 모두 익명성을 강조하고, 이용자 간의 친목을 금기시하며, 남성과 여성에 대해 서로 배제하는 태도를 규칙으로 한다.

〈표 13-1〉 일베와 워마드 사용 언어 비교

일베	워마드
김치녀	한남충
맘충	앱충
된장녀	꽁치남
보적보	자적자
운지해	재기해

사이버공간에서 경험하는 가상현실이 인터넷을 통하여 멀리 떨어져 있는 주체에게 정신적 손상을 준다는 것은 이제 쉽사리 볼 수 있다. 가상현실은 인간에게 새로운 진화를 가능하게 하는 동시에 새로운 정신적 피해를 초래하는 일종의 원격병리학telepathology의 발생지이기도 하다. 사이버공간에서의 폭력은 사이버공간에서 그치는 것이 아니라 현실의 정신적

신체적 피해를 불러온다. 특히 사이버공간에서의 음란물 유통, 희롱과 스토킹, 욕설과 명예훼손 등의 불량행위는 범죄의식 없이 행해지는 경우가 많다. 그러나 피해자의 입장에서는 현실공간 못지않게 충격이 크다. 사이버 마초이즘은 인터넷 공간에서의 남성우월주의 강자논리로 극단적 혐오용어를 동원한다. 이는 페니스파시즘으로 비판받기도 한다.[16] 그러나 결국 성우월주의의 집단극화를 낳게 된다.

집단극화는 욕과 비방, 음란대화로 더 이상 '합리적인 대화'를 이끌 수 없다. 집단 극화를 이끄는 사이트들은 쌍방향적 의사소통 매체로서의 인터넷 역할에 위기를 불러온다. 사이버 폭력을 막기 위한 전문가들의 처방에는 꼭 들어가는 말이 있다. '절대 반응을 보이지 마라'. 이렇게 처방을 내리면 사이버공간이 갖는 원래의 특성인 표현의 자유, 개방성, 다양성을 무시하게 되고 사이버공간은 그야 말로 현실공간보다 못하게 된다. 집단극화로 치닫는 사이버공간을 인간애 또는 도덕성으로 맞선다면 해결할 수 있을까? 인터넷은 인위적인 구축물일 뿐이다. 인터넷에서 상대를 대상화하면서 비방하고 학대하지만 훌륭한 반론으로 공감능력을 발휘하는 인간성의 신호들을 찾는다면 얼마든지 달라질 수 있다.

사이버 테러리즘

컴퓨터 시스템을 파고들어 정상화를 조건으로 돈을 요구하는 랜섬웨어의 공격이 늘고 있다. 미국 조지아주 잭슨카운티는 2019년 3월1일 대규모 랜섬웨어 공격으로 도시의 대부분 업무가 마비되었지만 해커들에게 40만 달러를 주고 복구화 키를 받아 시스템을 정상화했다. 사이버보안 컨설턴트를 구해 해커와 협상을 벌인 결과, 수개월간의 시스템 복구보다는 해커와의 협상이 더 유리하다고 판단한 결과였다. 한국의 경우도 랜섬웨어 피해가 2015년 1,090억 원에서 2017년 7,000억 원으로 2년 사이 7배나 늘었으며 2018년엔 1조5,000

억 원의 규모로 커졌다.[17] 전세계가 사이버 네트워크로 연결됨에 따라 요인암살이나 건물 파괴 등 과거의 아날로그 시대의 테러보다 사이버 테러의 위협에 쉽게 노출되어 있다. 범죄자의 익명성과 국경 없는 범죄라는 사이버 테러리즘의 특징은 범인 검거와 형사 처벌이 쉽지 않다는 점이다.

사회과학자들 사이에 테러리즘에 대한 용어를 정의하는 것은 쉽지가 않다. 어떤 사람은 테러리스트이지만 다른 사람의 입장에선 자유의 투사가 될 수 있다. 국가 외부에서 행하는 테러는 그렇다하더라도 국가가 개입한 테러리즘은 전쟁과 구분하기 어렵게 된다. 그러나 사이버 테러리즘은 현실에서의 테러리즘과 차이를 보인다. 대체로 테러리스트들은 그들이 타겟으로 하는 지역에 일부만 가하는 피해로 폭력행동들이 상징적이지만, 사이버 테러리즘은 전세계를 대상을 멀리 떨어진 곳에도 겨냥해 발생할 수 있다.[18] 2001년에 발생한 '코드 레드' 바이러스의 경우 전세계를 대상으로 인터넷 공격이 가해져 순식간에 인터넷 속도를 떨어뜨리고 시스템을 정지시켰다. 미국 백악관은 인터넷 주소를 변경하고, 미국 국방부는 웹사이트를 나흘간 폐쇄하였다. 한국도 같은 시간 4천대의 서버가 감염되는 피해를 입었다. 사이버 테러리즘은 범인은 A나라 사람이고 컴퓨터가 있는 범행 장소는 B나라, 인터넷 서버가 있는 곳은 C나라, 피해자는 전지구인이 되기 십상이다.

사이버 테러리즘은 인터넷 등 컴퓨터 통신망을 이용하여 가상공간에서 상대방에게 해를 입히는 행위를 말한다. 현실의 테러리즘과 달리 사이버 테러리즘은 다음의 특징을 들 수 있다. ① 사이버 테러리즘은 국경 없는 범죄이다. 사이버 테러리즘은 국경의 장벽을 더 이상 장벽으로 생각하지 않는다. 이 때문에 주요선진국들은 97년부터 사이버 테러리즘에 대한 공조방안을 활발하게 논의해 오고 있다. ② 사이버 테러리즘은 짧은 순간에 이루어진다. 테러가 빛의 속도로 이루어지기 때문에 몇 분이면 모두 끝난다. 순식간이지만, 그 영향력은 엄청나게 커서 전세계를 대상범위로 한다. ③ 사이버 테러리즘은 가해자인 테러리스트의 측면에서 위험부담이 적다. 현실의 테러리즘은 자신의 목숨을 담보로 해야 하지만, 사이버 테러리즘은 원격적으로 이루어져 테러리스트 입장에서 보다 안전하고 정교한 피해를 가할 수 있다. ④ 사이버 테러리즘은 피해범위가 무한정이다. 피해가 무차별적이고 무제한적이어서 차단하지 않으면 피해범위는 확대재생산으로 이어진다. ⑤ 사이버 테러리즘은 피해자가 민사상 손해배상을 받을 가능성이 거의 희박하다. 범인이 누군지 정확히 알기 어렵고, 피해가 전세계적 규모여서 엄청난 피해액을 범인 혼자 감당할 수 없으며, 범인들 가운데 심각한 범죄의도를 갖지 않은 호기심어린 청소년일 경우도 있다.

사이버 테러리즘은 현재 위협의 정도가 정보통신을 교란

마비시키는 수준이지만, 예를 들어, 식품제조 회사의 컴퓨터 해킹으로 식품에 첨가되는 양을 조절해서 사람들에게 심각한 질병을 유발하거나, 항공기나 철도의 관제시스템을 조작해 충돌사고를 일으키는 경우는 피해가 엄청날 수 있다. 더구나 시간 조정을 통해 해커의 위협이 시간차를 두고 발생하면 피해사실이 드러날 때는 이미 방어책을 찾기 어렵게 된다. 2019년 5월 한국원자력안전재단에 디도스 공격용 악성코드가 서버에 심어져 있는 것을 발견하고 경로조차 파악하지 못해 곤경에 처한 적이 있었다. 19만 명의 개인정보가 담겨진 '방사선 작업 종사자 정보 시스템'의 시비를 중지하고 조치를 취해야 했다. 아이러니하게도 악성코드는 2015년에 심어진 것이어서 외부에서 침입하는 코드만 보안에 매달리다 정작 서버 데이터베이스내의 악성코드는 발견하지 못하였다.[19]

사이버 테러를 막기 위해서는 인터넷 서비스 제공업체들이 이용자의 인터넷 접속기록을 보존하는 것을 의무화하거나, 기술적으로 인터넷 발신추적을 보다 쉽게 하는 방법이 있으며, 동시에 추적능력을 가진 수사기관의 인재를 키우는 것도 중요하다. 미국은 자국의 전산망을 보호하기 위한 방어 위주에서 탈피, 유사시에 외국 전산망을 파괴하는 컴퓨터 바이러스, 논리폭탄, 객체이동가상무기Autonomous Mobile Cyber Weapon 등 공격무기도 개발 중이어서 보다 적극적인 사이버 테러 대응책을 마련하고 있다. 사이버 테러는 앞으로 심각한 사회문제로 대두될 것임에는 틀림이 없다. 실태와 대책은 활발하지만, 사회병리학적 측면에서 이러한 범죄가 왜 발생하는가에 대한 설명은 아직 미미하다. 인간의 행위에 초점을 두는 개인의 문제인지, 아니면 사회구조라고 할 수 있는 사이버 공간의 구조가 문제인지 누구도 지금은 섣불리 접근하고 있지 못하는 것 같다.

통제의 기술? 기술의 통제?

사회통제는 사회학적으로 일탈행위를 예방 내지 극소화하는 것이다. 개개인의 동기에 상관없이 사회규범에 동조하도록 압력을 가하는 것이 사회통제이다. 고전적인 통제이론에서 사회통제의 강력한 수단은 처벌이었다. 푸코는 〈감시와 처벌〉 첫 페이지에 넓은 광장에서 사지를 찢어 죽이는 다미엥루이 15세 살해미수범의 끔찍한 처형 장면을 기술하고 있다. 이러한 끔찍한 처벌은 사회범죄를 막는데 극적 효과를 노리기 위한 것으로 18세기 사회통제의 모습이었다. 처벌은 범죄에

방, 범죄자의 사회격리, 가해자에 대한 대등한 보복으로 사회 통제의 효과를 갖는다. 통제이론가로 가장 잘 알려진 허쉬 Travis Hirshi는 사회유대가 강하면 통제적 요소로 효과를 본다고 했다. 〈일탈의 원인〉1969에서 허쉬는 사회유대를 만드는 네 가지 유형의 결속요소가 있는데 애착attachment, 헌신 commitment, 참여involvement, 신념belief이라고 했다. 사회의 유대가 강하면 사람들이 사회에 대한 애착이 높고, 헌신하며, 참여하고, 도덕적 신념을 받아들여 통제와 순응에 별 문제가 없다는 주장이다.[20]

그러나 사이버 일탈의 경우 통제가 쉽지 않다. 왜냐하면 사이버 일탈에서는 피해를 입힌 만큼의 보복을 위한 범죄자를 찾아내기가 쉽지 않다. 특히 사이버 테러리즘의 경우 전세계 어디에서나 일어날 수 있기 때문에 전세계를 다 뒤질 순 없다. 인터넷 중독자의 경우 역시 사이버 일탈이긴 하지만, 사회에서 격리시키는 것이 현실적으로 어렵다. 알콜중독자를 수용하는 전문병원이나 클리닉과 같은 시설을 인터넷 중독자에게 적용해서 생각하기엔 아직 정서적으로 맞지 않다. 게임중독의 경우, 질병 여부를 놓고도 여러 의견들이 대립되는 상황에서 게임중독자를 격리시키는 처벌이나 제재는 사실상 불가능하다. 통제의 또 다른 방법은 자아 개념을 개발시키는 것이다. 개인이 일탈의 유혹을 받았을 때 이를 극복하는 방법은 개인의 역량에 달려 있으며 긍정적인 자아개념과 관련 있다는 주장에 근거한 것이다.[21] 그러나 사이버일탈을 개인의 문제에 맞추기보다는 사이버 상황이라는 새로운 환경이 일탈을 쉽게 부추기는 측면과 사이버 상황에 대한 개인들의 부적응이라는 측면도 고려한다면 지나치게 개인에게 초점을 맞추는 것도 문제이다.

사이버 통제는 크게 두 가지로 나눌 수 있다. 비공식적 통제와 공식적 통제이다. 전자는 인간관계를 바탕으로 사이버 공동체 내의 규범에 동조행위를 촉구하는 것이고 후자는 외형적인 법적 제재를 통해 새로운 기술을 도입하는 것이다. 공동체의 규범에 동조하는 행위를 촉구하는 것은 '컴퓨터 윤리'에 해당하는 것이다. 햄링크Cees. Hamelink는 대항신화counter myth의 규범적 의미를 통해 컴퓨터 윤리의 진보적인 방법을 제안한다. 대항신화는 위계 질서를 초월한 오늘날의 사람들이 도덕적인 요구로부터 자유로워졌지만, 자신의 업무를 수행할 때 도덕적 구속의 문제를 제기한다는 것이다.[22] 도덕을 통한 사이버공간내의 질서 확립의 시도이다.

사이버공간에서의 새로운 도덕 규범의 정립을 모색하는 철학적 사고나 법률적 모색이 조심스럽게 제기되고 있다는 것은 사실이다.[23] 하지만, 컴퓨터 윤리를 통한 사이버 통제의 사명은 효과 면에서 당장 기대하기가 어렵다. 법적 제재를 통한 기술의 도입이라는 공식적인 통제가 더 효율적일 수 있다. 사이버일탈에 대한 통제는 일탈의 수준이나 규모에 비해서 초보적인 수준이다. 공식적인 통제를 위한 조치로 렌크Klaus Lenk는 유효한 경찰체제를 별도로 개발해야 한다고 주장한다. 사이버공간의 문제를 기존의 해결책으로 푸는 것은 바람직하지 않다는 것이다. 또한 통제적 측면에서 규제의 강화보다 합리적이고 합목적적인 정보기반을 설계하는 것이 보다 효과적이라고 말한다.[24] 무엇이 합리적이고 합목적적인 정보기반인지에 대한 판단이 쉽지 않다. 우리나라도 사이버 경찰이 있으며, 정보관련 통제는 경찰뿐만 아니라 검찰도 맡고 있다. 국가기관에 대한 사이버테러는 국가정보원내의 대테러보안국을 중심으로 컴퓨터 보안 전문요원이 담당하고 있다. 이들은 바로 공식적인 사이버일탈에 대한 통제기관이다.

사이버일탈에 대한 통제로 빼놓을 수 없는 것은 암호체계이다. 그러나 암호체계는 무정부주의 세계를 낳을 수 있다는 우려가 있다. 개인이 완벽한 암호체계를 가질 경우 정부는 오히려 개인의 정보를 통제하지 못하게 되고, 개인은 새로운 자신들만의 세계를 만들어 무정부세계가 될 수 있다. 암호체계는 사이버 테러를 막는 보안상의 문제를 해결할 수 있지만 합법적인 감시나 수색마저 불가능하게 되어 공공의 안정과 사회적 경제적 안정의 위협에 대비할 수 없다. 따라서 암호체계는 사이버일탈의 파장을 근본적으로 막을 순 없다. 이에 대해 대닝Dorthy Denning은 사회통제의 효과를 보면서 무정부주의에 빠지지 않는 암호체계의 대안을 제시하고 있다. 그것은

'암호의 제 3자 보관법'key escrow encryption, '약한 암호화'weak encryption, '연결 암호화'link encryption이다.[25] 사이버일탈에 대한 통제는 궁극적으로 이용자들에게 사이버공간내에서 요구되는 역할의 수행자로서 합당한 행위를 하도록 유도하는 것이다. 일탈을 막기 위한 통제의 기술도 새로운 공간에 맞추어 발 빠른 개발과 적응이 필요하다.

읽고 생각하기 13

대상화와 망신주기

대상화는 상대를 대상화하는 자의 목적을 위한 도구로 취급하는 것이고, 이 때 상대의 주관적 감정이나 자율성은 전혀 고려할 필요가 없거나 고의로 침해될 수 있는 것으로 간주된다. 대상화된 사람은 손상된 아이덴티티를 부여받고 오명과 낙인을 뒤집어쓴다.

모든 사회는 상대적으로 무력한 집단에 대해 그들의 처리를 부끄러워하라고 강요하며 수치심을 안긴다. 수치심의 개념에 기반한 처벌들, 예컨대 특정한 기호나 상징을 붙여 지탄받는 아이덴티티의 소지자로 만든다든지, 대중이 모두 볼 수 있는 자리에 죄인처럼 차꼬나 칼을 채워 놓는다든지 하는 것은 이러한 경향의 일반적인 징후다. 수치심을 통한 정의는, 낙인 찍힌 이들의 불편을 보며 즐거움을 느끼는 패거리들의 정의다.

많은 사회들에서 줄곧 하층계급으로 취급 받아 온 여성들은 특히 성에 기반한 대상화를 통해 유독 두드러진 형태로 사회적 수치심을 느끼도록 낙인 찍혀 왔다.

(마사 누스바움, 「대상화와 인터넷상의 여성 혐오」, 『불편한 인터넷』, 솔 레브모어·마사 누스바움 편, 김상현 옮김. 에이콘, 2012: 124)

그냥 컴퓨터를 꺼라!

> 온라인상에서 어떻게 폭력을 당하냐고요? 사이버폭력을 당하면 "종료" 버튼을 누르면 되는데, 사람들은 정말 엄청나게 멍청해요. "나는 누군가의 돈을 빼앗기 위해 사이버로 가야만 해요. 그런 후에 그 사람들을 매우 화나게 하고, 바보로 만들 거에요. (대신에 그들은 그냥 종료버튼만 누르면 되는데 … 멍청이들) 이것은 내가 들어본 것 중에 가장 멍청한 말이에요 - 작성자 : 2006년 8월 2일 am 8:15에 자유의 아들

우리는 유사한 감정을 표현하는 사람들에 의한 이런 비판이 아무리 좋게 말한다 해도 경박하며 무시하는 것 같다고 느낀다. "종료버튼을 클릭하는 것", 혹은 "컴퓨터를 꺼버리는 것"이 사이버폭력을 당하는 사람들을 위한 현실적인 대안이 아니라는 데에는 여러 가지 이유가 있다.

(힌두자, S · 패친, J. W., 『사이버폭력』, 조아미 외 옮김, 정민사, 2012: 261)

1. 인터넷에서의 성대결로 치닫는 집단 극화에서 여성을 대상화하고 남성을 대상화하는 방식이 갖는 문제에 대해 토론해보자.
2. 사이버폭력에 대응하는 방법으로 '컴퓨터를 꺼버리는 것'이 효과적인 방법이 될 수 없는 것에 대해 생각해보자.

에필로그

사라지는 풍경에 새로 그리는 사회학

우리는 삶을 어쩔 수 없이 선택하는 것이 아니라, 자진해서 선택하는 것이다. 그 방향은 스스로 무언가를 만들어 개척하고, 합리적 결정을 이끌어 선과 도덕을 만들고, 보다 진보된 기술로 자유를 펼치려고 한다. 근대 이후 자유 확대를 통한 인간주의적 삶은 사회학의 주된 가치였고 사회학이 만든 수많은 규율을 다시 생각하게 되었다. 규율로 인해 배제되고 주변화된 사회현상은 없는지 들여다보고 그러한 것이 우리 삶을 되레 위축시키지나 않는지 고민스러우면서 사회학은 더 이상 고정된 시각이 아닌 유연한 관점의 액체사회로 상대해야 한다는 말까지 나오게 되었다.

고정된 시각을 탈피하고 유연적 사고로 사회를 바라보는 것이 절실한 가운데 인터넷이라는 새로운 공동체는 우리에게 분명 다른 사회학을 제시한다. 과학이 아닌 경험으로 바라보는 인터넷의 수많은 현상은 살아 움직이듯 꿈틀거리며 무언가를 자꾸 새롭게 만들고 있다. 새로움 속에는 기대와 함께 위험과 공포가 있다. 인터넷이 주는 공포는 무엇인가? 인간애, 휴머니즘의 상실이다. 장소가 사라지고, 종이가 사라지고 접촉이 사라지는 사회는 인간애의 상실이다. 인터넷으로 인간과 기계의 융합은 알 수 없는 근심거리를 던져준다. 새로운 무언가를 희망적으로 찾아내야 한다. 그러더라도 사회학이 윤리학으로 되지 않으려면 '어떻게 되어야 한다'는 것보다 '어떻게 되고 있다' 현상 속에서 이론화 작업이 필요하다.

인터넷에서의 소멸에 맞서는 사회적 현상을 사회학적 시각으로 그리고 싶었다. 어쩌면 새로 그리고 싶은 사회학은 희망적 바람을 앞세운 욕망에서 나온 것이기도 하다. 인터넷에는 낯선 현상이 안개 걷히듯 드러나면 어느 순간 익숙한 것들은 주변에서 사라진다. 인터넷에서 익숙한 듯한 현상이지만 결코 익숙하게 볼 수 없는 부분들 몇 가지를 보려고 한다. 사라지는 것들이 던지는 풍경을 소멸의 시대로 보면서 이를 대안적으로 볼 수 있는 부분들을 찾아 사회현상으로 디자인하면서 에필로그로 대신하려 한다.

소멸의 시대

장소의 소멸

장소라는 개념은 공간, 시간, 경계와 더불어 이들의 유기적 관계 속에 있다. 사회학은 대체로 장소의 사회학이었다. 퇴니스가 게마인샤프트, 게젤샤프트 나눈 것도 장소에서 비롯된 것이다. 어떤 종류의 장소에 있다는 것은 실존이며 존재이다. 사회 공동체가 그러했으며, 계급적 위치도 장소에서 나왔고, 젠더도 공간 분리에서 시작되었다. 규율을 지키고 통제를 가하는 것도 장소에 따라 달라지고 장소 경험을 통해 인간은 특유의 체험을 갖는다. 시간 중심의 시대에 장소가 서서히 사라지고 있다.[1] 장소는 인간 활동을 전제로 한다. 장소place가 공간space과 구별되는 것은 장소는 인간과 관계를 맺는 곳으로 일종의 '거처', 즉 사람이 머무는, '있는 곳'이다. 공간은 일반적으로 균질한 확장성을 갖지만, 장소는 인간이 간여함으로써 공간에 방향성이 생겨서 균질성이 무너지고 특수한 공간이 발생되는데 그것이 장소이다.[2] 그래서 장소는 인간에 대한 경험이 중요하다.

인터넷은 모든 사람들이 참여하는 공간으로 개별적 경험을 가능하게 하는 장소적 의미보다 함께 공유하는 균질화된 특성으로 공간의 의미가 더 크다. 장소와 공간을 인터넷의 측면에서 보더라도 장소적 의미는 인터넷 내에 사라지고 공간이 더 의미 있는 것으로 받아들여진다. 인터넷으로 장소적 의미는 이미 공간에 밀리고 있다. 인터넷을 이용하면서 자신의 표현을 펼치는 페이스북, 트위터, 인스타그램 등은 인터넷 공간을 점유하는 것이지 인터넷 장소를 차지한다고 말하지는 않는다. 그러나 이러한 공간마저도 속도에 밀려 사회학에서는 시간을 더 중요시하게 되었다. 버거와 루크만은 아예 공간을 더 이상 주제화시키지 않겠다고 했다. 우리가 더 중요하게 생각하는 것은 시간의 구조이며 공간은 부수적이라고 주장한다.[3] 인터넷은 하나의 정보가 한 장소에서 다른 장소로 이동할 수 있는 시간을 단축시켜 공간 극복에 기여했다. 인터넷은 공간적 거리를 시간으로 극복하는 도구가 되었다.

시간을 앞세운 고속철의 경우, 서울에서 부산까지 400킬로미터나 되는 거리를 KTX는 2시간 30분 만에 주파한다. 서울과 부산 사이의 수많은 장소들은 온데 간데 없어지고 시간만 의미를 갖는다. 시속 290킬로미터의 놀라운 속도로 빠른 시간에 주파하지만 서울과 부산 사이에 있는 수많은 장소들을 섬세한 디테일로 감지하는 체험을 잃게 만든다.[4] 장소를 체험하지 못하게 만들고 공간을 전혀 인식하지 못하게 만든다. 하인리히 하이네의 말처럼 "기차 때문에 공간은 죽었고 이제 시간만 남아 있다."[5] 속도를 앞세운 사회는 장소를 소멸시킨다. 탈공간화, 무장소성, 공간의 폐지와 같은 명제들이 인터넷 삶의 일상으로 별스럽지 않게 들린다. 이제 본격 5G 시대가 되면서 속도의 개념, 시간의 개념은 더 중요하게 되었고, 사회학에 일상적 삶을 주관하는데 시간이 중요한 변수로 다가오고 있다.

시간은 의식의 본질적 속성이다. 장소를 중요시 한 것은 시간 속에 담겨진 추억 때문이었다. 시간이 장소보다 더 중요해지면 추억은 과거의 향수로 머물러 있는 것이 아니라, 시간을 이용해 다시 불러 올 수 있다. 얼마나 빨리 실제적 모습을 당겨 올 수 있는가 하는 문제이다. 5G는 5세대 이동통신기술로 정보 처리 속도가 훨씬 빠르다. 이전의 4 세대인 LTE보다 20배 빠른 속도로 100배의 많은 양의 데이터를 보낼 수 있다.

인공지능AI, 사물인터넷IoT, 빅데이터, 클라우딩 컴퓨팅 등은 모두 속도에 기반 한 기술들이다. 원격의료, 자율주행차. 드론, 증강현실이 일상화되면서 미래는 속도를 앞세운 사회가 된다. 시간이 과거를 불러올 수도 있다. 장소를 소멸시키면서 다시 추억을 되살리 듯, 상징공간을 추구하게 될 것이다. 경험을 통해 얻어진 실존공간보다는 개인의 의지와 감정으로 만든 자기중심적 공간인 지각공간이 만들어질 것이다. 적어도 실재와 같은 증강현실은 이러한 것에 일조할 것이다.

종이의 소멸

한 때 정보의 폭발은 종이의 폭발이었다. 종이 없던 시대에는 정보를 돌에다 혹은 양피에다 기록했었다. 2백 페이지 분량의 책에 담을 내용을 기록하려면 25마리분의 양피가 필요했다. 로제타 스톤[6]의 현무암 표면에 빼곡이 담긴 정보는 무게 때문에 도저히 가지고 다닐 수 없다. 종이의 발명은 정보의 운반을 위한 분량 면에서 가히 혁명적이다. 종이가 없으면 교과서는 어떻게 만들까. 피터 드러커는 교육학의 진보에서 가장 기술혁신innovation답지 않은 기술혁신은 교과서의 발명이라고 전한다. 이러한 종이가 신용카드의 사용, e-북을 통한 독서, 인터넷 신문의 일상화로 점점 용도가 줄어든다. 종이가 사라지는 '종이 없는 사회'paperless society가 될까?

2009년 비트코인 등장 이후 전세계는 수많은 상품 판매자들이 결제수단으로 받아들이고 있다. 전자화폐 비트코인이 지폐를 대신한다. 지폐는 맥루한에 따르면 가장 보편적인 미디어 중의 하나이다. 화폐의 변환능력은 자본주의 사회의 생산을 둘러싼 사회적 관계의 속도와 범위를 엄청나게 빠르게 확장시켜 주었다.[7] 화폐의 이러한 특징을 가속화시킨 것은 종이로 만든 지폐 때문이었다. 금속화폐에서 지폐로 그리고 우리는 고액의 지폐를 갖는 불편함을 없애기 위해 다시 수표로 발전한다. 이제 종이지폐는 신용카드와 전자화폐로 위기를 맞고 있다. 신용카드, 체크카드를 일상적으로 쓰는 것은 카드 한 장에 은행예금과 같은 자산이 전자적 방법으로 저장된 화폐적 가치를 담고 있기 때문이다. 신용카드 이미 우리의 지폐를 대신하기에 충분하다.

인터넷 뱅킹에 익숙한 전자적 거래는 가변적이다. 지폐는 1만원이면 1만원으로 영원하지만, 인터넷 거래에서 실수로 0을 하나 더 입력해버리면 10만원이 된다. 그럴리 없겠지만 손가락 하나의 실수로 기록이 없어지면 찾을 수도 없다. 화폐나 수표에 자기표시를 하듯이 할 수 없어서 소유주의 기록도 남길 방법이 없다. 전자화폐가 성공하기 위해 반드시 전제되어야 하는 것이 있다면 신뢰이다. 재화의 기록만 남기고 모든 지폐는 사라질 수 있다. 만약 그렇게 되려면 사람들 간의 믿음의 문제가 해결된다는 전제일 것이다.

e-북으로 책이 사라지면 도서관은 어떻게 되는가? '도서

관의 디지털화'가 아닌 '디지털 도서관'으로 되는가? 전자책, 소위 e-북에 대한 평가는 지금 양극으로 갈린다. 독자의 입장에서 작은 단말기 하나만 들고 다니면 수백, 수천 권의 책을 볼 수 있는 편리함을 누릴 수 있으며, 출판사의 입장에서는 제작비의 감소와 제작기간의 단축으로 쉽게 책을 만들 수 있는 장점이 있다. 전자책은 수익모델에 있어서 아직 경쟁력이 약하고, 무단복제를 막는 기술적인 문제가 있기 때문에 장미빛으로 보기엔 아직 이르다는 주장이다. 무단복제 역시 신뢰의 문제이다.

인터넷 신문은 종이 신문을 대신하는가? 〈뉴스 이용집중도 조사보고서〉에 따르면[8] 뉴스를 접하는 뉴스 이용의 창구를 보면 2018년의 경우 포털로 뉴스를 이용하는 경우가 전체 뉴스이용에서 89.3%를 차지하는 것으로 조사되었다. 뉴스이용 점유율에서 포털 이용으로의 쏠림은 절대적이다. 매체별로 뉴스 이용을 보더라도 신문 9.2%, 텔레비전 45.3%, 라디오 5.1%, 인터넷 40.4%로 나타나, 사실 인터넷이나 방송을 통한 뉴스의 이용이 절대적이어서 종이 신문은 전통적인 뉴스의 이용에서 밀려나고 있다. 그러나 인터넷에서의 뉴스는 가짜뉴스, 댓글의 무분별한 정보 등 여전히 신뢰의 문제를 갖고 있다.

접촉의 소멸

언택트 마케팅의 열풍이 불고 있다. 접촉을 뜻하는 컨택트(contact)에 Un을 붙여 접촉하지 않는다는 의미이다. 사람과의 대면적 접촉보다는 서로 마주치지 않는 '언택트' 방식의 마케팅이 뜨면서 연결 없는 연결사회가 되고 있다. 사람간의 접촉이 소멸되는 시대이다. 디지털 기기에 익숙한 세대들은 '휴먼 터치'보다 사람을 대면하지 않고 주문하는 서비스를 더 선호한다. 고객과 점원 사이의 접점을 최소화하는 언택트 서비스는 키오스크, VR기술, 챗봇 등을 이용하여 비대면 접속, 간접 대면으로 연결 없는 연결의 사회를 만든다.[9] 맥도날드나 스타벅스는 키오스크를 이용해 주문을 받고 있으며 비대면 접속을 선호하는 디지털 네이티브는 직원들의 안내를 더 불편해한다. 이러한 언택트 마케팅은 더 진화하여 사람과의 접촉을 차단하는 기술로 진전하고 있다.

유통 업체에서는 사전에 고객이름이나 안면인식정보를 등록하면 비대칭 쇼핑이 가능하도록 하고 있으며, 숙박업체는 무인입실과 스마트 체크인으로 여행을 할 수 있게 만들고, 패션은 옷을 구매하기 전 AR피팅존의 가상 피팅이나 미리 집에서 입어볼 수 있는 홈 피팅을 서비스하기도 한다. 더구나 주문만 언택트의 방식을 취하고 제품은 눈마주침으로 건네주던 커피점과 달리 아예 바리스타도 자동화로 대체하여 사람과의 접촉이 전혀 없는 카페가 등장하기도 했다.[10] 렌트카 업체도 '그린카', '쏘카'의 경우 스마트폰으로 예약하고 렌트 장소에 가면 스마트폰으로 차문을 열고 시동걸 수 있도록 만들어 완전 무인렌트카 시스템으로 차를 이용한다. 직접 대면에서 오는 불필요한 부담감을 줄여주고 불필요한 사람과의 접촉, 불필요한 인간관계를 피하게 만든 영업 전략으로 접촉 없는 사회가 된 것이다. 불필요한 부담감은 줄이고 프라이버시를 보호하는 듯한 마케팅이 접촉을 불필요한 것으로 만든다.

고프만의 주장처럼 일상에서 사람들이 서로의 존재를 상호인식하고 전혀 모르는 사람도 의식적으로 눈 마주침을 피하던 '초점 없는 상호작용'unfocused interaction은 사회생활의 일반적 현상이었다. 엘리베이터에 모르는 사람과 함께 있는 순간 서로 눈마주침을 피하려는 태도는 '초점 없는 상호작용'이다. 이처럼 비언어적 의사소통이 개입되는 접촉의 경우는 많다. 그러나 '초점 있는 상호작용'focused interaction은 최소한의 말이나 행동이 필요한 경우이다.[11] 가게 점원, 식당의 웨이터, 영화관의 매표원은 우리가 마주하게 되는 만남으로 최소한의 말과 행동을 동원해야 한다. 또한 상대의 말이나 행동에 주의를 기울이는 최소한의 예의를 갖추면서 접촉한다. '초점 있는 상호작용'의 한 단위는 마주침encounter이 있다. 마주침은 '초점 있는 상호작용'의 불가피한 접촉이다. 일상의 마주침은 이제 언택트의 사회로 인해 불필요한 것이 되었다. 우리는 이러한 마주침이 사라지는 사회, 접촉 소멸의 시대에 살고 있다. 인터넷, 모바일 환경, IT기술은 접촉의 소멸을 부추긴다.

증강현실의 사회

장소의 소멸은 시간이 중요한 변수로 등장하면서 시간에 압도당하기 때문이었다. 최근 5G기술은 사회학에서 시간이 더 의미 있는 것으로 만드는데 절대적이다. 시간을 분초의 단위로 쪼개어 데이터량을 실시간 전송하는 '5세대 이동통신'인 5G는 2019년 한국에서 전격 상용화에 돌입하면서 큰 변화를 몰고 올 것으로 전망된다. 5G 기술은 초고속, 저지연성, 초연결성을 통해 다양한 응용 서비스가 펼쳐진다. 특히 가상현실, 로보틱스, 영상통화에 급진전을 예상한다.[12] 많은 데이터를 중앙 서버와 끊김 없이 주고받는 기술은 자율주행 자동차, 사물인터넷 분야에서도 놀라운 발전을 가져올 것이다. 정보나 데이터의 빠른 전송은 필요한 정보나 데이터를 곧바로 전달되어 상황에 대처하게 만들고 적합한 경험을 제공하면서 사회는 공간이나 장소가 주는 경험보다는 시간이 주는 경험에 더 도움을 받게 된다. 이러한 5G 기술은 4차 산업혁명을 이끄는 인공지능 핵심기술로서 증강현실Augment Reality에도 크게 기여한다.

사람들은 장소가 소멸되면서 상징공간을 생각하게 된다. 우리가 실제로 살아가면서 본능적으로 행동하고 무의식적으로 활동하는 공간은 '실용적 공간'이다. 계획적 공간은 일종의 의식적 공간으로 상징공간이 된다. 상징공간은 인식적 공간이며 동시에 추상적공간이다.[13] 이러한 공간의 실현은 가상현실인 증강현실로 가능하게 된다. 증강현실은 사용자와 실세계의 맥락을 감지하여 인식하고 그에 대한 반응으로 실제 세계와 합체될 수 있는 감각적 증강정보를 인터넷으로 생성하여 사용자에게 전달되는 과정으로 이루어진다.[14] 따라서 주변 환경에 대한 사용자의 변화된 지각은 다시금 새로운 맥락 형성, 즉 상징공간의 형성에 기여하게 된다. 사람이 처한 맥락을 인식하고 인터넷에서 증강정보를 합성하여 사람들이 감각을 느끼도록 디스플레이되어 실제와 같은 공간이나 세계를 경험하게 한다.

일상생활의 현실에 대한 사회학적 분석을 목적으로 한다면 증강현실은 이제 경험으로 중요한 테마이다. 사회의 평범한 사람들이 갖는 주관적 의미가 증강현실로 재현되면서 그 세계를 당연시 받아들여지게 되면 사람들의 사고와 행동에 기반을 둔 증강현실의 세계도 현실적으로 유지되는 사회로서 하나의 사회학이 되어야 한다. 우리는 개인적 경험을 과학적으로 접근할 때 비과학적으로 인식되는 수많은 현상을 주변화시키거나 배제화하는 사회학의 오만함을 지적한 적이 있다. 과학으로서의 사회학이 갖는 위험을 생각한다면 과학적이기에 앞서 경험적으로 사회학을 좇아야 한다. 즉 인터넷의 일상에 대한 지식의 근거를 밝히는데 가장 적합한 것은 과학적이 아니라 경험적이다. 실제와 가상의 합성으로 이루어지는 감각적 결합인 증강현실은 실제와 가상물 간의 장소적 제약 없이 어디서나 재현되는 기술로 눈앞에 있다. 장소 소멸의 시대에 증강현실의 구현은 또 다른 사회학을 만들 것이다.

하이퍼 링크의 사회

세상의 지혜를 찾으려면 책을 읽어라. 이제 옛말이 되었다. 하이퍼 링크의 사회가 되면서 책을 통해 지혜를 얻는 것이 아니라, 인터넷의 링크로 이런 저런 정보를 얻고 지혜를 얻는 시대가 되었다. 종이가 소멸 하는 시대에 링크가 대신한다. 인터넷 웹페이지에서 특정 문자나 그림에 다른 문서를 연결하여 놓은 것이 하이퍼 링크이다. 특정 글자나 그림을 클릭하면 이와 연결된 관련 페이지 화면으로 즉시 이동할 수 있게 설계한 것이다. 이는 하이퍼 텍스트를 기반으로 한다. 하이퍼텍스트 문서hypertext document 내의 하나의 단어나 구phrase, 기호, 화상과 같은 요소와 그 문서 내의 다른 요소 또는 다른 하이퍼텍스트 문서 내의 다른 요소 사이를 연결한다.

인터넷 이용자는 하이퍼텍스트 문서 내의 밑줄 친underlined 단어 또는 문서 내의 나머지 부분과 다른 색으로 표시된 부분을 클릭함으로써 하이퍼 링크를 활성화activate시킨다. 그렇게 함으로써 같은 하이퍼텍스트 문서 내의 한 특정 단어나 요소를 링크된 부분으로 연결되어 검색할 수 있고, 거리가 수천 킬로미터 떨어져 있어도 다른 인터넷 호스트에 있는 월드 와이드 웹www 서버상의 하이퍼텍스트 문서 내 다른 요소와 접속하여 검색과 선택을 이어갈 수 있다. 웹페이지에서는 링크된 부분을 굵은체나 고딕체로 강조하거나 색깔을 다르게 하여 하이퍼 링크 연결을 알 수 있게 하며 문자뿐만 아니라 이미지에도 이런 표식을 둘 수 있다. 이런 표식이 있는 부분을 클릭하면 하이퍼 링크되어 있는 다른 호스트 컴퓨터나 사이트로 즉시 이동을 한다.

종이로 된 백과사전이 사라진지 오래다. 종이책으로 된 것이 이미 인터넷 사전인 온라인 사전으로 변하면서 종이는 사라졌다. 온라인 사전의 자료에는 사이트 링크가 제공되어 정보를 풍부하게 접할 수 있었다. 그러나 인터넷은 굳이 백과사전이 아니어도 하이퍼 링크로 연결되어 백과사전과 같은 역할을 한다. 스코틀랜드에서 1768년 처음으로 시작한 브리

태니커 백과사전도 1999년 온라인 버전을 무료로 제작하다가, 2012년 3월 마침내 244년의 역사 속에서 중단하였다. 마이크로소프트사가 1993년 출시한 디지털 멀티미디어 백과사전인 엔카르타(Encarta)도 2009년 중단되었다. 인터넷 자체가 월드와이드웹으로 전 세계 서버 컴퓨터에 넘나들면서 굳이 백과사전을 따로 만드는 것은 의미가 없게 되었다. 더구나 2001년 등장한 위키피디아는 누구나 자유롭게 쓸 수 있는 참여형 백과사전으로 모두가 함께 만들면서 하이퍼 링크를 기본으로 하고 있어, 더 이상의 백과사전을 따로 만든다는 것은 의미가 없어졌다.

하이퍼 링크는 몇 번의 클릭으로 여러 사이트를 헤집고 다닐 수 있을 뿐 아니라, 사람들의 사고나 태도마저 바꾸게 된다. 첫째, 하이퍼 링크는 사람들의 사고를 단선형에서 방사형으로 바꾼다. 인쇄매체의 문장, 단락, 페이지와 같은 물리적 구조가 하이퍼 링크에서는 달라진다. 사방팔방으로 지식의 폭을 넓힐 수 있는 구조이다. 둘째, 하이퍼 링크는 이동 비용은 최소이면서 정보수용자의 선택능력은 극대화하기 때문에 기존의 정보를 둘러싼 권력관계가 얼마든지 뒤집어 질 수 있다. 셋째, 하이퍼 링크는 정보를 서로 공유하는 것이 아니라 무한히 뻗어가기 때문에 끝을 말할 수 없다. 연결을 연결하는 사회이다.

하이퍼 링크는 문명의 새로운 모습으로 등장한다. 초연결의 사회이다.[15] 사람들은 왜 연결하는가? 연결의 목적은 무엇인가? 정보를 공유하고, 오락을 즐기고, 비즈니스를 활성화하고 세계경제를 촉진하는 것이 연결의 주된 목적이긴 하지만 딱히 현실의 목적이 없는 연결이다. 연결의 그물 속에 갇혀 기술이 풍부한 사회에 살고 있는 그야말로 진정으로 로그오프하는 것이 어려울 수도 있다. 하이퍼 링크는 모든 것을 동일하게 처리하면서 세계를 더 이상 공간이나 시간으로 구획하지 않고 무한히 확대 하는 사회를 만든다. 그러나 현실의 목적 없는 연결이라면 전자 그물에 갇힌 인간은 어쩌면 의식 없는 존재로 될 위험이 있나. 교감을 얻는 몇몇 사람의 연결, 몇몇 장면의 연결이 더 그리울 수 있다.

'함께 하기'의 사회

인터넷 사용이 늘어날수록 인간관계는 소원지는가? 인터넷이 인간관계를 소원하게 만들고 사회적 고립을 심화시킨다고 보았던 주장과 달리 인터넷이 인간관계를 다양하게 만든다는 조사가 미국 퓨리서치센터에서 2009년 발표된 적이 있다.[16] 인터넷 이용자 가운데 개인적으로 중요한 일을 의논할 친구나 파트너가 있는가 하는 조사에서 있다고 답한 응답률이 전체 조사대상자보다 10% 포인트 가량 높은 것으로 나타났다. 페이스북이나 블로그를 통해 폭넓고 다양한 인간관계를 만들어 중요한 일을 의논할 친구를 만든다는 것이다. 온라인이라는 압축된 소통이 실제 도움을 주는 것인지는 의문스럽긴 하지만 인터넷과 정보기기가 사람들의 '함께 하기'에 도움을 준다는 내용이다. 그러나 인터넷 사용으로 면대면 관계의 대면접촉은 피하게 되고, 사람들과 어울리는 것을 꺼려하는 현상이 일어난다.

사람들이 왜 어울리는 것을 싫어하는가? 접촉의 소멸로 사람들이 '연결 없는 연결의 사회'에 살고 있음을 언택트의 소비 트렌드로 보았다. 혼밥, 혼술이 일상화되어 가는 요즘 사람들은 서로 만나기를 회피하고 접촉을 부담으로 여기는 문화가 자연스럽게 받아들여지고 있다. 나홀로 쇼핑, 나홀로 게임, 나홀로 거주 등 어울리기 싫어하는 사람들에게 인터넷은 좋은 도구이다. 동시에 인터넷이라는 미디어는 무언가를 자꾸 같게 만든다. 패턴을 같게 만들고, 생각을 같게 만들고, 형식을 같게 만든다. 자율성에 기초한 철저한 개인주의적 미디어임에도 불구하고 남을 비교하고, 의식하고, 들여다보는 인터넷이 되면서 차이를 받아들이지 않는 도구가 되었다.

'다름'과 '차이' 때문에 생길 수 있는 불안감을 줄이려면 사람들과의 대면적 접촉을 피할 수밖에 없다. 아이러니 하게도 혼자 하는 것을 즐기는 접촉의 소멸은 이러한 것에 대한 불안감을 줄이려는 것에서 나올 수 있다. 혼자서 하게 됨으로써 접촉을 피하는 것은 '다름'과 '차이'를 중화시키고 타자로 남아 다른 사람과 협력하려는 것을 약화시킨다. 왜 사람들이 협력을 싫어하는가

하는 문제의식을 사회학자 세넷이 가졌다.[17] 세넷은 20세기는 연대의 이름을 내걸고 협력을 왜곡했다고 진단했다. 세넷은 연대라는 이름으로 사회에 협력이라는 기술을 왜곡시켜 사람들이 훈련되어 있지 않아 '함께 하기'를 못하고 있다고 보았다. 여기에 인터넷은 인간관계를 소원하게 하는데 한 몫하였다.

세넷은 20세기의 연대와 달리 새로운 '함께하기'를 제시한다. 〈투게더〉는 그가 2012년에 쓴 책이다. 단순한 공감이 아닌 상대와의 차이를 조절하고 이해하는 감정이입을 동원하여 소통에 기초하는 협력을 주장한다. 세넷의 협력은 머리에서 나오는 것이 아니라, 행동하는 기술을 통해 추구한다. 타인에 대한 우리의 반응 능력, 즉 대화를 나눌 때 남의 말을 듣는 기술, 또는 작업과정이나 공동체 활동에 그런 반응 능력을 실제로 어떻게 적용하는가 하는 것이 중요하다. 접촉을 꺼리는 사회에 새로운 협력의 사회를 제시한 방안에 주목을 끈다. 마페졸리의 신부족주의도 인터넷이 만든 접촉의 소멸 시대에 협력으로 공유된 감정과 경험을 함께 하는 작은 공동체를 지향하는 것이다.[18] 이는 곧 '함께하기'의 모습이다. 인터넷이 인간관계를 소원하게 만들고 약화시키는 듯이 보여도 다양한 형태의 신부족주의는 투게더의 사회를 밑바탕으로 한다. 자신의 관점에서 수많은 사람에게 관심을 보이라고 소리치는 인터넷의 사회관계가 아니라, 작은 실천으로 함께하기의 모습이 사교성이 아닌 사회성으로 주목받을 것이다.

주

1장

1 Durkheim, Emile (1961), *Moral Education: A Study in the Theory and Application of the Sociology of Education*, Everett K. Wilson and Heronan (옮김), New York: Free Press, pxi.
2 기든스, 앤서니 (1981), 『에밀 뒤르켕 연구』, 김의순 · 김자혜 옮김, 한길사, 88.
3 기든스, 앤서니 (1981), 『에밀 뒤르켕 연구』, 김의순 · 김자혜 옮김, 한길사, 59.
4 이재현, (2002), 『인터넷과 사이버사회』, 커뮤니케이션북스, 181.
5 Durkheim, Emile (1954), *The Elementary Forms of the Religious Life*, Joseph Ward Swain (옮김), GLencoe: Free Press, 51.
6 뒤르켐, 에밀 (2019), 『사회학적 방법의 규칙들』, 윤병철 · 박창호 옮김, 새물결, 71.
7 뒤르켐, 에밀 (2019), 『사회학적 방법의 규칙들』, 윤병철 · 박창호 옮김, 새물결. 60.
8 Gibson, William (1984), *Neuromancer*, Ace Books.
9 Stenger, Nichole (1991), "Mind is a Leaking Rainbow", Michael Benedikt(엮음), *Cyberspace: First Steps*, Cambridge, MIT Press, 53.
10 헨리히, D. (1983), 『막스베버의 과학방법론』, 이상률 옮김, 이삭, 30.
11 콜린스, 랜들 (2014), 『사회학의 본능』, 알마, 22.
12 베버, 막스 (2006), 『경제와 사회 · I』, 박성환 옮김, 문학과지성사, 118.
13 Mills, C. Wright (1970), *The Sociological Imagination*, Penquin.

14 바우만, 지그문트 외 (2015), 『사회학의 쓸모』, 서해문집, 16-20.
15 바우만, 지그문트 · 메이 팀 (2011), 『사회학적으로 생각하기』, 박창호 옮김, 서울경제경영, 8-11.

2장

1 쿤, 토마스 S. (2013), 『과학혁명의 구조』, 까치.
2 Bell, Daniel (1973), *The Coming of Post-Industrial Society: A Venture in Social Forecasting*, Heinemann.
3 위너, 노버트 (1978), 『인간활용: 사이버네틱스와 사회』, 최동철 옮김, 전파과학사.
4 Wiener, Norbert (1948), *Cybernetics: or Control and Communication in the Animal and the Machine*, MIT.
5 Bauman, Zygmunt (1989), *Modernity and the Holocaust*, Polity.
6 Bauman, Zygmunt (1992). *Intimation of Postmodernity*. Routledge.
7 위너, 노버트 (1978), 『인간활용: 사이버네틱스와 사회』, 최동철 옮김, 전파과학사, 20.
8 홍성태 (2000), 『사이버사회의 문화와 정치』, 문화과학사, 23.
9 Wiener, Norbert (1948), *Cybernetics: or Control and Communication in the Animal and the Machine*, MIT.
10 위너, 노버트 (1978), 『인간활용: 사이버네틱스와 사회』, 최동철 옮김, 전파과학사, 17-18.
11 벨, 다니엘 (1984), 『정보화 사회의 사회적 구조』, 이동만 옮김, 한울, 22.
12 Touraine, Alain (1971), *The Post-Industrial Society: Tomorrow's Social History: Classes, Conflict and Culture in the Programmed Society*, New York: Random House; 투렌, 알랭 (1994), 『탈산업사회의 사회이론-행위자의 복귀』, 조형 옮김, 서울: 이화여자대학교 출판부, 53-55.

13 벨, 다니엘 (1997), 『정보화 사회와 문화의 미래』, 서규환 옮김, 디자인하우스, 193.

14 토플러, 엘빈 (1992), 『제 3의 물결』, 이규행 옮김, 한국경제신문사.

15 Bell, Daniel (1973), *The Coming of Post-Industrial Society: A Venture in Social Forecasting*, Heinemann.

16 Marx, Karl (1978), "The German Ideology" in R. Turker (ed.), *Marx Engels Reader*, Norton, 155-156.

17 포스터, 마크 (1994), 『뉴미디어의 철학』, 김성기 옮김, 민음사, 22-23.

18 라도삼 (1999), 『비트의 문명 네트의사회』, 커뮤니케이션북스, 66-69.

3장

1 라도삼 (1999), 『비트의 문명 네트의사회』, 커뮤니케이션북스, 24-25.

2 https://www.wired.com/2007/01/wiredphotos6/

3 Innis, Harold A. (1964), *The Bias of Communication*, Toronto University Press.

4 최정호 · 강현두 · 오택섭 (1998), 『매스미디어와 사회』, 나남, 23.

5 로스네이, 조엘 de. (1996), 「디지털 혁명」, 『21세기 예측』, 클라우스 슈밥 엮음, 장대환 감역, 매일경제신문사, 223-230.

6 피들러, 로저 (2002), 『미디어모포시스』, 조용철 옮김, 커뮤니케이션북스, 50.

7 포스터, 마크 (1998), 『제 2미디어 시대』, 이미옥 · 김준기 옮김, 민음사, 34-40.

8 맥루한, 마샬 (1997), 『미디어의 이해 - 인간의 확장』, 박정규 옮김, 커뮤니케이션북스, 25.

9 피들러, 로저 (2002), 『미디어모포시스』, 조용철 옮김, 커뮤니케이션북스, 93.

10 길더, 조지 (1991), 『마이크로코즘: 경제와 기호에서의 양자혁명』, 한영환 옮김, 한국경제신문사.
11 네그로폰테, 니콜라스 (1995), 『디지탈이다』, 백욱인 옮김, 박영률출판사.
12 이재현, (2002), 『인터넷과 사이버사회』, 커뮤니케이션북스, 40-42.

4장

1 Rheingold, Howard (1993), *The Virtual Community - Homesteading on the Electronic Frontier*, Addison Wesley, 3.
2 Gibson, William (1984), *Neuromancer*, Ace Books.
3 깁슨, 윌리엄 (2005), 『뉴로맨서』, 김창규 옮김, 황금가지, 85.
4 라도삼 (1999), 『비트의 문명 네트의사회』, 커뮤니케이션북스, 29.
5 Innis, Harold A. (1964), *The Bias of Communication*, Toronto University Press.
6 Bolter, J. David (1991), *Writing Space: The Computer, Hypertext and the History of Writing*, Erlbaum Associates.
7 라도삼 (1999), 『비트의 문명 네트의사회』, 커뮤니케이션북스, 28-29.
8 이케다 노부오(池田信夫) (1999), 『인터넷 자본주의 혁명』, 이규원 옮김, 거름.
9 홍성태 (2000), 『사이버사회의 문화와 정치』, 문화과학사, 32-38.
10 윤영민 (1996), 『전자정보공간론: 컴퓨터 네트워크의 사회학적 탐색』, 전예원, 21.
11 벨, 다니엘 (1984), 『정보화 사회의 사회적 구조』, 이동만 옮김, 한울, 21.
12 Rheingold, Howard (1991), *Virtual Reality*, A Touchstone Book, 154.

13 이재현, (2002), 『인터넷과 사이버사회』, 커뮤니케이션북스, 109-112.
14 스프링, M. B. (1994), 「가상현실과 종합적 정보전달」, 『가상현실과 사이버스페이스』, 노용덕 옮김, 세종대출판부, 26-28.
15 홍성태 (2000), 『사이버사회의 문화와 정치』, 문화과학사, 33.
16 라도삼 (1999), 『비트의 문명 네트의사회』, 커뮤니케이션북스, 30-32.
17 라도삼 (1999), 『비트의 문명 네트의사회』, 커뮤니케이션북스, 33-37.
18 네그로폰테, 니콜라스 (1995), 『디지탈이다』, 백욱인 옮김, 박영률출판사, 171-173.
19 백욱인 (1998), 『디지털이 세상을 바꾼다』, 문학과 지성사, 107.
20 http://www.eff.org/~barlow/Declaration-Final.html.
21 바우만, 지그문트 (2002), 『자유』, 문성원 옮김, 이후, 16-17.

5장

1 기든스, 앤서니 (2003), 『현대사회학』, 김미숙 외 옮김, 을유, 47-48..
2 Krueger, Myron W. (1991), *Artificial Reality II*, Addison-Wesley, 256.
3 Donath, Judith, S (1998), "Identity and Deception in the Virtual Community" in Kollock, P. and Smith, M (des), *Communities in Cyberspace*, Routledge, 1.
4 Mead, George Herbert (1934), *Mind, Self, and Society*, University of Chicago Press.
5 터클, 셰리 (2003), 『스크린 위의 삶: 인터넷과 컴퓨터 시대의 인간』, 최유식 옮김, 민음사, 414.
6 Turner, Victor (1969), *The Ritual Process: Structure and Anti-Structure*, Aldine.
7 터클, 셰리 (2010), 『외로워지는 사람들: 테크놀로지가 인간관

계를 조정한다』, 이은주 옮김. 청림, 140-154.
8 Donath, Judith, S (1998), "Identity and Deception in the Virtual Community" in Kollock, P. and Smith, M (des), *Communities in Cyberspace*, Routledge, 1.
9 홍성태 (2000), 『사이버사회의 문화와 정치』, 문화과학사, 82-83.
10 Curtis, Pavel (1992), "Mudding: Social Phenomena in Text-based Virtual Realities", *Intertek*, 3-3, 26-34.
11 Turkle, Sherry (1997), "Computational Technologies and Images of self", *Social Research*, 64-3, 1093-1111.
12 터클, 셰리 (2003), 『스크린 위의 삶: 인터넷과 컴퓨터 시대의 인간』, 최유식 옮김, 민음사, 414.
13 Bromberg, Heather (1996), "Are MUDs Communities? Identity, Belonging and Consciousness in Virtual Worlds" in Bob Shields (ed.), *Cultures of Internet: Virtual Space, Real Histories, Living Bodies*, Sage, 143-152.
14 홍성욱 (2002), 『네트워크 혁명, 그 열림과 닫힘』, 들녘, 145.
15 Bauman, Zygmunt (1995), *Life in Fragments: Essays in Postmodern Morality*, Blackwell, 92-104.
16 Turkle, Sherry (1997), "Computational Technologies and Images of self", *Social Research*, 64-3, 1093-1111.
17 Slevin, James (2000), *The Internet and Society*, Polity, 167-171.
18 Lyon, D. (1997), "Cyberspace Sociality: Controversies over Computer-Mediated Relationships", *The Governance of Cyberspace: Politics, Technology and Global Restructuring*, edited by B. D. Loader, Routledge, 24-25.
19 Innis, Harold A. (1964), *The Bias of Communication*, Toronto University Press.
20 Giddens, A. (1979), *A Contemporary Critique of Historical Materialism*, Macmillan; Giddens, Anthony (1990), *The Consequences of Modernity,* Stanford University Press.

21 Harvey, David, (1989), *The Condition of Postmodernity: An Enquiry into the Origins of Cultural Change*. Blackwell.Harvey, D. (1989), *The Condition of Postmodernity*, Blackwell.

22 Calhourn, Craig (1992), "The Infrastructure of Modernity: Indirect Social Relationships, Information Technology and Social Integration", *Social Change and Modernity*. edited by H. Haferkamp & N.Smelser, Berkley: University of California Press, 218-219.

23 Rheingold, Howard (1993), *The Virtual Community - Homesteading on the Electronic Frontier*, Addison Wesley.

6장

1 포스터, 마크 (2005), 『미네르바의 올빼미가 날기 선에 인디넷을 생각한다』, 이종숙 옮김, 이제이북스, 14.

2 Williams, Raymond (1987), *Keywords: A Vocabulary of Culture and Society*, Fontana.

3 레비, 피에르 (2000), 『사이버문화: 뉴 테크놀로지와 문화협력 그리고 커뮤니케이션』, 김동윤 · 조준형 옮김, 문예출판사, 167-171.

4 Bell, David (2007), *Cyberculture Theorists: Manuel Castells and Donna Haraway*, Routledge, 5.

5 Bell, David (2001), *An Introduction to Cyberculture*, Routledge.

6 포스터, 마크 (2005), 『미네르바의 올빼미가 날기 전에 인터넷을 생각한다』, 이종숙 옮김, 이제이북스, 26.

7 이광석, (1998), 『사이버 문화정치』, 문화과학사, 59.

8 켈러, 더글라스 (1997), 『미디어 문화: 영화, 랩, MTV, 광고, 마돈나, 패션, 사이버펑크』, 김수정·정종희 옮김, 새물결, 538.

9 이광석, (1998), 『사이버 문화정치』, 문화과학사, 61-71.

10 로젠탈, 팜 (1996), 「포드주의 , 사이버펑크, 맑스주의에 접속

하기」, 『사이버공간, 사이버문화』, 홍성태 엮음, 문화과학사, 232.

11 Featherstone, Mike & Burrows, Roger eds., (1995), *Cyberspace Cyberbodies Cyberpunk: Cultures of Technological Embodiment*, SAGE. 9.

12 서키, 클레이 (2011), 『많아지면 달라진다: 1조 시간을 가진 새로운 대중의 탄생』, 이충호 옮김. 갤리온, 25-26.

13 서키, 클레이 (2011), 『많아지면 달라진다: 1조 시간을 가진 새로운 대중의 탄생』, 이충호 옮김. 갤리온, 19-20.

14 블랙모어, 수전 (2010), 『밈: 문화를 창조하는 새로운 복제자 MEME』, 김명남 옮김, 바다, 40-45.

15 데닛, 대니얼 (2011), 「문화의 진화」, 『컬쳐쇼크』, 존 브룩만 엮음, 강주현 옮김, 와이즈베리, 68-71.

7장

1 Mann, Michael (1993), "The Autonomous Power of the State", in M. E. Olson & M. N. Marger eds., *Power in Modern Societies*, Westview Press, 315.

2 바우만, 지그문트 (2013), 『부수적 피해: 지구화 시대의 사회불평등』, 정일준 옮김, 민음사, 31.

3 모조로프, 에브게니 · 셔키, 클레이 (2011), 「디지털 파워와 그 반론자들」, 『컬쳐쇼크』, 존 브룩만 엮음, 강주현 옮김, 와이즈베리, 192-193.

4 타나까 아끼히꼬(田中明彦) (2000), 『새로운 중세: 21세기의 세계시스템』, 이웅현 옮김, 지정, 151-152

5 포스터, 마크 (2005), 『미네르바의 올빼미가 날기 전에 인터넷을 생각한다』, 이종숙 옮김, 이제이북스, 155.

6 마페졸리, 미셸 (2017), 『부족의 시대: 포스트모던 사회에 개인주의의 쇠퇴』, 박정호 · 신지은 옮김, 문학동, 147.

7 애튼, 크리스 (2007) 『얼터너티브 인터넷: 래디컬미디어, 정치성과 창조성』 민인철 · 반현 옮김, 커뮤니케이션북스, 45.

8 백욱인 (2001), 「네트와 사회운동」, 『2001 싸이버스페이스 오디쎄이』, 홍성욱·백욱인 엮음, 창작과 비평사, 49.

9 강미은 (2005), 『인터넷 속의 정치』, 한울, 19.

10 Ronfeldt, David (1992), "Cyberocracy is Coming", *The Information Society*, Vol. 8, No. 4, 243-296.

11 밀, 존 스튜어트 (2012), 『대의정부론』, 서병훈 옮김, 아카넷, 74.

12 토플러, 엘빈 (1992), 『제 3의 물결』, 이규행 옮김, 한국경제신문사, 98-100.

13 나이스비트, 존 (1985), 『탈산업사회의 새조류』, 박재두 옮김, 법문사.

14 김종길 (2008), 『사이버 트렌드 2.0』, 집문당, 199.

15 라이언, 데이비드 (1992), 『정보화사회론』, 한국전자통신연구소, 149.

16 박동진 (2005), 『전자민주주의가 오고 있다』, 책세상, 33-34.

17 백욱인 (1998), 『디지털이 세상을 바꾼다』, 문학과 지성사, 49.

18 임혁백, (2000), 「사이버 민주주의의 발전과 과제」, 『사이버 시대의 삶과 질』, 아산사회복지사업재단, 73.

19 임혁백, (2000), 「사이버 민주주의의 발전과 과제」, 『사이버 시대의 삶과 질』, 아산사회복지사업재단, 74-75.

20 이유진 (1997), 「PC통신 인터넷과 한국의 전자민주주의의 가능성에 관한 고찰」, 『한국정치학회보』, 31호.

21 임혁백, (2000), 「사이버 민주주의의 발전과 과제」, 『사이버 시대의 삶과 질』, 아산사회복지사업재단, 77-79.

22 라이언, 데이비드 (1992), 『정보화사회론』, 한국전자통신연구소, 149-179.

8장

1 https://www.theguardian.com/business/2014/oct/29/explosion-wealth-inequality-needs-urgent-plan-action-oxfam

2 바우만, 지그문트 (2013a), 『왜 우리는 불평등을 감수하는가?』,

안규남 옮김, 동녘, 11.

3 리프킨, 제레미 (2001), 『소유의 종말』, 이희재 옮김, 민음사, 11.

4 동아일보, 2000년 12월 13일자, 존 페리 발로 방한 강연내용.

5 마르크스, 칼 (1987), 「공산당 선언」, 『19세기 독일사회사상』, 석찬, 115.

6 이케다 노부오(池田信夫) (1999), 『인터넷 자본주의 혁명』, 이규원 옮김, 거름.

7 리프킨, 제레미 (2001), 『소유의 종말』, 이희재 옮김, 민음사, 25.

8 Lenski, Gerhard (1966), *Power and Privilege*, McGraw-Hill.

9 Krueger, Alan B. (1993). "How Computers Have Changed the Wage Structure: Evidence from Microdata:1984-1989", *Quarterly Journal of Economic*. Feb.

10 라이언, 데이비드 (1992), 『정보화사회론』, 한국전자통신연구소, 96-112.

11 브록만, 존 (1999), 『디제라티: 디지털 시대의 파워엘리트』, 황금가지.

12 사이버문화연구소 (2001), 『Cyber is … 네트에서 문화읽기』, 역사넷, 325-327.

13 브룩스, 데이비드 (2001), 『보보스: 디지털시대의 엘리트』, 형선호 옮김, 동방미디어, 10.

14 Kroker, A. & Weinstein, M. (1994), *Data Trash: The Theory of the Virtual Class*. New World Perspective.

15 https://www.yna.co.kr/view/AKR20180408040000009?input=1179m

16 리프킨, 제레미 (1996), 『노동의 종말』, 민음사, 227-234.

17 앵겔, 이언 (2001), 『지식노동자 선언』, 장은수 옮김, 롱셀러, 100-128.

18 Weber, Max (1947), *The Theory of Social and Economic Organization*, The Free Press, 152.

19 김상배 엮음 (2008), 『인터넷 권력의 해부』, 한울.

20 조단, 팀 (2000), 『사이버파워』, 사이버문화연구소 옮김, 현실문화연구, 9-17.
21 https://blog.naver.com/xhtj123/221529929956
22 하이먼즈, 제러미 · 팀스, 헨리 (2019), 『뉴파워: 새로운 권력의 탄생』, 홍지수 옮김, 비즈니스북스.

9장

1 데이비도우, 윌리엄 (2011), 『과잉연결시대』, 김동규 옮김, 수이북스, 31.
2 기든스, 앤서니 (2001), 『현대 사회의 성 · 사랑 · 에로티시즘: 친밀성의 구조변동』, 배은경 · 황정미 옮김, 새물결.
3 바우만, 지그문트 (2013b), 『리퀴드 러브: 현대의 우우로가 고통의 원천에 대하여』, 권태우 · 조형준 옮김, 새물결.
4 바우만, 지그문트 (2012), 『고독을 잃어버린 시간』, 조은평 · 강지은 옮김, 동녘, 56.
5 버스, 데이비드 M. (2013), 「인터넷 짝짓기」, 『우리는 어떻게 바뀌고 있는가』, 존 브록만 엮음, 책읽는수요일, 251-252.
6 헌트, H. 엮음 (1993), 『포르노그라피의 발명: 외설성과 현대성의 기원 1500-1800』, 책세상.
7 노악, 피터 (2012), 『섹스, 폭탄, 그리고 햄버거』, 이은진 옮김, 문학동네, 253-259.
8 백욱인 (1998), 『디지털이 세상을 바꾼다』, 문학과 지성사, 39-40.
9 백욱인 (1998), 『디지털이 세상을 바꾼다』, 문학과 지성사, 109-111.
10 https://news.joins.com/article/23375925
11 엘리아스, 노르베르트 (1996), 『문명화 과정 I』, 박미애 옮김, 한길.
12 Rheingold, Howard (1991), *Virtual Reality*, A Touchstone Book, 345-347.
13 Foucault, Michel (1978), *The History of Sexuality*, Vol. 1,

Pantheon.
14 https://news.joins.com/article/17634614
15
https://www.wired.com/story/internet-connected-sex-toys-security/
16 노명우 (2013), 『혼자 산다는 것에 대하여』, 사월의책.
17 Murdock, George P. (1949), *Social Structure*, Free Press, 2-3.
18 미셸, 앙드레 (1990), 『가족과 결혼의 사회학』, 변화순·김현주 옮김, 한울, 40-41.
19 로리, 피터 (1999), 『미래의 역사』, 이병기 옮김, 석필, 45-47.

10장

1 Heim, Michael, (1998), *Virtual Realism*, Oxford University Press, 6-8.
2 Steuer, Janathan (1992), Defining Virtual Reality: Dimensions Determining Telepresence, *Journal of Communication*, 42-4, 79-87.
3 문영빈 (2011), 「사회, 종교, 가상현실: 확장가상현실 패러다임과 의미존재론」 『인문학논총』경성대 인문과학연구소, 25집, 415-416.
4 한국경제신문 기획취재팀 (1999), 『21세기 21가지 대예측』, 은행나무, 207.
5 브르통, 필립 (2006), 『인터넷 숭배』, 김민경 옮김, 울력, 121-122.
6 버거, 피터 · 안톤 지더벨트 (2010), 『의심에 대한 옹호』, 함규진 옮김, 산책자, 15.
7 장회익, (2000), 「종교와 과학 사이의 갈등과 융합: 과학의 종교 읽기」, 『종교와 과학』, 대우학술총서 468. 아카넷.
8 Freund, Julian (1969), *The Sociology of Max Weber*, Pantheon, 24.
9 버거, 피터 (1981), 『종교와 사회』, 이양구 옮김, 종로서적, 124.

10 윌슨, 브라이언 (1984), 『현대의 종교변용』, 윤원철 옮김, 전망사, 26.
11 나이스비트, 존 (1999), 『메가챌린지』, 박동진 옮김, 국일증권경제연구소, 228-230.
12 버거, 피터 (2002), 「세상의 탈세속화」, 『세속화냐 탈세속화냐』 피터 버거 엮음, 김덕영 · 송재룡 옮김, 대한기독교서회, 15.
13 Luckmann, Thomas (1967), *The Invisible Religion*, Macmillan.
14 Noble, David F. (1997), *The Religion of Technology: The Divinity of Man and the Spirit of Invention*, Alfred A. Knopf, 5.
15 버거, 피터 · 안톤 지더벨트 (2010), 『의심에 대한 옹호』, 함규진 옮김, 산책자, 36.
16 Durkheim, Emile (1995), *The Elementary Forms of the Religious Life*, Karen E. Fields (옮김), Free Press, 44.
17 http://www.labyrinth.org.uk
18 우혜란 (2012), 「사이버순례에 대한 논의-온라인 '미로'와 '가상하지'를 중심으로」, 『종교문화연구』, 19호, 281-285.
19 터너, 빅토 (2005), 『의례의 과정』, 박근원 옮김, 한국심리치료연구소, 3장 4장.
20 윤원철 (2000), 「사이버문화와 종교적 인식론: 가상과 실재의 상호침투와 불교의 이제설」, 『종교와 과학』, 대우학술총서 468, 아카넷, 202.
21 버거, 피터 · 안톤 지더벨트 (2010), 『의심에 대한 옹호』, 함규진 옮김, 산책자, 44.
22 주커먼, 필 (2012), 『신 없는 사회』, 김승욱 옮김, 마음산책.
23 벨, 다니엘 (1997), 『정보화 사회와 문화의 미래』, 서규환 옮김, 디자인하우스, 314-315.
24 우에다 노리유키(上田紀行) (1998), 『종교의 위기: 21세기 종교는 우리에게 무엇을 가져다 줄 것인가?』, 양억관 옮김, 푸른숲, 192-208.
25 윤원철 (2000a), 「사이버시대 종교환경의 변화와 종교인의 삶」,

(http://plaza.snu.ac.kr/~yunwc/writings/column08.htm).

11장

1 포스터, 마크 (1998), 『제 2미디어 시대』, 이미옥·김준기 옮김, 민음사, 140.
2 라이언, 데이비드 (1994), 『전자감시사회』, 한국전자통신연구소, 10-11.
3 기든스, 앤서니 (1993), 『민족국가와 폭력』, 진덕규 옮김, 삼지원, 56-65.
4 푸코, 미셸. (2016), 『감시와 처벌: 감옥의 역사』, 오생근 옮김, 나남, 324.
5 기든스. 앤서니 (1991), 『포스트모더니티』, 이윤희 · 이현희 옮김, 민영사, 71.
6 고영삼 (1998), 『전자감시사회와 프라이버시』, 한울.
7 푸코, 미셸. (2016), 『감시와 처벌: 감옥의 역사』, 오생근 옮김, 나남, 322-323.
8 바우만, 지그문트 (2003), 『지구화, 야누스의 두 얼굴』, 김동택 옮김, 한길, 113-114.
9 휘태커, 렉 (2001), 『개인의 죽음』, 이명균 · 노명현 옮김, 생각의나무, 230-232.
10 홍성욱 (2002), 『네트워크 혁명, 그 열림과 닫힘』, 들녘, 82.
11 바우만, 지그문트 (2003), 『지구화, 야누스의 두 얼굴』, 김동택 옮김, 한길, 115-117.
12 바우만, 지그문트 (2003), 『지구화, 야누스의 두 얼굴』, 김동택 옮김, 한길, 117.
13 Mathiesen, Thomas (1997), "The Viewer Society: Michel Foucault's Panopticon Revisited, " *Theoretical Criminology*, 1(2), 230.
14 남상우 (2014), 「스포츠에서의 감시연구 확장: 파놉티콘과 시놉티콘, 밴옵티콘의 관계 분석」, 『스포츠사회학지회지』, 27권

2호, 63.

15 McCahill, Michael (2012), Crime, Surveillance and the Media in D. Lyon, K. Ball & K. D. Haggerty (eds.), *Routledge Handbook of Surveillance Studies*, Routledge, 244-250.

16 Latour, Bruno and Hermant, Emile (2006), *Paris: Invisible City*, Liz Carey-Libbrecht (trans.), Institut Synthelabo, 1.

17 Latour, Bruno (1998), "On recalling ANT, " John law and John Hassard (eds.) *Actor Nerwork and After*, Black well, 15-22.

18 김주옥 (2017), "올리곱티콘과 행위자: 도시공간 체험을 중심으로", 『현대미술사연구』, 42, 12-13.

19 홍성욱 (2002a), 『파놉티콘-정보사회 정보감옥』, 책세상, 234.

20 고영삼 (1998), 『전자감시사회와 프라이버시』, 한울, 20.

21 바우만, 지그문트 (2013), 『부수적 피해: 지구화 시대의 사회불평등』, 정일준 옮김, 민음사, 135.

22 Gottlieb, Calvin (1996), "Privacy: A Concept Whose Time Has Come and Gone", in David Lyon and E. Zureik eds., *Computer, Surveillance, and Privacy*, Univ. of Minnesota Press, 156.

23 Gottlieb, Calvin (1996), "Privacy: A Concept Whose Time Has Come and Gone", in David Lyon and E. Zureik eds., *Computer, Surveillance, and Privacy*, Univ. of Minnesota Press, 157; 고영삼 (1998), 『전자감시사회와 프라이버시』, 한울, 26.

24 http://www.itworld.co.kr/print/91004

25 Goffman, Erving (1959), *The Presentation of Self in Every Life*, Anchor Books, 106.

12장

1 리처, 조지 (2007), 『소비사회학의 탐색: 패스트푸드, 신용카드, 카지노』, 정헌주 · 정용찬 · 김정로 · 이유선 옮김, 일신사,

185.

2 리처, 조지 (2007), 『소비사회학의 탐색: 패스트푸드, 신용카드, 카지노』, 정헌주 · 정용찬 · 김정로 · 이유선 옮김, 일신사, 182.

3 리처, 조지 (2003), 『맥도날드 그리고 맥도날드화』, 김종덕 옮김, 시유시.

4 리처, 조지 (2003), 『맥도날드 그리고 맥도날드화』, 김종덕 옮김, 시유시, 55-56.

5 Gerth, H. H & Mills, C. Wright (1948), *From Max Weber: Essays in Sociology*, Routledge & Kegan Paul, 51.

6 Harvey, David, (1989), *The Condition of Postmodernity: An Enquiry into the Origins of Cultural Change*. Blackwell, 284.

7 Campbell, Colin (1993), *The Romantic Ethic and the Spirit of Modern Consumption*, Blackwell, 89.

8 리처, 조지 (2007), 『소비사회학의 탐색: 패스트푸드, 신용카드, 카지노』, 정헌주 · 정용찬 · 김정로 · 이유선 옮김, 일신, 261.

9 바우만, 지그문트 (2012), 『고독을 잃어버린 시간』, 조은평 · 강지은 옮김, 동녘, 145.

10 바우만, 지그문트 (2016), 『소비사회와 교육을 말하다: 소비사회가 잠식하는 인간적인 삶에 대하여』, 나현영 옮김. 현암사, 198.

11 드보르, 기 (2018), 『스펙타클의 사회』, 유재홍 옮김, 율력, 1장.

12 리처, 조지 (2007), 『소비사회학의 탐색: 패스트푸드, 신용카드, 카지노』, 정헌주 · 정용찬 · 김정로 · 이유선 옮김, 일신사, 221-238.

13 바우만, 지그문트 (2016), 『소비사회와 교육을 말하다: 소비사회가 잠식하는 인간적인 삶에 대하여』, 나현영 옮김. 현암사, 198-199.

14 Bauman, Zygmunt (1997), *Postmodernity and Its Discontents*, Polity, 14.

15 Bryman, Alan (2006), *The Disneyization of Society*, Sage,

19-20.

16 Baudrillard, Jean (1983), *Simulations*. Semiotext.

17 Baudrillard, Jean (1993), "The Evil Demon of Images and the Precession of Simulacra" 194-9 in T. Docherty. ed. *Postmodernism, A Reader*. Harvester Wheatsheaf, 195.

18 Campbell, Colin (1993), *The Romantic Ethic and the Spirit of Modern Consumption*, Blackwell, 89-90.

19 마일스, 스티븐 (2004), 『현실세계와 사회이론』, 박형신 · 정헌주 옮김, 일신사, 112.

20 https://news.joins.com/article/4278719

21 한국인터넷진흥원 (2018). 『2018 인터넷 이용실태조사』, 한국인터넷진흥원, 38.

22 박창호 (2008), "소비수단의 변화와 사이버공간의 소비문화 이해-맥도날드화에서 디즈니화의 사회로", 『담론 201』, 한국사회역사학회, 11(2), 68.

13장

1 https://www.mk.co.kr/news/society/view/2019/05/351222/

2 김주환 (2001), 「싸이버중독과 인터넷 심리」, 『2001 싸이버스페이스 오디쎄이』, 홍성욱 · 백욱인 엮음, 창작과비평사, 260-261.

3 Young, Kimberly S. (1996), "Internet addiction: the emergence of a new clinical disorder, " *CyberPsychology and Behaviors*, Vol. 1. No. 3 (Paper presented at the 104th annual meeting of American Psychological Association, Toronto, Canada, August 15, 1996).

4 Blaxter, Mildred (2010), *Health*, Polity.

5 WHO (2006), Constitution of the World Health Organization (45 ed. supplement) 다음 사이트 참조.
https://www.who.int/governance/eb/who_constitution_en.pdf

6 김주환 (1996),「인터넷 신드롬」,『과학동아』, 9호.
7 김주환 (2001),「싸이버중독과 인터넷 심리」,『2001 싸이버스페이스 오디쎄이』, 홍성욱 · 백욱인 엮음, 창작과비평사, 256-259.
8 네틀턴, S. (1997),『건강과 질병의 사회학』, 조효제 옮김, 한울, 45-49.
9 Merton, Robert K. (1957), *Social Theory and Social Structure*. Free Press, 140.
10 https://www.cyber1388.kr:447/new_/sub03_4_4.asp
11 https://news.v.daum.net/v/20060906174606848?f=o
12 누스바움, 마사 (2012),「대상화와 인터넷상의 여성 혐오」,『불편한 인터넷』, 솔 레브모어 · 마사 누스바움 편, 김상현 옮김. 에이콘, 117-118.
13 김수아 · 이예슬 (2017),「온라인 커뮤니티와 남성-약자 서사 구축: '여성혐오' 및 성차별 사건 관련 게시판 토론의 담론 분석을 중심으로」,『한국여성학』, 33권 3호, 76.
14 Tapscott, Don (2008), *Grown Up Digital: How the Net Generation is Changing Your World*, McGraw-Hill.
15 장민지 (2016),「디지털 네이티브 여/성 주체의 운동전략: 메갈리아를 중심으로」,『미디어, 젠더 & 문화』, 31권 3호, 219-254.
16 노혜경 외 (2001),『페니스파시즘』, 개마고원.
17 http://www.dt.co.kr/contents.html?article_no=2019061802101531650001&ref=daum
18 Neumann, Peter R. (2009), *Old and New Terrorism*, Polity.
19 http://biz.chosun.com/site/data/html_dir/2019/06/20/2019062000249.html
20 Hirshi, Travis (1969), *Causes of Delinquency*, Berkeley: University of California Press.
21 Reckless, W. et al. (1967), *The Crime Problems*, Applenton-Century Croft, 515-517.
22 Hamelink, Cees (1986), 'Is There Life after the Information Revolution?' in M. Traber (ed.), *The Myth of the Information*

Revolution: Social and Ethical Implications of Communication Technology, Sage.

23 스피넬로, 리차드 (2001), 『사이버 윤리: 사이버공간에서의 법과 도덕』, 이태건 · 노병환 옮김, 인간사랑; 존슨, 드보라 G. (1997), 『컴퓨터 윤리학』, 추병환 외 옮김, 한울; 스피넬로, 리차드 · 타바니 허만 엮음 (2008), 『정보화 시대 사이버윤리』, 이태건 외 옮김, 인간사랑.

24 Lenk, Klaus (1997), "The Challenge of Cyberspatial Forms of Human Interaction to Territorial Governance apd Policing", in Brian D. Loader (ed.), *The Governance of Cyberspace*, Routledge.

25 Denning, Dorthy E. (1997), "The Future of Cryptography", in Brian D. Loader (ed.), *The Governance of Cyberspace*, Routledge.

에필로그

1 케이시, 에드워드 S. (2016), 『장소의 운명』, 박성관 옮김, 에코리브르.

2 마루타 하지메 (2011), 『장소론』, 박화리 · 윤상현 옮김, 심산, 70.

3 버거, 피터 · 루크만, 토마스 (1989), 『지식형성의 사회학』, 박충선 옮김, 기린원, 45.

4 김홍중 (2012), 「공간의 생산, 재현, 그리고 체험」, 『문화사회학』, 한국문화사회학회, 살림, 243.

5 슈뢰르, 마르쿠스 (2010), 『공간, 장소, 경계』, 정인모 · 배정희 옮김, 에코리브르, 181에서 인용.

6 1799년 나폴레옹이 이집트 원정갔을 때 발견한 돌(가로 72cm 세로 114cm)로 현무암 표면에 이집트 문자의 글이 빼곡히 쓰여 있다. 이집트의 국왕 프토레 마이오스의 덕을 기린 내용인 이 기념비는 1822년 프랑스 학자에 의해 해독되었는데, 현재 대영 박물관에 소장되어 있다.

7 윤병철 (1999), 『커뮤니케이션 사회학의 매듭』, 한울, 138-140.
8 여론집중도조사위원회 (2018), 『뉴스 이용집중도 조사보고서 2016- 2018』, 한국언론진흥재단, 52, 54.
9 http://m.iconsumer.or.kr/news/articleView.html?idxno=5829
10 https://www.mk.co.kr/news/business/view/2019/03/178377/
11 Goffman, Erving (1961), *Encounters: Two Studies in the Sociology of Interaction*, Bobbs-Merrill, Preface.
12 https://www.msit.go.kr/webzine/posts.do?postIdx=320
13 마루타 하지메 (2011), 『장소론』, 박화리 · 윤상현 옮김, 심산, 77.
14 남양희 (2013), 「증강현실, 현실과 가상세계의 협연 무대」, 『지식의 지평』, 15, 188-189.
15 차이코 메리 (2018), 『초연결사회: 인터넷, 디지털미디어, 그리고 기술 사회생활』, 배현석 옮김, 한울.
16 http://www.segye.com/newsView/20091106003227
17 세넷, 리차드 (2016), 『투게더: 다른 사람들과 함께 살기』, 김병화 옮김.
18 마페졸리, 미셸 (2017), 『부족의 시대: 포스트모던 사회에 개인주의의 쇠퇴』, 박정호 · 신지은 옮김, 문학동네

참고문헌

강미은 (2005),『인터넷 속의 정치』, 한울.

강상현 (2015),『커뮤니케이션과 사회변동: 미디어기술이 과연 세상을 바꾸는가』, 컬처룩

고영삼 (1998),『전자감시사회와 프라이버시』, 한울.

기든스, 앤서니 (1981),『에밀 뒤르켕 연구』, 김의순 · 김자혜 옮김, 한길사.

기든스, 앤서니 (1993),『민족국가와 폭력』, 진덕규 옮김, 삼지원.

기든스, 앤서니 (2001),『현대 사회의 성 · 사랑 · 에로티시즘: 친밀성의 구조변동』, 배은경 · 황정미 옮김, 새물결.

기든스, 앤서니 (2003),『현대사회학』, 김미숙 외 옮김, 을류.

기든스. 앤서니 (1991),『포스트모더니티』, 이윤희 · 이현희 옮김, 민영사.

길더, 조지 (1991),『마이크로코즘: 경제와 기호에서의 양자혁명』, 한영환 옮김, 한국경제신문사.

김상배 엮음 (2008),『인터넷 권력의 해부』, 한울.

김수아 · 이예슬 (2017),「온라인 커뮤니티와 남성-약자 서사 구축: '여성혐오' 및 성차별 사건 관련 게시판 토론의 담론 분석을 중심으로」,『한국여성학』, 33권 3호, 67-107.

김종길 (2008),『사이버 트렌드 2.0』, 집문당.

김주옥 (2017), "올리곱티콘과 행위자: 도시공간 체험을 중심으로",『현대미술사연구』, 42, 7-29.

김주환 (1996),「인터넷 신드롬」,『과학동아』, 9호.

김주환 (2001),「싸이버중독과 인터넷 심리」,『2001 싸이버스페이스 오디쎄이』, 홍성욱 · 백욱인 엮음, 창작과비평사.

김홍중 (2012), 「공간의 생산, 재현, 그리고 체험」, 『문화사회학』, 한국문화사회학회, 살림, 242-263.
깁슨, 윌리엄 (2005), 『뉴로맨서』, 김창규 옮김, 황금가지.
나이스비트, 존 (1985), 『탈산업사회의 새조류』, 박재두 옮김, 법문사.
나이스비트, 존 (1999), 『메가챌린지』, 박동진 옮김, 국일증권경제연구소.
남상우 (2014), 「스포츠에서의 감시연구 확장: 파놉티콘과 시놉티콘, 밴옵티콘의 관계 분석」, 『스포츠사회학지회지』, 27권 2호, 55-76.
남양희 (2013), 「증강현실, 현실과 가상세계의 협연 무대」, 『지식의 지평』,15, 187-203.
네그로폰테, 니콜라스 (1995), 『디지탈이다』, 백욱인 옮김, 박영률출판사.
네틀턴, S. (1997), 『건강과 질병의 사회학』, 조효제 옮김, 한울.
노명우 (2013), 『혼자 산다는 것에 대하여』, 사월의책.
노악, 피터 (2012), 『섹스, 폭탄, 그리고 햄버거』, 이은진 옮김, 문학동네.
노혜경 외 (2001), 『페니스파시즘』, 개마고원.
누스바움, 마사 (2012), 「대상화와 인터넷상의 여성 혐오」, 『불편한 인터넷』, 솔 레브모어 · 마사 누스바움 편, 김상현 옮김. 에이콘.
데닛, 대니얼 (2011), 「문화의 진화」, 『컬처쇼크』, 존 브룩만 엮음, 강주현 옮김, 와이즈베리.
데이비도우, 윌리엄 (2011), 『과잉연결시대』, 김동규 옮김, 수이북스.
도사 마사키(土佐昌樹) (2000), 『인터넷 시대 종교는 사라지는가?』, 송해숙 옮김, 한국학술진흥정보.

뒤르켐, 에밀 (2019), 『사회학적 방법의 규칙들』, 윤병철 · 박창호 옮김, 새물결.
드보르, 기 (2018), 『스펙타클의 사회』, 유재홍 옮김, 율력.
라도삼 (1999), 『비트의 문명 네트의사회』, 커뮤니케이션북스.
라이언, 데이비드 (1992), 『정보화사회론』, 한국전자통신연구소.
라이언, 데이비드 (1994), 『전자감시사회』, 한국전자통신연구소.
레비, 피에르 (2000), 『사이버문화: 뉴 테크놀로지와 문화협력 그리고 커뮤니케이션』, 김동윤 · 조준형 옮김, 문예출판사.
로리, 피터 (1999), 『미래의 역사』, 이병기 옮김, 석필.
로스네이, 조엘 de. (1996), 「디지털 혁명」, 『21세기 예측』, 클라우스 슈밥 엮음, 장대환 감역, 매일경제신문사.
로젠탈, 팜 (1996), 「포드주의 , 사이버펑크, 맑스주의에 접속하기」, 『사이버공간, 사이버문화』, 홍성태 엮음, 문화과학사.
리처, 조지 (2003), 『맥도날드 그리고 맥도날드화』, 김종덕 옮김, 시유시.
리처, 조지 (2007), 『소비사회학의 탐색: 패스트푸드, 신용카드, 카지노』, 정헌주 · 정용찬 · 김정로 · 이유선 옮김, 일신사.
리프킨, 제레미 (1996), 『노동의 종말』, 민음사.
리프킨, 제레미 (2001), 『소유의 종말』, 이희재 옮김, 민음사.
마루타 하지메 (2011), 『장소론』, 박화리 · 윤상현 옮김, 심산.
마르크스, 칼 (1987), 「공산당 선언」, 『19세기 독일사회사상』, 석찬.
마일스, 스티븐 (2004), 『현실세계와 사회이론』, 박형신 · 정헌주 옮김, 일신사.
마페졸리, 미셸 (2017), 『부족의 시대: 포스트모던 사회에 개인주의의 쇠퇴』, 박정호 · 신지은 옮김, 문학동네

맥루한, 마샬 (1976), 『인간의 확장』, 김인홍 옮김, 집문당.
맥루한, 마샬 (1997), 『미디어의 이해 - 인간의 확장』, 박정규 옮김, 커뮤니케이션북스.
모조로프, 에브게니 · 셔키, 클레이 (2011), 「디지털 파워와 그 반론자들」, 『컬쳐쇼크』, 존 브룩만 엮음, 강주헌 옮김, 와이즈베리.
문영빈 (2011), 「사회, 종교, 가상현실: 확장가상현실 패러다임과 의미존재론」 『인문학논총』경성대 인문과학연구소, 25집, 403-427.
미셸, 앙드레 (1990), 『가족과 결혼의 사회학』, 변화순 · 김현주 옮김, 한울.
밀, 존 스튜어트 (2012), 『대의정부론』, 서병훈 옮김, 아카넷.
밀러, 제프리 (2010), 『스펜트-섹스, 진화 그리고 소비주의의 비밀』, 김명주 옮김, 동녘사이언스.
바우만, 지그문트 (2002), 『자유』, 문성원 옮김, 이후.
바우만, 지그문트 (2003), 『지구화, 야누스의 두 얼굴』, 김동택 옮김, 한길.
바우만, 지그문트 (2012), 『고독을 잃어버린 시간』, 조은평 · 강지은 옮김, 동녘.
바우만, 지그문트 (2013), 『부수적 피해: 지구화 시대의 사회불평등』, 정일준 옮김, 민음사.
바우만, 지그문트 (2013a), 『왜 우리는 불평등을 감수하는가?』, 안규남 옮김, 동녘.
바우만, 지그문트 (2013b), 『리퀴드 러브: 현대의 우우로가 고통의 원천에 대하여』, 권태우 · 조형준 옮김, 새물결.
바우만, 지그문트 (2016), 『소비사회와 교육을 말하다: 소비사회가 잠식하는 인간적인 삶에 대하여』, 나현영 옮김, 현암사.
바우만, 지그문트 · 메이 팀 (2011), 『사회학적으로 생각하기』, 박창호 옮김, 서울경제경영.
바우만, 지그문트 외 (2015), 『사회학의 쓸모』, 서해문집.
박동진 (2005), 『전자민주주의가 오고 있다』, 책세상.
박창호 (2008), "소비수단의 변화와 사이버공간의 소비문화 이해-맥도날드화에서 디즈니화의 사회로", 『담론 201』, 한국사회역사학회, 11(2), 43-73.
백욱인 (1998), 『디지털이 세상을 바꾼다』, 문학과 지성사.
백욱인 (2001), 「네트와 사회운동」, 『2001 싸이버스페이스 오디쎄이』, 홍성욱 · 백욱인 엮음, 창작과 비평사.
버거, 피터 (1981), 『종교와 사회』, 이양구 옮김, 종로서적.
버거, 피터 (2002), 「세상의 탈세속화」, 『세속화냐 탈세속화냐』 피터 버거 엮음, 김덕영 · 송재룡 옮김, 대한기독교서회.
버거, 피터 · 루크만, 토마스 (1989), 『지식형성의 사회학』, 박충선 옮김, 기린원.
버거, 피터 · 안톤 지더벨트 (2010), 『의심에 대한 옹호』, 함규진 옮김, 산책자.
버스, 데이비드 M. (2013), 「인터넷 짝짓기」, 『우리는 어떻게 바뀌고 있는가』, 존 브록만 엮음, 책읽는수요일.
베버, 막스 (2006), 『경제와 사회 · I』, 박성환 옮김, 문학과지성사.
벨, 다니엘 (1984), 『정보화 사회의 사회적 구조』, 이동만 옮김, 한울.
벨, 다니엘 (1997), 『정보화 사회와 문화의 미래』, 서규환 옮김, 디자인하우스.
브록만, 존 (1999), 『디제라티: 디지털 시대의 파워엘리트』, 황금가지.

브룩스, 데이비드 (2001),『보보스: 디지털시대의 엘리트』, 형선호 옮김, 동방미디어.
브르통, 필립 (2006),『인터넷 숭배』, 김민경 옮김, 울력.
블랙모어, 수전 (2010),『밈: 문화를 창조하는 새로운 복제자 MEME』, 김명남 옮김, 바다.
사이버문화연구소 (2001),『Cyber is … 네트에서 문화읽기』, 역사넷.
서키, 클레이 (2011),『많아지면 달라진다: 1조 시간을 가진 새로운 대중의 탄생』, 이충호 옮김, 갤리온.
세넷, 리차드 (2016),『투게더: 다른 사람들과 함께 살기』, 김병화 옮김, 현암사.
슈뢰르, 마르쿠스 (2010),『공간, 장소, 경계』, 정인모·배정희 옮김, 에코리브르.
스프링, M. B. (1994),「가상현실과 종합적 정보전달」,『가상현실과 사이버스페이스』, 노용덕 옮김, 세종대출판부.
스피넬로, 리차드 · 타바니 허만 엮음 (2008),『정보화 시대 사이버 윤리』, 이태건 외 옮김, 인간사랑.
스피넬로, 리차드 (2001),『사이버 윤리: 사이버공간에서의 법과 도덕』, 이태건 · 노병환 옮김, 인간사랑.
애튼, 크리스 (2007)『얼터너티브 인터넷: 래디컬미디어, 정치성과 창조성』 민인철 · 반현 옮김, 커뮤니케이션북스.
앵겔, 이언 (2001),『지식노동자 선언』, 장은수 옮김, 롱셀러.
엘리아스, 노르베르트 (1996),『문명화 과정 I』, 박미애 옮김, 한길.
여론집중도조사위원회 (2018),『뉴스 이용집중도 조사보고서 2016-2018』, 한국언론진흥재단.
우에다 노리유키(上田紀行) (1998),『종교의 위기: 21세기 종교는 우리에게 무엇을 가져다 줄 것인가?』, 양억관 옮김, 푸른숲.
우혜란 (2012), 「사이버순례에 대한 논의-온라인 '미로'와 '가상하지'를 중심으로」, 『종교문화연구』, 19호, 275-310.
위너, 노버트 (1978), 『인간활용: 사이버네틱스와 사회』, 최동철 옮김, 전파과학사.
윌슨, 브라이언 (1984), 『현대의 종교변용』, 윤원철 옮김, 전망사.
윤병철 (1999), 『커뮤니케이션 사회학의 매듭』, 한울.
윤영민 (1996), 『전자정보공간론: 컴퓨터 네트워크의 사회학적 탐색』, 전예원.
윤원철 (2000), 「사이버문화와 종교적 인식론: 가상과 실재의 상호침투와 불교의 이제설」, 『종교와 과학』, 대우학술총서 468, 아카넷.
윤원철 (2000a), 「사이버시대 종교환경의 변화와 종교인의 삶」, (http://plaza.snu.ac.kr/~yunwc/writings/column08.htm).
이광석, (1998), 『사이버 문화정치』, 문화과학사.
이유진 (1997), 「PC통신 인터넷과 한국의 전자민주주의의 가능성에 관한 고찰」, 『한국정치학회보』, 31호.
이재현, (2002), 『인터넷과 사이버사회』, 커뮤니케이션북스.
이케다 노부오(池田信夫) (1999), 『인터넷 자본주의 혁명』, 이규원 옮김, 거름.
임혁백, (2000), 「사이버 민주주의의 발전과 과제」, 『사이버 시대의 삶과 질』, 아산사회복지사업재단.
장민지 (2016), 「디지털 네이티브 여/성 주체의 운동전략: 메갈리아를 중심으로」, 『미디어, 젠더 & 문화』, 31권 3호, 219-254.
장회익, (2000), 「종교와 과학 사이의 갈등과 융합: 과학의 종교읽기」, 『종교와 과학』, 대우학술총서 468. 아카넷.
조단, 팀 (2000), 『사이버파워』, 사이버문화연구소 옮김, 현실문화연구.
존슨, 드보라 G. (1997), 『컴퓨터 윤리학』, 추병환 외 옮김, 한울.
주커먼, 필 (2012), 『신 없는 사회』, 김승욱 옮김, 마음산책.
차이코 메리 (2018), 『초연결사회: 인터넷, 디지털미디어, 그리고 기술 사회생활』, 배현석 옮김, 한울.
최정호 · 강현두 · 오택섭 (1998), 『매스미디어와 사회』, 나남.
카스텔, 마뉴엘 (2004), 『인터넷 갤럭시: 인터넷, 비즈니스, 사회적 성찰』, 박행웅 옮김, 한울.
케이시, 에드워드 S. (2016), 『장소의 운명』, 박성관 옮김, 에코리브르.
켈러, 더글라스 (1997), 『미디어 문화: 영화, 랩, MTV, 광고, 마돈나, 패션, 사이버펑크』, 김수정 · 정종희 옮김, 새물결.
콜린스, 랜들 (2014), 『사회학의 본능』, 알마.
쿤, 토마스 S. (2013), 『과학혁명의 구조』, 까치.
타나까 아끼히꼬(田中明彦) (2000), 『새로운 중세: 21세기의 세계시스템』, 이웅현 옮김, 지정.
터너, 빅토 (2005), 『의례의 과정』, 박근원 옮김, 한국심리치료연구소.
터클, 셰리 (2003), 『스크린 위의 삶: 인터넷과 컴퓨터 시대의 인간』, 최유식 옮김, 민음사.
터클, 셰리 (2010), 『외로워지는 사람들: 테크놀로지가 인간관계를 조정한다』, 이은주 옮김. 청림.
토플러, 엘빈 (1992), 『제 3의 물결』, 이규행 옮김, 한국경제신문사.
투렌, 알랭 (1994), 『탈산업사회의 사회이론-행위자의 복귀』,조형 옮김, 서울: 이화여자대학교 출판부 포스터, 마크 (1994), 『뉴미디어의 철학』, 김성기 옮김, 민음사.
포스터, 마크 (1998), 『제 2미디어 시대』, 이미옥 · 김준기 옮김, 민음사.
포스터, 마크 (2005), 『미네르바의 올빼미가 날기 전에 인터넷을 생각한다』, 이종숙 옮김, 이제이북스.
푸코, 미셸. (2016), 『감시와 처벌: 감옥의 역사』, 오생근 옮김, 나남.
피들러, 로저 (2002), 『미디어모포시스』, 조용철 옮김, 커뮤니케이션북스.
하이먼즈, 제러미 · 팀스, 헨리 (2019), 『뉴파워: 새로운 권력의 탄생』, 홍지수 옮김, 비즈니스북스.
한국경제신문 기획취재팀 (1999), 『21세기 21가지 대예측』, 은행나무.
헌트, H. 엮음 (1993), 『포르노그라피의 발명: 외설성과 현대성의 기원 1500-1800』, 책세상.
헨리히, D. (1983), 『막스베버의 과학방법론』, 이상률 옮김, 이삭.
홍성욱 (2002), 『네트워크 혁명, 그 열림과 닫힘』, 들녘.
홍성욱 (2002a), 『파놉티콘-정보사회 정보감옥』, 책세상.
홍성태 (2000), 『사이버사회의 문화와 정치』, 문화과학사.
홍성태 엮음 (1999), 『사이버공간, 사이버문화』, 문화과학사.
휘태커, 렉 (2001), 『개인의 죽음』, 이명균 · 노명현 옮김, 생각의나무.
힌두자, S · 패친, J. W. (2012), 『사이버폭력』, 조아미 외 옮김, 정민사.

Baudrillard, Jean (1983), *Simulations*. Semiotext.
Baudrillard, Jean (1993), 'The Evil Demon of Images and the Precession of Simulacra" 194-9 in T. Docherty. ed. *Postmodernism, A Reader*. Harvester Wheatsheaf.

Bauman, Zygmunt (1989), *Modernity and the Holocaust*, Polity.

Bauman, Zygmunt (1992). *Intimation of Postmodernity*. Routledge.

Bauman, Zygmunt (1995), *Life in Fragments: Essays in Postmodern Morality*, Blackwell.

Bauman, Zygmunt (1997), *Postmodernity and Its Discontents*, Polity.

Bell, Daniel (1973), *The Coming of Post-Industrial Society: A Venture in Social Forecasting*, Heinemann.

Bell, David (2001), *An Introduction to Cyberculture*, Routledge.

Bell, David (2007), *Cyberculture Theorists: Manuel Castells and Donna Haraway*, Routledge.

Blaxter, Mildred (2010), *Health*, Polity.

Bolter, J. David (1991), *Writing Space: The Computer, Hypertext and the History of Writing*, Erlbaum Associates.

Bromberg, Heather (1996), "Are MUDs Communities? Identity, Belonging and Consciousness in Virtual Worlds" in Bob Shields (ed.), *Cultures of Internet: Virtual Space, Real Histories, Living Bodies*, Sage, 143-152.

Bryman, Alan (2006), *The Disneyization of Society*, Sage.

Calhourn, Craig (1992), "The Infrastructure of Modernity: Indirect Social Relationships, Information Technology and Social Integration", *Social Change and Modernity*. edited by H. Haferkamp & N.Smelser, Berkley: University of California Press.

Campbell, Colin (1993), *The Romantic Ethic and the Spirit of Modern Consumption*, Blackwell.

Curtis, Pavel (1992), "Mudding: Social Phenomena in Text-based Virtual Realities", *Intertek*, 3-3, 26-34.

Denning, Dorthy E. (1997), "The Future of Cryptography", in Brian D. Loader (ed.), *The Governance of Cyberspace*, Routledge.

Donath, Judith, S (1998), "Identity and Deception in the Virtual Community" in Kollock, P. and Smith, M (des), *Communities in Cyberspace*, Routledge.

Durkheim, Emile (1954), *The Elementary Forms of the Religious Life*, Joseph Ward Swain (옮김), GLencoe: Free Press.

Durkheim, Emile (1961), *Moral Education: A Study in the Theory and Application of the Sociology of Education*, Everett K. Wilson and Heronan (옮김), New York: Free Press.

Durkheim, Emile (1995), *The Elementary Forms of the Religious Life*, Karen E. Fields (옮김), Free Press.

Featherstone, Mike & Burrows, Roger eds., (1995), *Cyberspace Cyberbodies Cyberpunk: Cultures of Technological Embodiment*, SAGE.

Foucault, Michel (1978), *The History of Sexuality*, Vol. 1, Pantheon.

Freund, Julian (1969), *The Sociology of Max Weber*, Pantheon.

Gerth, H. H. & Mills, C. Wright (1948), *From Max Weber: Essays in Sociology*, Routledge & Kegan Paul.

Gibson, William (1984), *Neuromancer*, Ace Books.

Giddens, Anthony (1979), *A Contemporary Critique of Historical Materialism*, Macmillan.

Giddens, Anthony (1985), *The Nation-State and Violence*, Polity.

Giddens, Anthony (1990), *The Consequences of Modernity*, Stanford University Press.

Goffman, Erving (1959), *The Presentation of Self in Every Life*, Anchor Books.

Goffman, Erving (1961), *Encounters: Two Studies in the Sociology of Interaction*, Bobbs-Merrill.

Gottlieb, Calvin (1996), "Privacy: A Concept Whose Time Has Come and Gone", in David Lyon and E. Zureik eds., *Computer, Surveillance, and Privacy*, Univ. of Minnesota Press, 156-171.

Hamelink, Cees (1986), 'Is There Life after the Information Revolution?' in M. Traber (ed.), *The Myth of the Information Revolution: Social and Ethical Implications of Communication Technology*, Sage.

Harvey, David, (1989), *The Condition of Postmodernity: An Enquiry into the Origins of Cultural Change*. Blackwell. Harvey, D. (1989), *The Condition of Postmodernity*, Blackwell.

Heim, Michael, (1998), *Virtual Realism*, Oxford University Press.

Hirshi, Travis (1969), *Causes of Delinquency*, Berkeley: University of California Press.

Innis, Harold A. (1964), *The Bias of Communication*, Toronto University Press.

Kroker, A. & Weinstein, M. (1994), *Data Trash: The Theory of the Virtual Class*. New World Perspective.

Krueger, Alan B. (1993). "How Computers Have Changed the Wage Structure: Evidence from Microdata:1984-1989", *Quarterly Journal of Economic*. Feb.

Krueger, Myron W. (1991), *Artificial Reality II*, Addison-Wesley.

Latour, Bruno (1998), "On recalling ANT," John law and John Hassard (eds.) *Actor Nerwork and After*, Black well, 15-22.

Latour, Bruno and Hermant, Emile (2006), *Paris: Invisible City*, Liz Carey-Libbrecht (trans.), Institut Synthelabo.

Lenk, Klaus (1997), "The Challenge of Cyberspatial Forms of Human Interaction to Territorial Governance and Policing", in Brian D. Loader (ed.), *The Governance of Cyberspace*, Routledge.

Lenski, Gerhard (1966), *Power and Privilege*, McGraw-Hill.

Luckmann, Thomas (1967), *The Invisible Religion*, Macmillan.

Lyon, D. (1997), "Cyberspace Sociality: Controversies over Computer-Mediated Relationships", *The Governance of Cyberspace: Politics, Technology and Global Restructuring*, edited by B. D. Loader, Routledge.

Mann, Michael (1993), "The Autonomous Power of the State", in M. E. Olson & M. N. Marger eds., *Power in Modern*

Societies, Westview Press.

Marx, Karl (1978), "The German Ideology" in R. Turker (ed.), *Marx Engels Reader*, Norton.

Mathiesen, Thomas (1997), "The Viewer Society: Michel Foucault's Panopticon Revisited," *Theoretical Criminology*, 1(2), 215-234.

McCahill, Michael (2012), Crime, Surveillance and the Media in D. Lyon, K. Ball & K. D. Haggerty (eds.), *Routledge Handbook of Surveillance Studies*, Routledge, 244-250.

Mead, George Herbert (1934), *Mind, Self, and Society*, University of Chicago Press.

Merton, Robert K. (1957), *Social Theory and Social Structure*. Free Press.

Mills, C. Wright (1970), *The Sociological Imagination*, Penquin.

Murdock, George P. (1949), *Social Structure*, Free Press.

Neumann, Peter R. (2009), *Old and New Terrorism*, Polity.

Noble, David F. (1997), *The Religion of Technology: The Divinity of Man and the Spirit of Invention*, Alfred A. Knopf.

Reckless, W. et al. (1967), *The Crime Problems*, Applenton-Century Croft.

Rheingold, Howard (1991), *Virtual Reality*, A Touchstone Book.

Rheingold, Howard (1993), *The Virtual Community - Homesteading on the Electronic Frontier*, Addison Wesley.

Ronfeldt, David (1992), "Cyberocracy is Coming", *The Information Society*, Vol. 8, No. 4, 243-296.

Rule, James B. (1974), *Private Lives and Public Surveillance: Soacil Control in the Computer Age*, Schocken.

Slevin, James (2000), *The Internet and Society*, Polity.

Stenger, Nichole (1991), "Mind is a Leaking Rainbow", Michael Benedikt(엮음), *Cyberspace: First Steps*, Cambridge, MIT Press.

Steuer, Janathan (1992), Defining Virtual Reality: Dimensions Determining Telepresence, *Journal of Communication*, 42-4, 73-93.

Tapscott, Don (2008), *Grown Up Digital: How the Net Generation is Changing Your World*, McGraw-Hill.

Touraine, Alain (1971), *The Post-Industrial Society: Tomorrow's Social History: Classes, Conflict and Culture in the Programmed Society*, New York: Random House.

Turkle, Sherry (1997), "Computational Technologies and Images of self", *Social Research*, 64-3, 1093-1111.

Turner, Victor (1969), *The Ritual Process: Structure and Anti-Structure*, Aldine.

Weber, Max (1947), *The Theory of Social and Economic Organization*, The Free Press.

WHO (2006), Constitution of the World Health Organization (45 ed. supplement) 다음 사이트 참조.
https://www.who.int/governance/eb/who_constitution_

en.pdf
Wiener, Norbert (1948), *Cybernetics: or Control and Communication in the Animal and the Machine*, MIT.
Williams, Raymond (1987), *Keywords: A Vocabulary of Culture and Society*, Fontana.
Young, Kimberly S. (1996), "Internet addiction: the emergence of a new clinical disorder," *CyberPsychology and Behaviors*, Vol. 1. No. 3 (Paper presented at the 104th annual meeting of American Psychological Association, Toronto, Canada, August 15, 1996)

https://www.wired.com/2007/01/wiredphotos6/
http://www.eff.org/~barlow/Declaration-Final.html.
https://www.theguardian.com/business/2014/oct/29/explosion-wealth-inequality-needs-urgent-plan-action-oxfam
https://www.yna.co.kr/view/AKR20180408040000009?input=1179m
https://blog.naver.com/xhtj123/221529929956
https://news.joins.com/article/23375925
https://news.joins.com/article/17634614
https://www.wired.com/story/internet-connected-sex-toys-security/
http://www.labyrinth.org.uk
http://plaza.snu.ac.kr/~yunwc/writings/column08.htm
http://www.itworld.co.kr/print/91004

https://news.joins.com/article/4278719
https://www.mk.co.kr/news/society/view/2019/05/351222/
https://www.who.int/governance/eb/who_constitution_en.pdf
https://www.cyber1388.kr:447/new_/sub03_4_4.asp
https://news.v.daum.net/v/20060906174606848?f=o
http://www.dt.co.kr/contents.html?article_no=2019061802101531650001&ref=daum
http://biz.chosun.com/site/data/html_dir/2019/06/20/2019062000249.html
http://m.iconsumer.or.kr/news/articleView.html?idxno=5829
https://www.mk.co.kr/news/business/view/2019/03/178377/
https://www.msit.go.kr/webzine/posts.do?postIdx=320
http://www.segye.com/newsView/20091106003227

| 저자소개 |

박 창 호

대학에서 사회학을 공부한 후 잠깐 신문기자의 길을 걸었다. 이후 영국 University of Hull에서 박사를 받고 현재 숭실대학교 정보사회학과 교수로 몸담고 있다. '인터넷과 사이버사회', '사이버문화' 등에 대한 강의를 줄곧 하면서 사이버사회에 대한 관심을 학생들과 지속적으로 나누며 변화하는 사회상을 사회학적 시각에서 조망하려는 작업에 꾸준한 관심을 갖고 있다. 주요 저서로는 '사이버공간의 사회학', '다시 읽는 막스베버'(공저), '문화사회학'(공저) 등이 있으며, 역서로는 E. 뒤르켐의 '사회학적 방법의 규칙들', Z. 바우만의 '사회학적으로 생각하기', S. 사이드먼의 '지식 논쟁-포스트모던시대의 사회이론' 등이 있다.

인터넷을 넘어선 사회학

2019년 7월 20일 | 1판 1쇄 인쇄
2019년 7월 25일 | 1판 1쇄 발행

지 은 이 | 박창호
발 행 인 | 김은중
발 행 처 | 서울경제경영출판사
북디자인 | (주)우일미디어디지텍

주 소 | 03767 서울특별시 서대문구 신촌로 205, 506호
전 화 | 02)313-2682
팩 스 | 02)313-8860

등 록 | 1998년 1월 22일 제5-63호

ISBN 979-11-6282-052-0 93330 정가 19,000원

※ 잘못된 책은 바꾸어 드립니다.